主管｜西南大学

主办　西南大学教育学部
　　　教育部人文社会科学重点研究基地西南大学西南民族教育与心理研究中心

未来教育研究

Future Education Research

第 1 辑

朱德全　王牧华　主编

西南大学出版社
国家一级出版社　全国百佳图书出版单位

图书在版编目(CIP)数据

未来教育研究.第1辑/朱德全,王牧华主编.--
重庆:西南大学出版社,2023.5
 ISBN 978-7-5697-1780-8

Ⅰ.①未… Ⅱ.①朱… ②王… Ⅲ.①教育研究
Ⅳ.①G40-03

中国国家版本馆CIP数据核字(2023)第072672号

未来教育研究(第1辑)
WEILAI JIAOYU YANJIU

朱德全　王牧华　主编

责任编辑	郑先俐
责任校对	雷　刚
装帧设计	闰江文化
照　　排	王　兴
出版发行	西南大学出版社(原西南师范大学出版社)
	地址丨重庆市北碚区天生路2号
	邮编丨400715　市场营销部电话丨023-68868624
	网址丨http://www.xdcbs.com
印　　刷	重庆市正前方彩色印刷有限公司
幅面尺寸	210mm×285mm
印　　张	12.25
字　　数	302千字
版　　次	2023年5月　第1版
印　　次	2023年5月　第1次印刷
书　　号	ISBN 978-7-5697-1780-8
定　　价	56.00元

编委会

主任委员

靳玉乐

委员

（按姓氏拼音排列）

艾 兴	陈学军	李洪修	刘胜男	罗江华	罗生全
彭泽平	祁占勇	钱海燕	唐丽芳	王 晋	王牧华
王天平	王正青	伍雪辉	杨茂庆	易全勇	尹弘飚
余 亮	余清臣	于泽元	岳 伟	曾文婕	张 良
张学敏	张雨强	郑 鑫	钟婉娟	朱德全	

主 编

朱德全　王牧华

未来已来

《未来教育研究》创刊词

信息化时代的教育正在发生迅猛变革,为了更好地应对当代科技革新和未来社会的挑战,呼应建设教育强国等国家战略重大需求,西南大学教育学部依托"双一流"学科和国家重点学科"课程与教学论"等学术平台,创办《未来教育研究》(集刊),致力于引领未来教育的理论创新与实践变革。

《未来教育研究》(集刊)是教育学学术集刊,旨在以跨学科视野和综合性的研究方法,聚焦未来教育领域的前沿学术成果,力争成为未来教育的思想宝库,推进教育学科建设和发展。为此,我们将在以下几个方面做出努力:一是积极回应当前教育改革发展的重大关切,聚焦未来教育基本理论创新研究;二是探讨在建设教育强国进程中未来学校的改革创新;三是关注未来课程与教学的形态、内涵和范式将发生的深度变革;四是结合中国式现代化时代背景,探索未来学校的现代治理和未来教育的评价。由此,本集刊设置了六个基本栏目,分别是"未来教育理论""未来学校发展""未来课程理论""未来教学与评价""未来教育技术"和"未来教育治理"。

本集刊以"着眼未来、精进研究"为办刊宗旨,开展面向未来社会发展的国际化、前瞻性研究,丰富教育学科研究范畴,创新教育研究方法,探讨未来教育的重大理论问题和重大改革方略。同时,本集刊以"开放融通、精意覃思"为办刊原则,以刊物为学术交流平台,遵循开放和对话的理念,力求从教育学、哲学、社会学、心理学、管理学等不同学科围绕未来教育这一领域进行协同研究、创新研究、精心研究,为未来教育发展提供新的思路和观点。

未来已来!让我们一起探讨和描绘教育的美好未来!

《未来教育研究》编辑委员会
2023年5月6日

目录 CONTENTS

001 **本辑特刊　国际视野下的未来教育**

003　个人学习生态的建构　　Bronwen Cowie

006　为未来学校打造创新的学习环境——基于高效领导力的10项有力主张
　　　Clive Dimmock

010　在新的学习环境中创新教育领导力　Simon Clark

015 **栏目1　未来教育理论**

017　智慧教育中师生关系的新动向　林德全

028　基于差异教育的学校高质量发展体系构建——以重庆市朝阳中学为例
　　　王小涛　陈伏兰　莫　婷

047 **栏目2　未来学校发展**

049　未来学校组织变革的逻辑起点与发展路向　李意涵

061　中国乡村"未来学校"建设何以可能：理想与实践　莫　兰　李　威

076　未来学校之功能、结构与美感　钱海燕　张　萌

089 栏目3 未来教学与评价

091 未来的高考评价体系摭谈——基于核心素养的视角　朱文辉　石建欣　冀　蒙

106 认知神经科学视角下差异化教学的观念建构　李亚琼　徐文彬　陆世奇

117 "身不由己"的课堂教学互动　常亚慧　高明苏

128 论循证教学主体间命运共同体的构建　崔友兴

139 栏目4 未来教育技术

141 智能导学系统(ITS)演化逻辑及进化趋势探析　罗江华　冯　瑞

156 教育元宇宙演进的动力寻绎、发展逻辑与推进路径　王　星　刘革平

173 "5G+AI"支持的教研形态及发展趋势　余　亮　王　镜　沈　超　赵笃庆

本辑特刊

国际视野下的未来教育

导言

　　信息化时代的教育正在发生迅猛变革,为了更好地面对当代科技革新和未来社会挑战,引领未来教育的理论创新与实践变革,2022年6月25日,本集刊发起举办了"未来教育改革与发展"主题学术研讨会。会议邀请了来自中国、美国、英国、澳大利亚、新西兰、以色列、智利7个国家,西南大学、北京师范大学、华东师范大学、南京师范大学、伊利诺伊大学、剑桥大学、悉尼大学等12所中外知名高校的20余名专家学者,围绕未来教育开展深入研讨。现将此次学术会议部分学者有关未来教育的主张和观点,通过笔录方式整理如下。

个人学习生态的建构

Bronwen Cowie　教授　新西兰怀卡托大学

　　Bronwen Cowie教授目前与加拿大、澳大利亚和英国的同事共同参与了一项四国研究,还参与了澳大利亚—新西兰的研究,研究聚焦理解教师教育中的公平和包容性的基本概念。生态学是在多学科背景下进行跨学科综合的产物,是一门内容广泛、综合性很强的学科。1976年,美国教育家劳伦斯·克雷明(Lawrence Archur Cremin)在《公共教育》(Public Education)一书中首次提出"教育生态学"(Ecology of Education),认为应运用生态原理去研究教育在物质和精神环境中的发展规律,于是就有了"教育生态环境"的说法。随后,越来越多的人开始从生态的视角研究教师教育和学生学习,继而提出"学习生态"的概念,即研究学习者与其他学习群体以及学习环境因素的相互关系,研究人们怎样通过其他生物和他们周围的环境而获得有效的学习。当前在国际上,学习生态已经成为教育生态学的重要组成部分,且已成为教育研究领域的一个关键词。教育不仅需要培养学生在科学和历史等传统学科上的知识和技能,也需要培养学生终身学习的能力和倾向。在信息飞速发展的时代,教育的成功与个体的身份认同、能动性和目标息息相关。教育要想成功,就要不断激发学生的好奇心,开阔他们的视野与思想;就要唤醒学生的同情心,打开他们的心扉;就要鼓励学生勇敢,充分运用他们的认知资源、社会资源和情感资源,并使其投入到学习行动之中。

一、学习生态的内涵

　　我们需要认识到,教育是一种生态系统,学习可以跨越时间和环境的限制,以正式的和非正式的形式出现。经济合作与发展组织(OECD)曾在《教育2030:未来的教育与技能》中提出:学校不再被视为一个封闭的实体,其自身就是所运行的大型生态系统的一部分。学习生态是一个可以自我维持的系统,在这样一个更稳定广泛的教育生态系统中,教育目标不仅在学生和教师之间共享,也在家长和更大范围的社区中共享。因此,除了在学校找到学生成长所需的"方法"外,在家庭和他们的社区中也可以找到。在这样的氛围下,学生、教师、学校管理者和家长,几乎每个人都可以被视为学习者。

从学习生态学的视角来看,个体的学习生态应该包括:个体的想法和观念、物质和虚拟资源、有联系的他人、日常生活、习惯或活动等。以上元素的多元组合,为我们在不同的生活环境中学习、发展和取得成就提供了丰富的机会和资源。

二、学习生态在新西兰的本土化

新西兰是一个拥有多元文化的国家,目前人口约500万,国土面积约27万平方千米。1350年,毛利人已定居新西兰。1642年,荷兰航海者在新西兰登陆。1947年,新西兰获得完全独立,但仍为英联邦成员国。新西兰的官方语言为英语、毛利语。为了将学习生态的观念应用起来,国家为1~13年级(K13)的学生设计了新的课程框架,主要由以下基本内容构成:其一是学习传统学科(如科学、数学、写作等),这是必不可少的基础内容;其二是培养关键能力(如自我管理能力、协作能力等);其三是培养自信的终身学习者。

在新西兰,学校和教师可以自己开发课程,例如,可以开发本土化课程、组织社区参与课程设计和设计使学生学会学习的课程等。这些课程的开发和使用,极大地促进了学习生态在学校教育环境中的建构。

三、学习生态建构的路径

资源和活动的多样性是学习生态系统的基本特征。在学校教育当中建构学习生态一般以两种方式展开:一是教师直接为学生提供学习生态;二是教师开发和部署自己的学习生态。下面将通过一系列举例加以说明。

其一,教师直接为学生提供学习生态。以下是一所学校通过使用同伴反馈来提高男生的写作水平(Cowie & Khoo,2018)的案例。在这个案例中,1~8年级的300名学生在学校董事会(包括家长)的支持下开展学习生态的建构。首先,学校全体职员在前期的研究会议中分享想法和经验;随后,教师们也积极调整思想观念以适应班级的需要。对于一个刚入学的学生来说,他需要学会写作,也要对同伴的写作内容提供反馈。对于这个学生来说,此时易于获取的资源就是:一本描述词汇的教材,一本有关句子结构的书,一些关于如何构成单词的短视频。他日常的习惯就可以是自由给予和接受反馈、将自己的作品带回家。此外,学校中的不同教师间也可以进行资源共享和协作,如一位8年级教师和一位13年级教师组建了一个工作坊,让两个年级的学生通过谷歌文档的方式互换作文,彼此进行点评和反馈。对于8年级的学生来说,这会促使他们想要写作,更好地了解所写的内容,想要花更多时间去阅读。同时,对于13年级的学生来说,能感受到8年级学生写作水平的提高,自身也在反馈的过程中学到更多。以上情况可以用表1说明。

表1 "教师直接为学生提供学习生态"要素表

教师直接为学生提供学习生态	
学习生态的要素	范例
想法和观念	写作策略
资源	词汇和句子结构表 网络视频
例行	在课堂中复习与分享 在家中分享写作内容
学生关系	来自课堂同伴或其他学校学生的反馈 来自家庭成员的反馈 来自教师的反馈
教师关系	与校内教师的交流 与其他学校教师的交流 与高校研究人员的交流

其二,教师开发和部署自己的学习生态。这里同样举一个例子来说明教师的学习生态。一位教师为学生学习天文学设计了一个与当地文化有关的教学活动。教学主题是:认识玛塔里基。简要介绍一下,玛塔里基是一个恒星系统,是毛利人对金牛座"昴宿星团"的称呼。每年的玛塔里基节标志着毛利人新一年的开始。每年的玛塔里基节庆祝活动必不可少的内容就是"观星"。学校在这个时候也会重点关注天文学的学习。此时,同事们帮助该教师找到了一些学习资源,如书籍、视频、民间艺术品等。该教师的同事有一位亲戚,他是毛利人的天文航海家。于是借此机会,该教师邀请他来学校向学生们讲述了他的航行故事。随后,孩子们也积极分享了从父母那里了解到的关于中国、奥地利和孟加拉国的故事,以及荷兰人对星星和季节的称呼。此外,学校的信息和通信技术支持人员还帮助学生们开发了一个班级网站,学生们可以上传他们的学习成果。在该网站上,学生们的学习成果还可以与家庭成员分享。其中一名团队成员还与奥地利的一所学校建立了联系,本校学生与对方学校的学生可以分享他们的学习成果(学生们比较了季节、昼夜)。另外一个研究小组的成员认识当地天文俱乐部的成员,于是就把他们的望远镜带到了学校,以便学生们在夜间观察月亮和星星。由此可以看到,学习有效发生需要环境的充分支持。我们可以用表2来说明这个案例中教师的学习生态。

表2 "教师开发和部署自己的学习生态"要素表

教师开发和部署自己的学习生态	
教师的学习生态	范例
想法和概念	关于行星、恒星、昼夜的想法
资源	小说和非小说类书籍 网络信息

续表

教师开发和部署自己的学习生态	
教师的学习生态	范例
例行	课堂讨论 家长参与 学生们在家中分享作业
关系	与校内教师的交流 与其他学校教师的交流 与高校研究人员的交流

四、将个人学习生态融入教育目标和资源

教育工作者当前的责任就是把学生培养成终身学习者,即成为一个拥有知识和能力的人,可以去了解、关心、创新和行动的人。个人学习生态作为一种资源和目标,为以上知识的学习和能力的发展提供了重要途径。这里需要强调一下,个人学习生态包括个体的思想与观念,教师可以在此基础上进行教学目标设计。此外,人际关系对于亟须创新的教师和学习困难的学生来说尤为重要。为了保证学习环境的生态性,教师应该为学生提供多样的学习内容和学习活动,以便让学生有更多的选择机会;同时,教师还要鼓励学生对自己负责,要让学生有信心和勇气创建自己的学习生态。

在当前的教学实践中,教师需要将建构个人学习生态作为一种目标,及时更新教育观念,将"以教师为中心"转移到"以学生为中心"上来,将教学环境视为学生学习的"主阵地";并且还要不断强调信息化发展对学生学习产生的革命性影响,主要体现为借助网络技术为学生提供丰富的学习资源和人际交往资源。在"互联网+"支持学习的背景下,一种新型的学习生态环境被创造出来。综上可知,伴随着终身学习理念的不断深入,构建个人学习生态已经成为教师和学生、新手实践者和高校研究者以及管理者之间在工作环境中最重要的合作项目,也是未来教育研究的重要命题。

为未来学校打造创新的学习环境
——基于高效领导力的10项有力主张

Clive Dimmock　教授　英国格拉斯哥大学

经济全球化背景下,创新成为经济发展的主要动力。学校的发展也要从建设创新的学习环境开始,因为学习环境是学生最直接的学习场所,也是教育发生的真实情境。未来学校需要以学习环境

的创新来提升教育教学质量,其中高效的领导力在学习环境创新过程中属于一个关键的因素,它能平稳地、有方向地、高效地引领创新学习环境的建构与发展。

一、为什么要创新学习环境

经济合作与发展组织在其研究项目的结论中明确指出,未来的学校以及教室需要改革,使其成为适应现代社会和经济发展的创新型教学场所。为了充分体现以学习者为中心、培育素养、整体综合、多样包容、科学评估和数字化环境等21世纪学习变革的关键词,我们应该力图在未来学习环境的设计中体现教育理念、学习空间和信息技术应用三方面的协同融合。这其中包括了两层含义:

第一,教师作为学习环境的建设者,要能明确意识到单纯将信息高效地传输给学生难以构建起充满合作与交流的学习共同体,教师要不断变革教育理念和学习空间,采用新的教学方法以产生新的学习方法,创新学习环境来满足和促进不同学生的学习需求。

第二,高效领导是实现这种创新的先决条件。领导力与整个组织的发展密不可分,它是一个团队的核心,有助于领导者提出提纲挈领的项目规划并占据主导以带领团队前进。如果要实现学习环境的创新,领导力就必须是有效且主动的,即领导者能够做正确的事情并把事情做好。

二、未来学校如何成为创新的学习环境

对于未来学校如何成为创新的学习环境,Clive Dimmock教授提出了10项有力主张。这些主张基于两个假设:第一,正在进行组织变革的学校有可能提供这样的环境,在这个环境中,教师可以自由选择创造性地应用多样化的教学手段,以教学环境的改善来创新学生的学习环境;第二,高效的领导力使新的组织架构和程序得以采用、扩大和维持。他指出,我们需要更多的高效领导者(校长和各级学校领导者)来创新学校发展,因为高效领导者能以与时俱进的观念带领整所学校开展创造性行为,以此打破传统思维和实践的障碍;同时,高效领导者能够使用有效的研究证据进行实证研究,并对研究结果进行建构性思考,挖掘出其中具有建设性的观念和结论。此外,高效领导者还善于运用自己的隐性知识来指导自己的战略、决策和实践。

Clive Dimmock教授对未来学校的展望是基于高效领导力的10项有力主张。根据目前对实施状况的反馈,这些主张具有一些基本特征。首先,它们是可行的,其中一些已经在部分一流学校及其系统中实施并且取得了一定的成果。这些成果主要有三种类型:一是以研究成果呈现的系统理论知识;二是校长及教师成功领导力的实践经验;三是部分地区高校绩效系统的先进经验。目前的挑战在于:如何在更多的学校内部和学校之间扩大和维持它们,特别是如何将这些主张服务于处于弱势社区的学校,用来提升该类学校的领导力。其次,这些主张不涉及大量的经费,这使得它们在实施过程中具有更多的物质优势,但这也意味着需要领导者更有效地利用现有资源。最后,这10项有力主张打破了传统的工作方式,也给领导者的观念和行为带来了极大的挑战。

三、10项有力主张——高效领导者如何将学校打造为创新的学习环境

1.拥有特定的个人特征、性格和属性,具备高阶能力(阅读能力、平衡的判断力、强烈的价值观等)

研究表明,高效领导者具有一些关键的个人特征、性格和属性,这些要素能够提高个体的领导力,使其成功转型为高效领导者。首先,与普通领导者相比,高效领导者凭借自身开阔的世界观和较强的价值观以更高的能力解读目前社会形势,并依靠直觉和政治敏锐度对这些形势变化做出平衡的判断。这些个人品质使高效领导者能够比一般人做出一些更前沿和更具有价值的行动,来带领整个团队前进。其次,高效领导者具有较强的实践学习能力。一方面,他们能够在"在职"状态中充分发挥自身能力,及时有效地运用所学知识和技能发现和解决问题,在实践中提升自我;另一方面,他们更善于从"在职"的隐性知识中获取实用智慧,将难以用语言解释的内容进行规范化和组织化,并有效地加以应用。

2.将学校转变为专业学习社区

高效领导者善于采取实际行动将他们的学校改造成专业的学习社区,这些学习社区在发展过程中逐渐以网络化形式存在。依靠这些学习社区彼此关联又独具特点的优势,领导者能够对它们进行动态和分层管理,将创新学习环境的措施以更具整体性和秩序性的形式实施下去。对于普通领导者而言,要使学校成为专业学习社区需要应对一些挑战,如将学校建设成为负责自身和集体发展的专业人员的网络;协助社区为学校提供资源,将学校与社区加以联系,促进教育整体性发展,以维持和领导学校成为具有包容性的专业组织。

3.在参与研究中巩固学校的发展,以此作为领导教师专业发展的实践基础

高效领导者通过领导教师专业发展和可靠的专业实践创造研究型学校,坚持鼓励他们的专业人员从事教育实践研究。教师成为研究者是教师反思自身教学行为和提升自身专业素养的主要途径。这一主张要求领导者在实施过程中注意:激励教师对个人、与他人合作以及参与全校活动的实践经验进行研究;要求教师在合作的过程中具有基于证据进行研究的专业素养,而不是随心所欲地进行研究探索;将学校作为知识生产和知识传播的中心;与其他学校(包括大学)和机构建立合作研究伙伴关系。

4.重点推广对学生学习有高效促进作用的教学实践,减少对学生学习零效应或负效应的教育领导实践

高效领导者重视让教师专注于改进教与学的过程,采用对学生学习有效的教学方法,同时还重视强化教师动机。教师具有较高的教学效能感才能主动创设出创新的学习环境。这一主张对学校领导者和教师的挑战是:获取并应用知识和技能以确保为教师提供专业的教学支持和建议;了解最新关于教学策略有效性的研究(例如:关注教学实践对学生学习带来何种程度的影响,关注如何在个体对学业成绩的追求与21世纪职场对社交技能的需求之间取得平衡,这两者都依赖于不同的教学策略和方法的组合)。

5.关注教师的关心、参与和动机(而不是学生的学习结果)，以此促进学生实现更好的学习

高效领导者以关心教师福祉的方式来强调教学质量，以努力提高教师的积极性和主动性为手段来强化学生的积极学习行为，坚持以优质教学促进学生学习，这是因为教师是教学活动的组织者，教师的教学观念和行为直接影响教学质量。要贯彻这一主张存在的挑战是：如何让教师和学校相关领导者主动、积极地致力于关注教师而不是学生；如何鼓励教师开展非学术学习；如何鼓励教师在参与正式课程教学之外，还要积极参与课外活动和学生团体的社会实践活动。

6.通过及时采用适合学校实际情况的可行性扩张型领导模式来促进以教与学为中心

高效领导者将可行有效的共享或扩张型领导模式与以学习为中心的模式结合起来，以适应特定时期的特定学校情况；同时，努力使整个模式具有动态变化的性质而不是处于一成不变的僵化状态，在生成和发展的过程中体现学校的张力。在具体的实施过程中，领导者要结合三种领导模式(以教学为中心的指导型、扩张型和创生型)以确保协同效应；领导者还要采用适合于各个学校的可行的扩张型领导模式，要考虑到它们在任何特定时间的资源和能力以适应学校的动态发展；领导者还要培养和发展潜在领导者的关键个人特征、性格和属性。

7.重新设计和改造学校，使其成为"符合目的"的、具有前瞻性的21世纪创新型学习环境

高效领导者能战略性地理解学校的各个部分和功能是如何相互联结的，以辅助技术、有利的学校结构、文化和领导来激发教与学的核心技术，这是全面重新设计和改造学校使其成为21世纪创新型学习环境的关键领导模式。领导者应整体把握学校的发展现状，统筹规划学校的未来发展。这一主张在实施的时候首先要重视对领导者的培训，一方面使他们能够从战略上和整体上思考和设计学校各系统、各部分之间的功能和相互关系；另一方面使他们有能力重新设计学校，以及时有效和可接受的方式对学校实施改革。其次，领导者要做好5~10年的战略部署，在宏观层面上以整体视角对学校发展蓝图做出系统规划。最后，让社区和利益相关者参与进来，加强学校和社会之间的联系。

8.具有强烈的精英主义和社会正义的价值观取向

高效领导者具有现代化的学生观，意识到学生是具有独特性和差异性的个体，具有发展的无限潜力。教育者的作用在于创设各种有利条件使所有的学生都可以得到全面的发展。有天赋的学生被鼓励发挥他们的潜力，中等成绩的学生也是如此，而成绩较差的学生则被给予补偿性的资源和支持，以开发他们的潜力。他们认为，缩小成绩差距不是正确的目标，最大化每个学生的潜力才是教学的真正目标。实施这一主张面临的挑战在于：确保学校能够发挥和发展各种能力的学生的潜力——所有学生都是"良好"或"优秀"的；尽量减少学校内部和学校之间的教与学的质量差异；聘用和培训那些对社会公正充满热情的领导者；针对学生的个别需求制定策略、提供资源和做出反应；通过更有意义的家校联系，利用家庭的潜在力量使每个学生的独特潜力得到极大的发展。

9.热衷于建设包容性的学校社区,受社会公正驱动,对文化有了解和敏感,并致力于最大限度地发挥所有学生和教师的才能

高效领导者善于在学校的管理、课程和课外活动中营造具有跨文化敏感性的学校环境,重视在整个学校空间中每个个体的差异性存在,尊重、重视和确保不同种族和不同文化的师生反应;及时化解多元文化视角下师生文化的冲突,并利用这种冲突资源建构包容性的学校社区,促进学校的生成性发展。要做到这一点,高效领导者需要注意的内容包括:学校招生日益国际化,对来自不同国家的学生要具有包容性;必须要对多元文化问题和敏感性的知识给予充分的理解和热情;有能力创建包容、和谐的学校、社区以及家庭,构建学校、社区和家庭三位一体的功能结构,共同提升教育质量。

10.乐于接受他们作为系统领导者的责任,即为了学生的福利和学习愿意分享和提高领导能力

高效领导者是系统领导者,他们乐意与其他学校分享他们的专业知识和领导技能,并从改善校际伙伴关系中受益。高效领导者不会故步自封地管理与领导学校,他们倾向于与其他学校合作交流,在相互借鉴中促进双方的发展与改善。在具体实施过程中,要做到这一点所面临的挑战在于:领导者要主动超越他们自己所在的学校社区进行思考,而不能将自己的思想与眼界局限于封闭空间里;领导者要始终秉持在整个系统中对教师和学生的福利、学习和发展负责的理念;根据他们的专业知识、经验和成就,确定在任何特定时间最适合他们的系统角色类型,以便根据自身角色做出更符合环境变化的适宜性决策,比如课程教师和专业导师各自承担不同任务;分享专业知识和领导技能去帮助一所处于困境中的学校;领导学校改善伙伴关系或学校团体,增强团体的凝聚力,提高整个学校系统的教育领导力。

在新的学习环境中创新教育领导力

Simon Clark　教授　澳大利亚西澳大学

校长教育领导力的概念在近几年受到国内外学者的重视,如何培养校长教育领导力成为学术界热议的话题。西方学术界将校长教育领导力分为教学领导和转型领导,在此基础上又延伸分为分散领导、分享领导、学习领导等理论模型。基于专业标准的目的与内容,澳大利亚有关校长教育领导力的研究强调培养高素质的校长队伍、领导教学过程、促进自我与他人发展、引领学校创新与变革、加强社区之间的合作等方面。

重新评估校长教育领导力,使领导者在不断变化的环境中做出适当的判断,可以从时代背景、社会环境、制约因素与诱因、实践方法四个方面着手。

一、复杂情境下校长教育领导力的革新

在全球化、信息化的今天,校长教育领导力面临着严峻的冲突和挑战,呈现出一系列突出的问题:复杂且分散的需求、事件和问题所蕴含的道德含义;"双塔"形的并列自主权和问责机制问题;以"不确定的、不可预测的和普遍存在的动荡"为特征的环境;新冠疫情使教与学的实践发生了巨大的变化,学校的核心功能发生了转变,校长教育领导力被推到了极致等。解决这些具有挑战性的问题需要教育领导力发挥作用,但在解决问题的过程中却不尽如人意。例如:应对"沼泽问题"本来需要领导者采取新的学习和行为模式,却出现违背现有的知识和程序的情况;应对"适应性问题"同样没有现成的答案,而且需要很长时间来处理,同时还伴随着一些政治偏见的问题。

Simon Clark 教授将复杂的时代背景归总为 VUCA,其中,V 表示波动性——变化发生得很快,而且规模很大;U 表示不确定性——未来无法精确预测;C 表示复杂性——由许多因素构成的复杂挑战,很少有单一原因或解决方案;A 表示模棱两可性——不清楚事件的含义和意义可能产生的影响。用 VUCA 视角审视时代背景,它的特点表现为波动性、不确定性、复杂性和模棱两可性。

二、几个核心概念的分析

Simon Clark 教授强调,在面对高度复杂的环境时,应根据三个潜在概念,即实践智慧(实用智慧)、情境智能和消极能力,来做出适当判断。实践智慧是一种实用的智慧,它明确一个问题可能既没有正确的答案,也没有快速的答案,特别是在理性决策涉及的情感或环境比较复杂的情况下更是如此;情境智能指识别和诊断事件或环境中固有的情境因素并在该情境中施加相应影响的能力;消极能力指基于"一知半解"或"不知道"而不去思考和反思的能力。

领导者在掌握上述三个潜在概念之后,还需要具备全面的、理智的、批判质疑的态度应对急速变化的环境,才有可能提升教育领导力,做出理性判断。此外,已有的教育领导力策略研究成果表明,校长教育领导力的提升也需要采用一些具体的策略:明晰建构主义的本质以及实践者的"生活经验";时常进行个人反思、批判性思考,创造与同事交流互动的机会;以叙事的形式叙述事件起因,使人们能够识别其所代表的背景和问题,为帮助其他领导者了解自己和所处的环境、提高决策能力提供潜在的、丰富的、专业的学习来源;利用"恰当的案例"思考如何在日常行动中反思自我,反思那些不成功的领导情节;对案例进行研究、审思、批判,基于问题进行推断,获取相应的认知技能,在面对问题时考虑所有潜在的信息来源,并将新信息与已知推断进行比较;结合对"探究的文化"场域的认识和理解,明晰认知在这种文化中无需尽善尽美,保持拥有安全环境的底线思维,用于增强批判性的自我反省和合作发展。

三、作为学习者的未来学校领导者

教育领导力的制约因素和诱因被认为是上述三个概念所涉及的重要内容。传统的教育领导力思维的约束性(技术理性模型),强调学校领导者的培养重点是以培养注重成果的领导能力、技能和胜任能力为目的的。这种领导力思维以技术理性模型为导向,首先,呈现去文本化领导的"同质化"视角;其次,依靠还原和碎片化的过程;再次,嵌入过去或现有实践,假设它们与未来有关,教育领导者应思考如何兑现"建立一个所有中小学都追求的卓越教育体系,让每个儿童都能平等地接受世界级的优质教育"的承诺;此外,强调只有客观的、可衡量的、技术性的和可观测的行为才能清晰地表达出来,无法提供足够丰富的词汇来描述领导力的复杂性;最后,提倡一种"可以做"的文化,寻求简单的解决方案,而不是承认领导经验中的复杂性和悖论,以便做出更好的判断。打破传统教育领导力对思维的约束,诚如Simon Clark教授在《职业创造力的认识论》中所强调的那样:"解放领导者思维,找寻约束的诱因,需具备批判性反思能力,且能以挑战与经验相关的基本假设为逻辑进行思考。"具体来说,首先,应具有自我意识,及能控制自己思想、感情和行为的能力;其次,在内在领导力层面,领导者的主导风格应来自他们的内在,来自他们的感受、价值观、信仰和经验;再次,从元认知角度,将领导力视为为终身教育提供机会,以便通过实践发展成功领导力所必需的适应能力;最后,基于真实的自反性与自我代理过程,增强自我理性思维力。真实的自反性指从日常实践中脱离出来进行反思的能力,不受立即寻求和解紧张关系或解决方案的诱惑,以支持真实的专业判断。领导力学习中的自我代理指在复杂、不确定、不可预测和模糊的情况下学校领导者应该是强大的学习者。

四、嵌入实践的学习方法

为了避免陷入现在与未来的焦虑和不确定性的误区,领导者需要专注于在实践中产生新想法、新观念。Simon Clark教授讲述了一件关于他陷入焦虑和不确定性的事件:我记得几年前发生的一件特别折磨人的事。2014年7月,当我和2年级的学生在坦桑尼亚进行学习考察时,我接到了一个电话,这个电话不仅让我感到无比震惊,还让我不得不面对一个我从未面对过也不想再遇到的场景:一架民用飞机被确认击落。当时,飞机上载着我们学校一名7年级学生,以及他的弟弟、妹妹和他们的祖父。在大约7个小时的时间里,在澳大利亚主流媒体联系我发表评论之前,我不得不与巨大的焦虑和不确定性作斗争。那时,学校无疑已经开始被各种猜测所轰炸,这些猜测也许掺杂着有关这场悲剧的一些不争的事实。因此,我在向媒体发表的第一份声明中提到,我们的表达需要绝对清晰,因为这将影响我们的社区如何应对正在发生的危机。在现场电话采访中,需要为此种无法预料的事件制定应对方案,但此时没有现成的"剧本"、风险管理图表或指导手册可供参考。相反,人们需要依靠直觉来把握模棱两可的情况,并"在正确的时间以正确的方式做正确的事情"。我对媒体提出的第一个问题的回答是:"这不是学校的危机,这是一场最严重的家庭危机。学校的职责,以及我作为学校领导者的职责,是尽我们所能支持这个家庭度过这场危机。"从那时起,学校所采取的每一项反应和行动都以最初的声明为指导。

关于校长教育领导力评估的相关研究较为丰富,Simon Clark教授所理解的校长教育领导力是指校长作为学校的领导者,对于一个充满活力和不断变化的环境,要从新的角度重新评估传统的领导方法。他认为,在严峻复杂环境下工作的校长,必须能够处理较为模糊的事件,并在"事实"不清楚或不断变化时做出准确、理性、合理的判断。同时,校长需要具备更加敏锐的思考能力和问题解决能力,而不是广泛的领导能力。实践智慧、情境智能和消极能力三种领导能力的潜在组合有助于高效处理极其复杂的情况。此外,对于校长教育领导力的研究需要全面考察其所面临的时代背景与挑战,跳出已有思维的局限,把握其未来的发展机遇。通过相应的理论模型、策略指引、理性思维明晰教育领导者的领导思维、学习和发展的需要,了解传统领导力的状况;通过VUCA视角、技术理论模型,了解教育领导力的学术思想和观点的新发展。无论是谁,只要成为教育领导者,都应该接受整体、系统的知识训练,具备批判性思维、沟通与合作的能力以及创新性思维。Simon Clark教授认为,教育领导力的评估应包括以下几点:具有核心管理的知识技能和充分的投入,重视高阶思维能力的培养;将自我意识与实践视角结合起来;在学习中发展自我代理;从"代理式"专业发展转向支持真正的专业学习。Simon Clark教授还以劳伦斯·J.彼特(Laurence J. Peter)曾说过的一句话,即"有些问题是如此复杂,你必须非常机智、见多识广,才会立刻做出决定",来引发我们的思考。

综上所述,Simon Clark教授对校长教育领导力的独到见解、批判性言论、重新构建的评估对我国教育领导力的评估具有深刻启发和借鉴意义。Simon Clark教授提出,从VUCA视角看待我们所面临的时代挑战,其特点为波动性、不确定性、复杂性、模棱两可性,而应对纷繁复杂的环境挑战,需要具备三种潜在的评估判断力——实践智慧、情境智能和消极能力。探析教育领导力面临的时代挑战,必须具备一定的理性思维,要以自我内在为驱动力,增强自我意识、内在领导力、认知能力、自反性等。校长是学校的灵魂,校长的教育领导力影响学校的发展和儿童的成长,评估校长的教育领导力,就是为了让校长更好地支持学校发展,参与儿童成长,以促进其自我学习和专业发展。Simon Clark教授从新的角度评估校长的教育领导力,既尊重了校长的主体参与意识,也明晰了增强教育领导力应考虑自我意识与实践结合、理性思维、自我代理、专业发展等四个模块化的评估方式。在一定程度上,调整后的校长教育领导力评估方式与澳大利亚校长专业标准相契合。这一评估方式既体现了理论与实践的深入结合,又推动了校长教育领导力的专业化与持续性发展,其评估思路与内容为我国校长教育领导力评估与实施提供了宝贵的实践经验。

栏目 1 未来教育理论

智慧教育中师生关系的新动向

林德全

(河南大学 教育学部 现代教育研究所,开封 475004)

摘要 从教育技术的视角来看,智慧教育作为由智能信息技术应用于教育而造就的由多个系统组成的具有智慧特征的教育形态,不仅标志着教育信息化进入了新阶段,更标志着整个教育也进入了新的阶段,达到了新的水平。在这一新的教育形态中,师生之间在延续以往师生关系特点的基础上关系进一步深化,呈现出诸如互为性更加开放、类型化更加多样、叠加性更加多元、关系趋向非结构化、开放性更为丰富、更加重要的感情性、更加突出的复杂性等七个方面的新动向。

关键词 智慧教育;师生关系;新动向;师生关系类型

最初,智慧教育主要是从宽泛的层面强调教育对人的智慧的唤醒和激发。对此,这里以一个从狭义与广义两个层面对智慧教育的分析为例来说明。"所谓狭义的智慧教育,即是我们通常所说的'智育'或者'智力的教育',在教育学中,它主要是指'传授给学生系统的科学知识、形成学生的技能、发展学生的智力以及培养学生能力的教育'。""广义的智慧教育是一种更为全面、丰富、多元、综合的智慧教育,它主要包含着三个既相互区分又彼此联系的方面,即理性(求知求真)智慧的教育、价值(求善求美)智慧的教育和实践(求实践行)智慧的教育。广义智慧教育既包含着狭义智慧教育,又超越了狭义智慧教育。"[1]后来,随着物联网、云计算、大数据、泛在网络等新一代信息技术在教育领域的推广与应用,智慧教育也被赋予了新的内涵,变成了主要基于教育技术手段应用下的特定化表达。即便如此,由于教育技术自身的发展较快,以及人们的研究视角多样等,依然形成了多种不同的关于智慧教育的理解。对于这些理解,有研究者认为,可以从感知维度、联通维度和智能化维度三个方面进行把握,并进行了简要的分析。[2]尽管由于各自的理解不同,对智慧教育的认识存在一定的差异,但从总体上来说都是基于教育技术,特别是人工智能技术在教育领域中的应用这一大前提下各自在认识上的分野。结合当前及今后一段时期里整个人工智能技术的发展及其在教育中应用的走势,这里把智慧教育理解为特指多种智能信息技术与教育深度融合的产物,是各种智能信息技术在教育中的应用而造就的一种由多个系统组成的具有智慧特征的教育形态。智慧教育不仅标志着教育信息

基金项目:国家社会科学基金"十三五"规划2017年度教育学一般课题"智慧教育背景下我国中小学师生关系研究"(BHA170145)。
作者简介:林德全,河南大学教育学部教授,河南省教育厅人文社科重点研究基地河南大学教育改革与发展研究中心副主任,河南大学现代教育研究所所长,主要从事课程与教学、智慧教育及学习科学等方面的研究。

化进入了新阶段,也标志着整个教育进入了新阶段,达到了新的水平。这一新的教育形态将对包括师生关系在内的教育的诸多方面进行重构,并使之呈现出新的特征、新的表现。为了更好地把握智慧教育中的师生关系,充分发挥新型师生关系的作用,这里试从以下七个方面对其所呈现出的新动向予以阐释。

在对这些新动向进行阐释之前,有三点必须首先说明:第一,这些新动向无论是其能指还是其所指,并非都是全新的,而是已经存在于以往及当下的师生关系之中的,但又因在智慧教育中有了新的表现,是智慧教育对师生关系重构后的必然表现,故而称为新动向。第二,尽管其中有些新动向不仅在目前的实践中已经有所表现,甚至还有些表现得已经非常明显,如在应对新冠疫情期间,线上线下相结合这一教学方式常态化的过程中呈现出来的跨越时空的叠加就是其中之一。同时,也有一些新动向暂时表现得还不够充分,有待于在今后的教学实践中进一步观察和判断。不排除在此过程中某些动向或者某些动向的部分方面随着相关方面的发展而只是一种猜想,也不排除还可能会出现一些未在预料范围之中的新动向。第三,这里所说的师生关系仅限于教育活动中所发生的师生关系,并不包括那些在教育活动结束后一些教育性的影响仍然长期持续下去的师生关系。

一、互为性更加开放

师生关系简单地说就是教师和学生之间结成的双边双向关系。在这种双边双向关系中,缺少了其中任何一方,都不会有师生关系。因此,师生关系的首要特点就是互为性,师生互相以对方为各自存在的前提,"也即互相依赖"[3]。质言之,如果没有学生,也就谈不上教师;反之如果没有教师,也就谈不上学生。教师和学生互相以对方的存在为前提,并基于这一前提在两类主体之间建构起师生关系这一特定的人际关系。

互为性不但存在于以往及当下的教育中,在智慧教育中也将同样存在,还将以更加开放的态势存在。这是因为,在此前的教育中,师生双方受年龄、学识等方面的制约,其互为性往往是固定的、单向的。在师生关系中,教师一直位于施教端,学生则一直位于受教端,师生关系几乎不可能发生翻转。尽管"三人行,必有我师焉"[4]的论断和各种不同版本的"一字之师"的典故似乎可以证明此前的师生关系并非都是固定的、单向的,也有可能会出现逆转,但此类论断及现象只是极少数,而非普遍现象,也非当时师生关系的主流,并不能据此来否定师生关系在互为性上的固定化、单向性。一方面,这些个别现象只是一些学识丰富之人谦虚心态的表现,是个人对自己的严格要求,并不能表明当时绝大多数教师都具有这种自觉,自然也就不能证明当时真的出现了大规模的师生关系逆转的现象。另一方面,这些现象之所以是个别的而不是主流,还与当时的条件下人们能够获取知识的渠道比较单一有关。在相当长的历史时期里,由于科学技术不够发达、生产力不够先进,不仅无法满足更多人接受教育的需要,也无法满足那些在当时的条件下能够接受教育的学生更好地实现其发展的需要,如无法为接受教育的学生提供更为丰富的获取知识的渠道,或者无法提供更多的方式来帮助学生有效地获取知识。在那个时期,学生除了从教师这一渠道获取知识外,基本上没有其他获取知识的渠道。这两个方面都表明在此前的教育中,教师和学生的角色不但是互为的,而且其互为也是固定的、单向化的,而非开放的、可逆的。

在智慧教育中,这种不可逆的、固定的、单向化的互为的师生关系由于一些智能设备的加入而被彻底打破。无论是对于教师,还是对于学生,各自的角色及其相应的师生关系都不再是固定的,而是更加开放的、多元的、灵活的。这不但会赋予师生关系的互为性以新的内涵和表现,还会使"教学相长"的美好愿景能够最大限度地转化为现实,能够更好地服务于教师的成长和学生的发展。两千多年前我国的《学记》中就非常难得地指出:"学然后知不足;教然后知困。知不足,然后能自反也;知困,然后能自强也。故曰:'教学相长也'。"[5]事实上,这一论断尽管在此后长期的教学实践中有所展现,有很多教师及其学生确确实实通过教学相长实现了"师生同益",[6]使师生双方共同发展得以成为现实,但也不得不承认,能够做到这一点的其实只是整个教师群体中非常有限的少数人,与整个教师队伍的数量并不匹配。所以,在很大程度上,"教学相长"还只是人们的一种美好憧憬,并没有充分发挥出其应有的效能。对于这种情况,我们不应该简单地去批评、指责,而更应该去思考是什么原因导致这一美好的愿景未能充分发挥出其应有的效应,并在此基础上寻找更为恰当的解决方案。客观说来,导致"教学相长"未能充分发挥其效应的原因有很多,但教师工作负担过重,缺少足够的时间和精力对教学活动进行"复盘",难以"教然后知困"无疑是其中非常重要的原因之一。当下很多教师无暇去思考其所困之现象,更无暇去思考其所困之原因和解困之策。当然,这也只是其中的可能原因之一,而非全部原因。事实上,实践中也有一些面对繁重的工作,缺少"思困"时间和空间的教师仍然想出一些办法抽出时间来进行思考和反思,进而实现"教学相长"。只不过从比例上来看,由于后者所占比例较低,以至于两者并不是很匹配而显得如同只是幻境一般。在智慧教育中,借助于一些智能设备,甚至可能还有更为先进的教学主体的参与,教师将会有更多的时间和精力开展教学反思,思其所困、何以困,进而探讨相应的化解方略。在此过程中,不仅教师可以发挥自己所长,有针对性地对特定学生群体开展教学,并通过教学活动不断地改进和完善自身,促进学生的成长和发展,在更大层面上实现师生双方的共同成长,而且师生双方之间的互为性发生明显的改变,从相对封闭、固定的样态走向更为开放、灵活的样态。

二、类型化更加多样

智慧教育作为各种智能信息技术在教育中的应用而造就的由多个系统组成的具有智慧特征的教育形态,最为突出的表现就是人工智能教师这一新型教师将加入人类教师队伍中来,教育将迈入"人机共教"的新时代。[7]而且,除了人工智能教师的加盟外,还有其他一些智能设备也将会应用于智慧教育之中。这些都会使得原有的师生关系类型向越来越多样化发展。概括起来,智慧教育中将至少会有以下五种师生关系类型:

一是传统的单人师型师生关系。在智慧教育中,尽管人工智能教师和一些智能设备会加入教师队伍中来,与人类教师一起开展教育活动,但这并不意味着它们会参与所有的教育活动及教育活动的所有方面。这也即,有些教育活动及教育活动的部分方面仍然只有人类教师在参与,甚至也只有人类教师才能胜任。这也就意味着此前仅由人类教师与学生结成的师生关系在智慧教育中会依然存在。为了更好地反映智慧教育中师生关系的全貌,准确把握各种师生关系类型,我们将这种依然存在于智慧教育中的单纯由人类教师与学生构成的师生关系称作传统的单人师型师生关系。这种类型的师生关系一方面遵循原来的人际型师生关系的要求并与之一致,另一方面也会因为人工智能教师和智能设备参与部分教育活动及教育活动的部分方面而又有所不同。需要说明的是,尽管此时有后者这一参与方式,但这一参与方式基本上可以忽略不计,几乎完全以前者为主。也正因如此,这里将这种类型的师生关系依然称为传统的单人师型师生关系。

二是新型的单人师型师生关系。这一师生关系类型,与上述传统的单人师型师生关系类型既有相一致的方面,亦有明显的区别。从一致的方面来看,两者都是由人类教师与学生结成的师生关系。从区别的方面来看,传统的单人师型师生关系主要或者说完全是人类教师和学生参与,而在新型的单人师型师生关系中,除了人类教师和学生外,还有一些特殊的智能设备也参与进来,与人类教师"一起"工作。只不过,它们不是与人类教师在同一时空,特别是同一空间里"一起"工作,而是协助人类教师跨越空间的限制与学生隔空交往。因此,在这种新型的单人师型师生关系中,整个师生关系仍然以人类教师与学生之间的关系为主,只是由于一些智能设备的协助,师生关系又有别于传统的单人师型师生关系。对于这一类型的师生关系将在下面多种形式的叠加性中一起来说明,此处暂不赘述。

三是人师机师同构型师生关系。在这种类型的师生关系中,既有人类教师,也有人工智能教师,他们一起与学生结成师生关系。这种师生关系类型作为智慧教育在教育实践中应用的必然反映,既是教育迈入"人师共教"时代最为基本的师生关系类型,也是未来教育活动中师生关系的主流。在这种类型的师生关系中,人类教师与人工智能教师不但一起参与教育活动,他们还往往与学生在同一时空中共同出现,故称为人师机师同构型师生关系。

四是人师机师异构型师生关系。这种类型的师生关系与上述人师机师同构型师生关系既有相同之处,亦有区别。两者的相同之处主要表现为都有人类教师和人工智能教师参与,区别的方面则主要表现为在这种类型的师生关系中,两类教师不是同时空共在,而是异时空共在,即两者按照一定的先后顺序分别与学生结成师生关系。根据两者在先后顺序上的不同,又有两种不同的亚型:一种是人师在前,机师在后,先人师后机师;另一种是机师在前,人师在后,先机师后人师。当然,无论何种亚型,人师与机师都不在同时空出现,而是在异时空出现,故被称为人师机师异构型师生关系。

五是新型的单机师型师生关系。在智慧教育中,除了上述各种类型的师生关系外,还有一种只有人工智能教师参与教育活动而与学生结成的师生关系。在这种类型的师生关系中,由于只有人工智能教师一方参与,故可谓新型的单机师型师生关系。随着人工智能技术的进步,一些相对较为简易的、重复性较强的教学活动,机器人教师就完全可以胜任。把这样的活动交给机器人教师单独来完成,就意味着新型的单机师型师生关系的出现。

三、叠加性更加多元

从原初意义上来说,师生关系作为一种由不同的人与人之间相互交集而生成的关系,本身就具有叠加性。而且,由于师生关系作为一种特殊的人与人的关系,其叠加性显得尤为突出:既有多位教师与某个学生之间的叠加,也有某位教师与多个学生之间的叠加,亦有多位教师与多个学生之间的叠加。

师生关系的这种叠加现象不但在智慧教育中依然存在,而且由于人工智能教师的参与,其叠加形式在原来的基础上呈现出更为多样、更加复杂的形态。在智慧教育中,师生关系有以下三种新的叠加形式:

一是师生关系的叠加将走出校园,呈现为校内教师与校外教师的叠加。这种叠加形式目前已经出现,并正在向广泛性和纵深化方向发展。借助于现代技术手段在教育中的应用而出现的一些新的形式或平台,不但使得教学组织形式发生了改变,还使得师生关系的叠加随之发生了改变。比如,已经初具影响的慕课及刚刚登场不久的同步直播课堂[8]等,都使得师生关系的叠加走出了校园,呈现为校内教师和校外教师之间的叠加。尽管人们对《教育的水平线》[9]这篇报道中得出的"屏幕可能改变命运"的结论存在着不同的声音,但客观说来,网络同步直播在将一些地方的优质教育资源辐射到相对不够发达的地区的同时,其实也改变了原有的师生关系结构,在此基础上叠加起另一重师生关系。另外,为了应对新冠疫情,确保"停课不停教""停课不停学",很多地方除了利用网络直播开展直接教学外,还充分利用一些网络优质教育资源,通过网络教学的方式来开展教学活动。虽然两者各自的原因不同、执行方式有别,但其实都呈现出了叠加性的特征。当然,从目前的情况来看,这种形式的叠加总体上还仅限于人类教师之间的叠加,是原来多位教师与学生之间叠加的升级版,由仅限于校内的叠加走向了校内与校外相结合的叠加。尽管这只是人类教师的叠加,但由于离不开一些智能载体或平台,故也可以视为智慧教育下师生关系叠加的表现形式之一。

二是师生关系的叠加将超越人类,呈现为人类教师与人工智能教师的叠加。迅猛发展的人工智能的进一步深化,将会对包括教学在内的教育的各个方面带来更为深远的影响。目前,与人类教师类似的机器人教师已经出现,比机器人教师更加智能化的人工智能教师在不久的将来也会出现。这些包括机器人教师在内的人工智能教师与人类教师既各有分工,又相互协作,在共同影响和帮助学生成长与发展的同时,也使得师生关系超越了单纯的基于人与人之间的叠加,呈现为人类教师与人工智能教师之间的叠加。当然,这种叠加既是教育迈入"人机共教"时代的标志,更是师生关系叠加进入新阶段的标志。

三是师生关系的叠加将超越空间,呈现为跨空间的师生关系的叠加。在智慧教育中,师生关系还将借助于一些技术手段的逐渐普及和推广而呈现出新的叠加形式。比如,使用VR(virtual reality,虚拟现实)、AR(augmented reality,增强现实)、MR(mixed reality,混合现实)及XR(extended reality,扩展现实)等技术,不但可以使得目前一部分由于空间分隔而受到限制的人与人之间的师生关系得到明显的改观,而且可以使得原来的师生关系焕发出了新的生机与活力,通过跨空间的叠加来实现对空间藩篱的跨越。因此,作为一种有别于上述两种形式的基于智慧手段实现的师生关系在交往空间上的叠加,也是智慧教育中师生关系叠加的新形式、新样态。需要说明的是,跨空间的叠加既有纯粹的人类教师与学生之间跨空间的叠加,亦有其他一些类型的教师与学生之间的叠加。这里主要是指后者,即其他一些类型的教师与学生之间在跨空间上的叠加。这里所说的其他一些类型的教师,既有可能是上述的机器人教师,也有可能是未来的数字人教师。鉴于目前的技术走向,数字人教师大体上应该有两种走向:一种是通用型的数字人教师,这种类型的数字人教师与机器人教师高度一致,只是称谓有别;另一种则是作为人类教师的数字化身或者说是分身的数字人教师。由于其是人类教师的数字化身,故其涉及两个方面的特殊情况:一方面,这类教师具有原生的人类教师的属性,是人类教师原有的生物个体与社会个体结合在一起,然后在更高级别的网络空间里的虚拟呈现;另一方面,也不排除这类教师有可能不再是人类教师在实体物理空间里的翻版,而是在更高级别的网络空间里所呈现或者说所扮演的新型教师角色。未来跨空间形式下的叠加既有可能只是前者,也有可能只是后者,还有可能是二者结合起来的叠加。

四、关系趋向非结构化

在前面的分析中已经指出,以往的师生关系从总体上来看是相对稳定的。尽管不排除其间由于教育阶段转换、学校师资队伍变化等方面导致一部分教师与学生之间的关系会出现变化、调整,但总体而言还是比较稳定的,一般都会维持一个相对较长的时间周期,如一个学期或者一个学年,甚至五六年等。虽然这种稳定的师生关系呈现出有利于教育活动的延续等正面价值,但也存在着诸如师生关系过度稳定而陷入相对封闭,甚至过于固化等不足。当然,这些不足也会随着一些教育改革举措在一定程度上发生改变。比如,为了确保教育公平,推进教育均衡,很多地方推出了"教师轮岗"等类似举措。这些举措不仅确实在一定程度上实现了诸如提高教育公平、推进教育均衡等方面的效果,而且在一定程度上改变了师生关系的生态,使师生关系从原来相对封闭、固定的结构化状态向某种程度的非结构化方向发生改变。

在智慧教育中,随着优质教育资源供给的大幅增加,特别是智能设备的广泛使用和人工智能教师的"加盟",师生关系将逐渐从稳定甚至封闭、僵化的状态转向与之对应的非结构化的状态。这种新的非结构化的师生关系最为明显的表现就是:师生之间的关系不再是固定的、稳定的,而是灵活的、开放的,甚至还有可能出现"生无常师""师无常生"等看似"无序"而实则"有序"的新状态。所有

这些都意味着师生关系将迈向非结构化的新阶段、新格局。智慧教育中师生关系逐渐趋向非结构化主要有以下两个方面的原因:

一是学生接受教育的要求不断提高,而且这些要求也在日益得到满足。接受更高质量的教育,促进自我更好的发展应该说是所有学生的美好愿望之一。这种美好愿望在智慧教育之前尽管能在一定程度上得到满足,但由于教育资源,特别是优质教育资源总量供给不足,能够满足的程度和广度受到较大的制约。在智慧教育中,教育资源的供给增多,特别是优质教育资源的供给增多,给学生提供了更多的可供选择的空间和更大的选择自由。这不但可以更大限度地满足他们接受更高质量教育的愿望,而且使得他们在具体的选择过程中不断地改变或调整已经建立的师生关系,并生成新的师生关系。

二是原有的师生关系约束机制失灵,新的师生关系约束机制尚未建立。在智慧教育之前,师生关系之所以能够保持相对稳定的结构化状态,一方面是由于当时各种条件的制约,无法提供更为灵活的选择机制;另一方面很大程度上是由于优质教育资源供给不足,无法给所有学生提供充足的优质教育资源而只能通过一套相对稳定的约束制度来进行限制。这些约束制度不但限制了学生自由选择教育的空间,也进一步强化了师生关系的稳定程度。在智慧教育中,智能设备的使用和人工智能教师的出现,在扩大优质教育资源的供给,为学生提供更加充分的选择自由的同时,也给师生关系带来了新的挑战:一方面,师生之间原有的约束机制无法适用于智慧教育中;另一方面,智慧教育中师生之间新的约束机制尚未建立。两者叠加的结果就是师生之间的关系渐趋泛化而难以长久、稳定,这使师生关系呈现出前所未有的非结构化发展态势。这一态势虽然有助于形成一种更加开放、灵活的师生关系,但也有可能使师生关系的教育意义被弱化,甚至丧失。后者不仅是智慧教育中师生关系建设时需要注意避免的关键问题,也是今后师生关系建设的难点,需要给予高度重视。

五、开放性更为丰富

在原来的教育中,虽然师生关系从总体上呈现出如前所述的固定化、稳定性等方面的表现,但并不意味着师生关系完全没有开放的一面。通过前面的相关分析可以看出,即便在这种固定化、稳定性的态势下,师生关系仍在一定范围内呈现出不同程度的开放性,如由多位教师与学生之间呈现出来的多个主体之间的开放,随着教育阶段的改变而呈现出来的具体教师变化的开放,以及师生之间在活动内容与活动形式等方面表现出来的开放,等等。总体而言,这些开放性表现大都属于直接的师生关系的开放,还显得较为狭窄,难以与智慧教育中师生关系的开放性相媲美。

对于智慧教育中师生关系的开放性,除了前面的相关分析外,这里再从以下三个方面予以简要的说明。

首先,师生关系的开放性更加灵活、多元、丰富。在智慧教育中,由于师生双方的地位和角色更加灵活,教师和学生将不再各自一直处于相对固定的一端,而是以更加灵活的方式进行转换。这在前面"互为性更加开放"中已经有过解释,不再赘述。

其次,间接的师生关系将越来越突出。根据师生交往的方式,可将师生关系分为直接的师生关系和间接的师生关系。由于受到交往条件的限制,以往教育中的师生关系大多以直接的师生关系为主,以间接的师生关系为辅。在智慧教育中,这种局面将会发生极大的改观。各种智能技术的使用使得诸如人工智能教师等新型教师加入教师队伍中来,不但产生了新型的师生关系,还会丰富甚至改变原来的仅在人与人之间结成的师生交往的形式。无论是由于教师队伍类型扩容而产生的新型的师生关系,还是因师生之间交往形式改变而引发的师生关系的改变,都意味着师生关系会越来越开放。

最后,模糊正式师生关系与非正式师生关系的界限。根据师生关系发生的场域,可以将师生关系分为正式的师生关系与非正式的师生关系。所谓正式的师生关系,主要是指师生在学校、课堂等一些正式的、组织化场所里发生的人际关系、教育关系。非正式的师生关系则是指师生在学校、课堂等正式的或组织化场所之外发生的人际关系、教育关系。由于受到交往手段的限制,以往的师生关系主要以学校、课堂等中的正式的、组织化的师生关系为主。在智慧教育中,随着一些智能设备的使用及人工智能教师的加盟,原来制约师生交往的手段会取得重大突破,这使得师生关系不再拘泥于以正式的师生关系为主的样态。而且,各种非正式师生交往类型的不断涌现,会逐渐淡化与正式师生关系的界限,使得师生关系向更加开放的方向迈进。

六、更加重要的感情性

感情不仅是影响师生关系的重要因素之一,也是衡量师生关系水平的重要尺度之一,同时还会影响教育效果。赞科夫曾指出:"就教育工作的效果来说,很重要的一点是要看教师与学生之间的关系如何。"[10]当然,随着研究的深入,人们对于感情在教学活动中的重要性的认识也在不断加深。从教师方面来看,他们发现"感情绝不是简单的动机的'附加物'或'马后炮'——它们主要在引发和塑造目的与个人作用信念模式上发挥影响,这种影响似乎在特定的行为事件上相对短暂且不稳定,但实际上从持续的动机模式来看,每一点影响都同认知、加工一样。"[11]从学生的方面来看,他们同样发现感情是学习非常重要的影响因素之一。尽管学生需凭借各种认知因素进行直接学习,但事实上,其学习活动不仅要求认知因素积极参加,而且还要求感情的积极参与,"学习受认知因素与感情因素的交互影响"[12]。因此,无论对于教师,还是对于学生,感情的重要性都不容小觑。更为重要的是,对感情及其重要性的认识也会作用到师生关系建设上来,故需要不断地改善师生关系中感情的成分,充分发挥感情的教育性力量。

在智慧教育中,不但师生之间存在着感情关系,而且他们之间的感情关系还显得更加重要。一方面,在智慧教育中,尽管会有一部分人工智能教师参与到教育活动中来,但其间仍然还会有大量的人类教师。这些人类教师与学生之间仍然会结成与以往教育中相同或类似的人与人之间的师生关系。在这种人际型师生关系中,感情无疑仍然是至关重要的因素之一。另一方面,人工智能教师参与教育活动不但使得人类教师的根本职责发生重大转变,而且对这种人与人之间的师生关系提出了更高的要求。在智慧教育中,学生有可能主要通过一些更加智能化的载体来获取知识,而不再像以往那样主要从教师处获取知识。"课程知识的传播和指导可以更多地交由在线教育平台来完成,这些教师就可以空出更多的时间来充当好导师这一角色。"[13]由于教师不再是学生获取知识的主要来源渠道,所以其原来的知识传播者这一角色将逐渐淡化,转向学生成长和发展的引路人,其工作重心转向在精神层面上对学生的引领。从某种意义上来说,这一引领过程本身就是感情的引领:既需要教师投入更多的感情以激发和培养学生的感情,提供感情上的熏陶,也需要学生带着感情来用心倾听、接纳,在熏陶的过程中通过感情共鸣实现以情育情。因此,智慧教育中不但仍然存在着人与人之间的感情关系,而且对人与人之间的感情关系提出了更高的要求。

更为重要的是,在智慧教育中,除了存在如上所述人与人之间的师生关系对感情的要求在不断提高外,一些智能设备的使用本身也同样对感情提出了新的要求,这将会进一步推动乃至提升感情在师生关系中的重要程度。虽然从目前的情况来看,各种智能设备是没有感情的,但随着人工智能技术的进步,不排除一部分智能体机器可能会具备一些较为初级的人类感情,这将使得它们在与学生交往时有可能会因为有感情的表达、交互而具有感情性。另外,当学生在与这些尚不具备感情的智能设备进行交往时,智能设备会反过来对他们的表达、理解等感情行为进行重塑。当然,这一重塑的过程有利也有弊。对于具体的利弊暂且可以不论,不过从教育的角度而言,无论是更好地利用其有利之处,还是避免其不足之处,其实同样对感情提出了相应的要求,甚至是更高的要求。

七、更加突出的复杂性

在智慧教育中,一些新的智能设备,特别是人工智能教师的加入,使得实践中原本就已经比较复杂的师生关系的复杂程度进一步增加。

首先,师生关系类型越来越多样化。人工智能教师的加入既是衡量智慧教育的关键标志,也是师生关系迈入新阶段的重要体现。在智慧教育之前的教育活动中,只有人与人之间结成的师生关系,但在智慧教育中,"人机共教"意味着不仅新增了人工智能教师这一特殊类型的教师,而且新增了其与学生之间结成的特殊的师生关系。因此,智慧教育中的师生关系已经从原来单纯的人与人之间的师生关系,进一步扩大到人工智能教师与学生之间结成的新型师生关系。这一扩大既是智慧教育实践中的应然现象,也是师生关系走向更加复杂的必然表现。这在前述师生关系类型越来越多样化时已经作过分析,故不再赘述。

其次,新增人类教师与人工智能教师之间的关系。人工智能教师的出现不仅新增了其与学生之间的师生关系,而且新增了其与人类教师之间的关系。后者也同样使得师生关系的复杂性更加突出。虽然从严格意义上来说,他们之间的关系不是师生关系,而是师师关系,但由于双方都是致力于促进学生发展、服务于学生成长的主体,所以其间的关系也是师生关系中需要予以关注的范畴之一。这是因为,两者间关系处理的效果不但会影响到他们自身之间的关系,还会影响到各自与学生之间的关系。一方面由于双方本身就涉及了师生关系;另一方面双方还需要基于学生的实际情况对各自的立场进行协调。因此,这里将人类教师与机器人教师之间的关系作为师生关系的重要组成部分,既深化了对智慧教育中师生关系的认识,还会推动智慧教育中师生关系的变革。这一理解不仅是智慧教育时代师生关系发展的必然,也增加了师生关系的复杂性。

最后,新增师生携手应对新的智能设备的关系。智能设备的应用不但使教育迈进了智慧教育的新时代,而且进一步丰富了原本师生关系的范畴。虽然各种智能设备因有助于教育活动而使教育迈进智慧教育时代,但同时也给人类教师和学生提出了新的要求、问题,需要思考如何更好地面对这些新的要求、回答这些新的问题。其中有些方面已经为人们所重视,并提出了相应的解决方案,比如智能设备等电子产品的使用与学生视力保护之间的关系;还有些方面虽然已经被人们注意到,但尚未提出具体的解决方案,比如学习的碎片化与知识的系统化之间的矛盾。所有这些需要面对的要求和回答的问题,无论其解决方案如何,都既离不开教师的参与,也离不开学生的参与。尤其是那些还需要教师将其作为需要面对和应对的新的工作范畴,通过对学生的引导来加以解决的问题,其实也属于通过新增的师生之间的活动内容增加师生关系的复杂性的研究范畴。

总之,智慧教育中的师生关系既是对以往师生关系的延续,也在延续的基础上有了进一步的深化,呈现出诸如互为性更加开放、类型化更加多样、叠加性更加多元、关系趋向非结构化、开放性更为丰富、更加重要的感情性和更加突出的复杂性等新的特征、新的表现。

参考文献

[1] 靖国平.从狭义智慧教育到广义智慧教育[J].河北师范大学学报(教育科学版),2003(3):48-53.

[2] 杨元泽灵.智慧教育的哲与理——基于芬伯格技术哲学四个向度的分析[D].长沙:湖南师范大学,2020.

[3] 林德全.教育主体性误区及互为互动的师生关系略论[J].柳州师专学报.1999(1):76-80.

[4] 刘兆伟.论语[M].北京:人民教育出版社,2015:143.

[5] 李绪坤.《学记》解读[M].济南:齐鲁书社,2008:21.

[6] 熊川武,江玲.理解教育论[M].北京:教育科学出版社,2005:33.

[7] 朱永新.迎接"人机共教"新时代[N].中国教育报,2018-03-05(02).

[8]周玉霞,朱云东,刘洁,等.同步直播课堂解决教育均衡问题的研究[J].电化教育研究,2015(3):52-57.

[9]程盟超.教育的水平线[N].中国青年报,2018-12-12(09).

[10]列·符·赞科夫.和教师的谈话[M].杜殿坤,译.北京:教育科学出版社,1980:24.

[11]舒尔茨,等.教育的感情世界[M].赵鑫,等译.上海:华东师范大学出版社,2010:216.

[12]雷继红.谈学生的"成就感情"[J].上海教育科研,2010(10):55-56.

[13]迈克尔·霍恩,希瑟·斯特克.混合式学习:用颠覆式创新推动教育革命[M].聂风华,徐铁英,译.北京:机械工业出版社,2016:164-165.

New Trends of Teacher-Student Relationship in Smart Education

Lin Dequan

(Faculty of Education, Institute of Modern Education, Henan University, Kaifeng 475004, China)

Abstract: From the perspective of educational technology, smart education can be regarded as a new educational form with smart characteristics. It not only indicates that the educational informationization has entered into a new stage, but also indicates that the whole education has entered a new stage and a new level. In this new education form, the relationship of teachers and students is not only deepened on the basis of continuing the characteristics of the past relationship between teachers and students, but also shows seven new trends, such as more open interaction, more and more diversified types, superposition of various forms, gradually becoming unstructured, richer openness, more overwhelming emotionality and more prominent complexity.

Key words: smart education; teacher-student relationship; new trends; types of teacher-student relationship

基于差异教育的学校高质量发展体系构建
——以重庆市朝阳中学为例

王小涛　陈伏兰　莫　婷

(重庆市朝阳中学,重庆　400715)

摘要　为学生提供适合的教育是新时代学校高质量发展的基本要求,而落实差异教育是提供适合教育的重要战略举措。本文以重庆市朝阳中学为例,从高质量发展体系构建的角度,深入探讨差异教育的理论背景和价值诉求,从课程、课堂、师资、资源和文化等五大路径实施校本方案,并对进一步推动基于差异教育的学校高质量发展做出规划,即以更加科学的学校制度体系实现制度赋能,以更高水平的学校治理能力实现管理赋能,以更加先进的技术支持体系实现数字赋能,以更具人文关怀的育人体系实现情感赋能。

关键词　差异教育;高质量发展;发展体系;未来学校

一、差异教育:学校高质量发展的价值诉求

(一)差异教育的理论背景

1.差异教育的理论基础

差异教育与人的个性发展密切相关。[1]培养人的个性不仅是提高教育质量的重要方法,也是关乎社会长远发展的重要命题。[2]国内差异教育的相关研究,最早可追溯至孔子"因材施教"的教育主张。差异教育是指学校根据国家育人目标和学生现实差异,引导教师在日常教育教学工作中,深入了解学生的个体差异,根据不同学生个性化的思维结构、性格特质、知识架构等,实施最适合的教育以促进学生最优化发展。

美国著名教育家约翰·杜威(John Dewey)的"教育即生长""儿童中心论"及"做中学"等经典教育哲学思想也蕴含着差异教育的内涵与理念。从"教育即生长"这一论点出发,学生的发展包括其能力、兴趣等多方位因素,而以上均立足于其自身原始本能与个性需求。因此,儿童中心在学校教育实

作者简介:王小涛,重庆市朝阳中学党委书记、校长,中小学高级教师,重庆市特级教师,南洋理工大学教育硕士;陈伏兰,重庆市朝阳中学党委委员、副校长,中小学正高级教师,重庆市特级教师,广西师范大学教育硕士;莫婷,重庆市朝阳中学北校副校长,中小学一级教师,重庆市高中信息技术骨干教师。

践中的核心要义即在于根据不同学生的个性需求,开展差异教育以实现不同个体的多样化发展。

在心理学领域,多项研究也不约而同地证明了差异教育促进学生发展的重要作用。维果茨基(Lev Vygotsky)于20世纪30年代提出了"最近发展区"的概念。最近发展区存在个体与情境差异,即不同个体之间,最近发展区有所不同;同一个体在不同情境中也可能呈现出不同的最近发展区。[3]由此可见,在教育过程中,针对不同个体或同一个体不同方向的发展需要,应采取具有差异化的教学方式,实现学生最大限度的发展。20世纪80年代,霍华德·加德纳(Howard Gardner)提出了"多元智能理论"。该理论系统阐述了每个学生均是一个独立的个体,个体内部存在无限的具有差异的潜能,这决定了每个学生都应根据自身学习习惯与学习风格开展学习活动。因此,教师应当注意针对学生不同的特质开展教学,发挥学生个体智能所长及其主观能动性。[4]

2.差异教育的内涵解读

当前,新时代教育发展需求赋予了差异教育全新的内涵与价值。立德树人根本任务的确立将学生本体发展置于关键地位,其凸显了对教育规律和学生成长规律的遵循,强调了以人为本、面向全体学生、促进人人成人成才的核心思想。以高中阶段的学生发展为例,普通高中教育是国民教育体系的重要组成部分,在人才培养中起着承上启下的关键作用。[5]实现每个高中生全面而有个性的发展,为每个高中生的终身发展奠定基础,是普通高中教育内在价值的基本规定。[6]差异教育在于为每个学生提供最适合的教育,强调个性化与多样化发展重点不是质量发展水平上的差异,而是基于学校发展"共同基础"之上的个性化,突出以学校育人理念为核心、基于学生本位、聚焦分类的多样化。[7]由此可见,差异教育以学生个性化需求与其自身全面发展为出发点和落脚点,旨在将促进每个学生高度适应社会的充分发展作为教育理想,寻求个性与共性的和谐统一。[8]

(二)差异教育与学校高质量发展的关系

1.学校高质量发展的内在机理探究

"教育高质量发展"是一种教育方向,具体来看,是对教育发展状态的事实判断与价值判断。[9]建设高质量教育体系是党中央基于第二个百年发展需要,对我国教育现代化进行的重大战略设计。在教育强国和创新驱动发展推动之下,我国基础教育发展已从追求"速度与体量"转变为更加重视"效益与质量"。2021年颁布的《中华人民共和国国民经济和社会发展第十四个五年规划和2035年远景目标纲要》中提出建设高质量教育体系并为新时期教育发展指明了方向,立足于新时代的教育高质量发展应运而生。

因此,教育高质量发展既是时代的应然要求,也是立德树人的根本要义,更是教育现代化的关键。[10]其重要特征之一在于:享用教育主体自身的满意度。在我国,教育高质量就是满足人民对美好教育的向往,[11]即高质量的教育就是令受教育者满意的教育,充分落实满足学生个性化的学习诉求与发展需求的愿景。

基于以上,学校教育高质量发展不应仅聚焦于结果的"优质",更重要的是,要重视发展过程的公平性、协调性与创新性。[12]实现此目标离不开对学生主体需求进行判断与衡量。根据个性化的学生需求开展差异教育,制定符合学生身心发展与教育特点的教育质量标准,明确学生发展核心素养要求,[13]进而达成"德智体美劳全面培养体系进一步完善,立德树人落实机制进一步健全"的改革目标,这也是学校高质量发展的实践旨趣。

2.指向学校高质量发展的差异教育

以学生多元发展为根基、从学生个性本质出发是高质量教育发展的必然遵循,同样是差异教育的核心要义所在。差异教育成为育人方式改革过程中重要的教育实践举措,是实现高质量教育发展的必要环节,也是学校高质量发展的价值诉求和关键手段。其在推动高质量课程教学体系、培养高质量人才、打造高质量教师团队以及推动教育事业高质量发展等多方面起至关重要的作用。

其一,差异教育是指向教育公平、推动学校教育事业高质量发展的关键抓手。2022年3月5日,李克强总理代表国务院在十三届全国人大五次会议上作《政府工作报告》,其中重点强调"促进教育公平与质量提升。落实立德树人根本任务"。学生间的个体差异性决定了在教育过程中必须尊重学生的个体差异,即教育过程公平的核心是尊重学生的个体差异。[14]约翰·罗尔斯(John Rawls)的"分配正义"理论中也论述了教育机会应平等地对所有人开放,但机会公平的落实并不是利用统一标准将其平均分至每个个体。平等对待、个性关怀和差异性引领是新时代基础教育公平的核心要义,学校教育的开展应遵循平等性、差异性原则。于学校层面而言,应充分意识到学生作为个体的独立性与个性化需求。当代教育实践落脚于学生的公平感与获得感,通过个性化差异教育,实现高质量教育发展。[15]

其二,差异教育是高质量人才培养的必由之路。核心素养是教育方针的具象化,是联结宏观教育理念、教育目标与学校具体教育教学实践的桥梁,也是高质量人才的必备素养。作为核心素养内涵重要组成部分的"自主发展",充分强调了学生的自主能动性。差异教育旨在培养学生的个体能动性,秉持"以人为本"的教育理念,通过满足学生个性化发展需要,推动学生全面而多元化成长的教育教学改革纵深发展;根据学生的自我认识,激励学生主动探寻自我价值并发掘自身潜力,努力成为有明确人生方向且全面发展的人。

其三,差异教育是打造高质量教师团队的核心因素。教师将学生个性而全面的发展置于中心地位是提升教育质量的有效手段,也是高质量教师团队的必备素养。结合新时代专业发展的要求,教师应以学生个性化发展为基础,并充分考虑不同学生间的个体差异性,开展分类分段分层教学,进行针对性辅导答疑,开展学习数据记录与分析、效果预测等工作。[16]另外,教师还应积极顺应人工智能发展潮流,建立学生数字化成长档案,切实落实"以人为本"的核心理念,以此为依据开展教研活动并搭建家校联动个性化育人模式,实现家校之间信息互通与合作共享,形成育人合力,丰富差异教育参与主体并将差异教育思想落实到教育教学工作的方方面面。

其四，差异教育是高质量学校课程体系形成的重要举措。学校课程改革要求依据学生兴趣特长等，充分满足学生不同的发展需要。由此，在确保开足、开齐、开好国家规定课程的基础之上，充分关注每一个学生的全面发展，为每一个学生提供个性化的学习机会，是高质量教育发展的内在机理。学校一级课程愿景应充分彰显学生本位，高度关注学生发展的个性需求，使学生有机会由学校课程外围逐步涉足课程中心领域。在保证共同基础的前提下，学校应全面考虑学生多样化的学习需求及升学考试要求，适当增加课程的选择性，引导学生自主选择修习课程，从根本上解决课程的统一性与学生差异需求之间的矛盾；在此基础之上，精准分析学情，科学制订课程计划，注重差异化课程实施，并开展过程性课程评价，使差异教育理念贯穿至学校育人全过程之中。

二、全面构建：学校高质量发展的路径选择

差异教育是学校实现高质量发展的现实需求和价值愿景。对于学校而言，通过实施差异教育促进高质量发展，意味着教育由标准化、规范化建设向有特色、高质量提升迈进；意味着要为每个学生切实提供最适合的教育；意味着要根据校情、教情和学情，以深化课程教学改革为抓手，以培养学生核心素养为旨归，着力构建富有特色的学校课程体系以及相应的运行管理机制，促进学生全面而有个性的发展，推动学校错位发展、特色发展、多样发展。作为重庆市重点中学，重庆市朝阳中学近十年来持续开展差异教育，并从课程、师资、课堂、资源和文化五个方面实现了特色发展，有力地促进了教育质量的提升。

(一) 课程建设：搭建平台与提供选择

1.构建学以成人"三色"课程体系的行动依据与价值意蕴

习近平总书记在全国教育大会上指出："培养德智体美劳全面发展的社会主义建设者和接班人，加快推进教育现代化、建设教育强国、办好人民满意的教育……要努力构建德智体美劳全面培养的教育体系，形成更高水平的人才培养体系。"其中，课程体系是人才培养体系的重要方面，是育人育才的重要依托，是对教育目标、教学内容、教学方式的统筹与规划，是教学大纲、教学计划等诸多方面实施过程的总和。[17]

课程是学校办学理念、教育思想的集中体现，也是实现教育目标、促进学生可持续全面发展的重要载体，更是创建特色示范学校、提高教师专业化水平、提升学校管理水平、落实学生核心素养的主要平台。《国家中长期教育改革和发展规划纲要（2010—2020年）》在"全面提高普通高中学生综合素质"部分明确指出："深入推进课程改革，全面落实课程方案，保证学生全面完成国家规定的文理等各门课程的学习。创造条件开设丰富多彩的选修课，为学生提供更多选择，促进学生全面而有个性的发展。"由此可见，在新时期，全面提高学生综合素质，需要扎根并紧紧依托于学校的课程建设与变革实践。

重庆市朝阳中学全面贯彻党的教育方针,遵循教育规律,立足实际校情,坚持改革创新,秉持"开放、多元、科学、发展"的基本理念,努力打造学以成人"三色"课程体系(见图1),逐步构建起汇集"底色课程——国家课程、地方课程;本色课程——拓展课程、兴趣课程、创意课程;亮色课程——国际课程、实践课程"为一体的课程体系,以学生发展为根本,为学生全面而有个性的成长搭建多元平台,提供多元的选择,推动全体学生的全面发展。

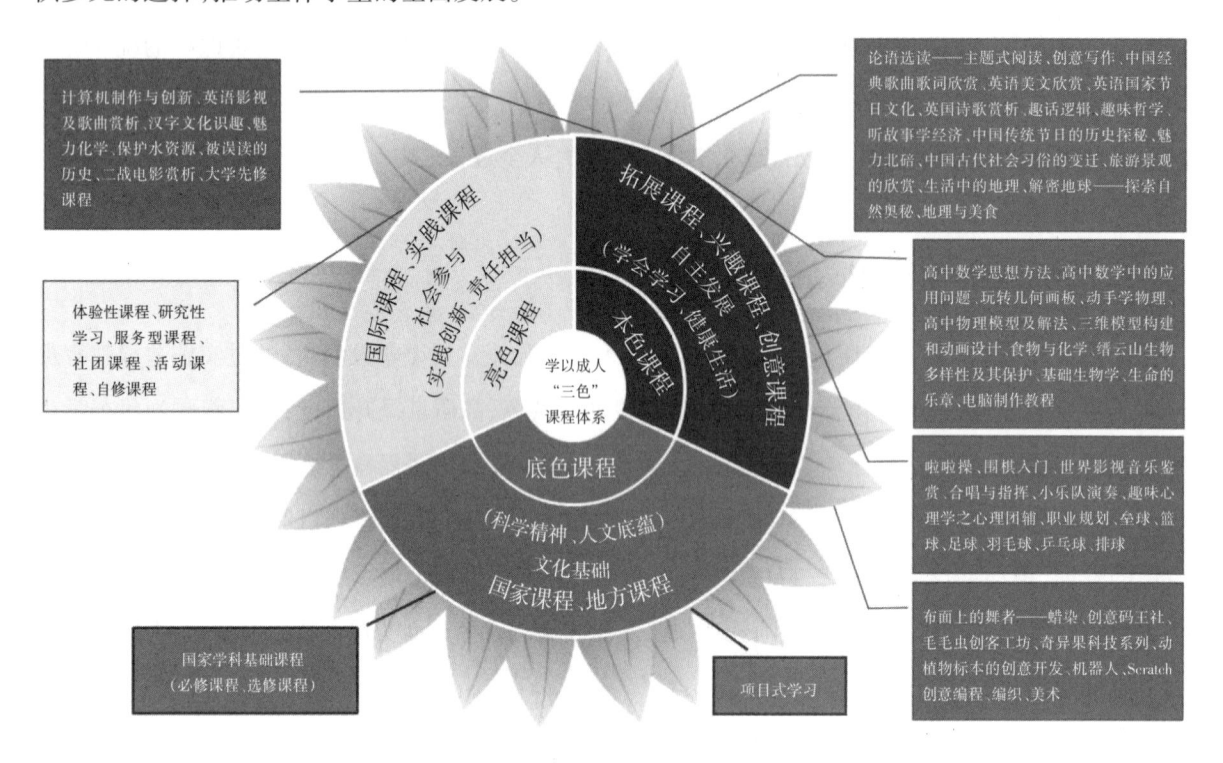

图1 重庆市朝阳中学学以成人"三色"课程体系结构图

课程是协助学生知识获得、经验积累、生命成长的丰富养料,亦是促进学生自主选择、个性发展、综合素质提升的重要载体。在重庆市朝阳中学学以成人"三色"课程体系中,学生一要完成国家及地方必修课程,夯实文化基础,培养科学精神,增强人文底蕴;二要结合自身实际和兴趣,选择本色课程进行学习,推动自主发展,推动健康生活和学会学习;三要参与亮色课程,增强社会参与,践行责任担当和实践创新。

2.打造学以成人"三色"课程体系的实施路径与实践范式

一是打好底色,夯实文化基础,增强文化底蕴。基于现行的中学普通课程实施方案,重庆市朝阳中学进一步落实国家课程,着力推进语文、数学、外语、政治、历史、地理、物理、化学、生物、美术、音乐、体育、信息技术、通用技术等学科基础课程(必修课程、选修课程)的实施,同时推进项目式学习,促进学生学好国家课程和地方课程,引导学生夯实文化基础,强化价值引领和政治认同,提高学生的学科核心素养,促进学生德智体美劳全面发展,培养学生的科学精神和人文情怀,帮助学生打好文化底色、增强文化底蕴。

二是彰显本色,激发个性潜能,促进全面发展。学校以激发学生个性潜能为内核,以促进学生全面发展为目的,通过实施拓展课程、创意课程、兴趣课程,致力于满足学生的个性化、多样化、长远化和时代化发展需求,因校制宜、因生制宜,打造多样化的拓展课程和选修课程,以引导学生学会学习、健康生活,促进学生全面自主发展(见表1)。

表1 重庆市朝阳中学本色课程

拓展课程	语文	论语选读——主题式阅读、创意写作、中国经典歌曲歌词欣赏、汉字文化识趣
	数学	高中数学思想方法、高中数学中的应用问题、玩转几何画板
	英语	英语美文欣赏、英语国家节日文化、英国诗歌赏析、英语影视及歌曲赏析
	物理	动手学物理、高中物理模型及解法
	化学	魅力化学、食物与化学
	生物	缙云山生物多样性及其保护、基础生物学、生命的乐章
	政治	趣话逻辑、趣味哲学、听故事学经济、中国传统节日的历史探秘、魅力北碚
	历史	中国古代社会习俗的变迁、被误读的历史、二战电影赏析、大学先修课程
	地理	旅游景观的欣赏、生活中的地理、解密地球——探索自然奥秘、地理与美食、保护水资源
	信息技术	电脑制作教程、计算机制作与创新、三维模型构建和动画设计
兴趣课程		啦啦操、围棋入门、世界影视音乐鉴赏、合唱与指挥、小乐队演奏、趣味心理学之心理团辅、职业规划、垒球、篮球、足球、羽毛球、乒乓球、排球
创意课程		布面上的舞者——蜡染、创意码王社、毛毛虫创客工坊、奇异果科技系列、动植物标本的创意开发、机器人、Scratch创意编程、编织、美术

三是增添亮色,培养创新能力,投身社会实践。随着新时代的变化发展,基础教育要不断深入推进课程改革,完善课程体系建设,打造特色课程,这是适应社会发展的需要,也是学生发展的现实需要。重庆市朝阳中学充分利用校本资源,结合北碚的区域特色文化,设计并实施丰富的实践课程和专项课程,引导学生主动关心社会发展、承担社会责任,最终形成有特色的研究成果。

3.实施学以成人"三色"课程体系的初步成效

一是有力地加强了市级学科创新基地的建设。重庆市普通高中发展促进计划的重中之重是大力推进重庆市普通高中课程创新基地建设,强调以创设新型学习环境为特征,以改进课程内容实施方式为重点,以增强实践认知和学习能力为主线,以提高综合素质为目标,促进学生在自主、合作、探究中提高学习效能、发掘潜能特长;鼓励教师打破学校教育与校外生活之间的壁垒,建立一个打破线上和线下、校园和社会界限的学习场域,让每一个学生都能在课堂的变革中寻找到适合自己的学习方式,得以充盈生长。重庆市朝阳中学成功创建了重庆市高中生物课程创新基地、高中英语课程创新基地、高中信息技术课程创新基地。

二是有力地促进了学生的全面发展。通过学以成人"三色"课程体系建构与实施,重庆市朝阳中学一方面创设了良好的学生学习环境,打造了自主精品课程选修平台、网络在线自主测评平台、在线学习教学管理机制平台、"模拟联合国"等环境模拟体验中心应用平台,培养了学生的学科核心素养;另一方面,创建了学生多样化发展路径,通过学科创新基地建设,学生的学习活动不再局限于教室。有场所、有资源、有指导,学生能够学以致用,解决实际问题。

三是有力地提升了学校的办学品质。重庆市朝阳中学坚守教育"初心",不断追求实现学校的卓越发展,做到了全面发展与个性发展的统一、基础性与拓展性的统一、常态性与创新性的统一,培养多层次、综合型、创新型人才。重庆市朝阳中学作为教育集团牵头学校,辐射集团内成员校;作为市级领雁工程学校,帮扶了市外十余所中学,办学效用凸显。

(二)师资建设:分类发展与精准赋能

教师是学校可持续发展的第一硬件。学校高质量发展呼唤高素质教师。在教育改革步入高质量发展的新阶段,学校在教师队伍建设中要有主体担当,创新教师培养机制,分类培养,融合发展,助推教师个性化成长与群体性发展,建设一支"师德高、情怀深、业务精、活力足"的高质量专业化教师队伍,为学校发展夯实人才基础。[18]

对于学校而言,这里所说的分类发展,通常是指将教师分为老、中、青三类加以分类培养。重庆市朝阳中学把教师发展作为学校发展和学生成长的关键,明确提出了师资队伍建设的"三子路径"——给青年教师结对子、给中年教师压担子、给老年教师搭台子。

1.给青年教师结对子:从"一带一"到"三带一"

青年教师是学校发展的基石和未来。为加大青年教师的培养力度,学校需仔细分析每一位青年教师的特点。重庆市朝阳中学老带新师徒结对,从最初的"一带一"发展为"二带一",再后来发展为"三带一"。"三带一"培养机制意味着一个青年教师同时拥有三类导师——学科导师、班级管理导师和科研导师。同时,学校拟定了专门的师徒协议和师徒捆绑考核制度,成绩共享,评定共享,等级考核共享。指导教师积极进行传帮带,在常规检查、计划总结、公开教学、听课评课、试卷分析、业务比赛、教育科研等方面进行全方位指导;青年教师学、练、研三结合,苦练教学基本功,成长速度快。

2.给中年教师压担子:从"走起来"到"跑起来"

中年教师是学校教育教学的中流砥柱,具有突出的示范带动作用。学校采取多项措施,给中年骨干教师压担子。在专业成长大道上,中年教师从"走起来"到"跑起来",积极性提高,成就感增强。一是开展高端培训扩大中年教师的专业视野。学校邀请了来自高校、教研机构、重庆市乃至全国闻名的教育领军人物、课程改革专家、特级教师等到校开展专题指导。二是建立三级指导机制发挥中年教师承上启下的指导作用。学校鼓励中年教师担任校级名师工作室、集团党员名师工作室、区级乃至市级名师工作室主持人。名师工作室主持人既要全过程指导工作室学员,又要接受教研机构专家或高校专家的点评指导。三是实施激励评价机制提高中年教师的工作积极性。比如,设立学校荣誉教师制度,既激活了教师自身发展与自觉参加学习提升的主动性,又提升了这些教师的影响力与荣誉感。

3.给老年教师搭台子:用"微讲坛"传"大智慧"

老年教师渊博的专业知识和专业能力、丰厚的教育教学经验,以及丰富的社会经历和人生阅历,是学校宝贵的财富。学校激励老年教师分享教育智慧,成就幸福教育人生。一是搭建传帮带平台,激发帮扶热情。老年教师随着年龄的增长,他们身上的激情和活力逐渐消退,工作价值感渐趋淡漠。通过开展师徒结对青蓝工程活动,老年教师在与徒弟共同教研的过程中收获喜悦、得到认可、实现价值;同时,他们也会发现自身专业知识的不足和教育理念的滞后,进而做到"活到老,学到老",最终达到"师徒相长"。二是搭建示范展示平台,激发引领激情。为了充分发挥老年教师在教育教学中的示范、引领和辐射作用,学校每学期开展"一师一品"全员晒课。老年教师积极主动申报说课、上课和评课,是每年晒课活动中最引人注目的教学风景线。三是搭建微讲坛平台,弘扬朝阳精神。学校一直以来用朝阳精神培育有激情、有智慧、有情怀、有风格的教师。老一辈的朝阳教师在校内是年轻教师的表率,是受人尊敬的长者,时刻用自己的言谈举止传承朝阳精神。

(三)课堂建设:注重发展与尊重生命

如果说课程是学生成长的跑道,教师是学生成长的引导者,那么,课堂便是教师促进学生成长的主阵地。叶澜教授曾论述过:"课堂教学应被看作师生人生中一段重要的生命经历,是他们生命的有意义的构成部分。"[19]构建尊重学生并尊重差异的生本课堂、健康和谐且注重发展的生态课堂、素养提升与精神成长的生命课堂,通过差异教学、差异管理、差异学习和差异评价,让课堂为学生的生命成长提供最适宜的土壤,让课堂成为绽放师生个性光彩的生命之河,这是差异教育追求的课堂境界。

重庆市朝阳中学开展"三生课堂"的理念与实践研究多年,注重"生本课堂""生态课堂""生命课堂"三者的有机融合。生本课堂是起点,是基础,强调课堂教学的组织形式,以学生的学来建构课堂;生态课堂是过程,是手段,强调课堂教学呈现的方式和状态,顺应学生的天性而为,自然生成,和谐发展;生命课堂是目标,是境界,强调对课堂中师生精神生命的探求。

1."三生课堂"的有效路径:差异教学

"三生课堂"要求教师最大限度地尊重学生,关注差异,为每一个学生实施最适合的教学。差异教学就是指在班集体教学中,立足学生的个性差异,满足不同学生的个别学习需要,以促进每个学生在原有基础上得到充分发展的教学。[20]差异教学是实现"三生课堂"和优质教学的重要途径。只有实施差异教学,才能真正为每一个学生提供平等的发展机会,促进每一个学生的发展。

在差异教学中,首先,注重教学目标的多元化。为了尽可能避免目标单一化给学生的差异发展带来阻碍,教师在设计课堂教学活动目标时尽量考虑周全,做好学情分析,把多种因素融合考虑,设立多元化的教学活动目标:同一主题下,不同学生间的目标多元化(体现差异性);不同主题下,同一学生的目标多元化(体现适切性);同一主题下,同一学生的目标多元化(体现阶段性)。其次,注重教学过程的弹性化。一方面,教师从分析学情出发,诊断学生存在的问题,通过课初铺垫、课中矫正、课后反馈等措施,优化教学环节,设计开放、可选择的教学内容,综合运用多样化的教学方法与手段,通过课内外、校内外教育教学的有机结合,使学生间的差距得到适当调适;另一方面,学生通过自评和自我调节,缩小与同伴的认知差异,在课堂学习中通过独立学习、呈现差异、合作研讨、共享差异以及课内外对所学内容的巩固拓展,实现在各自基础上最大限度的发展。[21]在这样的教学过程中,教师有留白,学生有自主,思维有碰撞,生命体验充实而有升华。再次,注重教学结果的层次性。随堂练习和课后作业对检验学生学习的效果具有非常重要的作用。教师需要根据学生的学情为学生布置灵活多样的作业,作业既要能适应学生当前的水平,又要能引导他们适度超越。教师应设计样例模仿、情境变换、综合实践三区水平下的N级作业让学生选择完成,同时鼓励学生自己设计作业进行学习成果展示,让学生真正成为学习的主人;遵循"分层设计与自主选择"的原则,让学生灵活选择,在选择中不断进步,在选择中得到最大发展。

2."三生课堂"的有效突破:差异学习

"三生课堂"强调要尊重学生的真实需求和学习特点,让学习真正发生。差异学习是指教师根据学生的学业水平、兴趣特长、身心健康、行为规范、成长趋势、实践创新等的不同,遵从学习规律,引导学生进行模仿区、变换区、实践区的分区学习。一是模仿区学习。模仿区学习指学生在教师讲授新知之前,根据自己的认知水平进行自主预习,尝试模仿教材知识框架自主建构新知结构。二是变换区学习。变换区学习是指学生在教师讲授新知的过程中或者讲授新知之后,根据所学尝试变换学习场景或者学习情境,基于拓展运用进行学习。在教师的指导下,学生在变换区的学习可以是跨越时空的,也可以是线下与线上的有机结合,微课、慕课、翻转课堂、专题研讨、小组讨论等方式都可以为学生在变换区的学习提供支撑。三是实践区学习。实践区学习是指教师引导学生将所学进一步提炼、内化、迁移、运用和创造,从学习的领域扩展到更广大的领域,与社会生活有机接轨,使之得到最大化发展。

3."三生课堂"的有效保障:差异管理

"三生课堂"的有效保障是差异管理。差异管理是指根据学生家庭与教养、成长过程、价值取向、受教育程度、认知水平、反应速度、个性敏感度,甚至行为导向等因素对学生进行小组混编制自主式管理。差异管理讲求因人而异,倡导课内课余有机融合管理。

在课内,无论是全班学习、自主学习还是合作学习,都需要进行差异管理。小组混编制自主式管理,包含多种形式的小组混编,如弹性分组、兴趣分组、能力分组、随机分组等。它鼓励把差异作为管理的资源,而非把差异作为管理的问题,充分加强自主式管理,充分赋权,让每一个学生都产生极强的责任感,建立起"责任—信心—能力"的良性提升机制,发掘个体潜能。

在课余,学校各年级实行差异化分层自主管理,学校自主管理委员会、年级自主管理委员会、班级自主管理委员会分层自主管理,注重学生的个人目标与班级、年级、学校目标的内在统一,在实现整体目标的同时实现学生的个人追求。

4."三生课堂"的有效反馈:差异评价

差异评价是指评价主体为了不同的教学目标,根据不同的学习场景,选择不同的评价手段对学生学习情况进行评价的过程。根据加德纳的多元智能理论,不同人的特长智能是不一样的,不能一把直尺量到底,因而,差异评价强调以被评价对象自身某一时期的发展水平为标准,判断其发展状况的优良。重庆市朝阳中学根据学生学习思维的三个层次主要采用分区增值评价方式。分区增值评价既不是在被评价集体以内确立判据,也不是在被评价集体以外确立判据,而是把被评价者的过去和现在进行比较,或将评价对象的不同方面进行比较。传统教学评价强调甄别与选拔,只注重学习成绩,忽视学生全面发展和个体差异,重视当前成就评价,而忽视发展水平评价。分区增值评价实行差异化测试,弱化常模参照性评价,强化发展性评价;从学业水平、兴趣特长、身心健康、行为规范、成长趋势、实践创新等六个方面进行分区评价,用良好的评价机制促进学生成长。课前、课中、课后三个阶段都可以进行分区增值评价。

分区增值评价还可以进一步结合学生在班级、学校、家庭、社区等各类活动中的表现,通过自我展示、班集体评议、家长反馈等方式,对学生进行综合性评价。分区增值评价关注每一个学生的个性特点,发挥评价的激励功能,促使学生得到更大的发展。

(四)资源建设:多元协同与共建共享

学校教育是系统工程。为了办好人民满意的教育,促进每一个学生全面而有个性的发展,学校需要积极开展与高校的合作,建构大、中、小学教育同盟,加强馆所联动、校企合作,合理开展与企业的共建活动,汇集社会仁爱力量,建立起"中学+高校+同盟+馆所+企业+社会"多元化协同育人机制,整合汇聚多方资源。

1.与高校合作,确保实施路径科学化

重庆市朝阳中学依托毗邻西南大学的地理优势,重视与高校的科学合作、紧密对接。借助西南大学、四川外国语大学、中国科学院重庆绿色智能技术研究院等高校和科研机构的专家团队力量,在强大的专家团队智力支持下,学校有了更为系统、科学的规划与更为精准的实施策略。中学与高校和科研机构共建联合培养机制、科研合作机制,有力地提升了教师的专业素养。国际教育基地、双一流学科实践基地、研究生实践基地、高校优质生源地等基地的建立,重庆市"小语种特色教育"项目和国际化教育的学生培养机制的运行,极大地促进了学校优质品牌的发展。

2.建教育同盟,共享优质教学资源

依托区域集团、市内领雁帮扶同盟、成渝双城经济圈中学同盟、中外友好学校同盟等形式,学校积极构建中学教育共同体、发展共同体、未来学校协作体,为新时代建设高质量教育体系共享共商、互联互通。教育同盟组内的各所学校同向发力,共研课程文化,共商评价机制,共享教育智慧,建立了"优质朋友圈",有力地加强了教育协作意识。

3. 强馆所联动,实现素养提升方式灵动化

学校研学活动课程的建立离不开校外馆所的支撑。依托邻近重庆市自然博物馆、中国农业科学院柑桔研究所等地理优势,重庆市朝阳中学充分发挥北碚地域优势,积极与园区、馆所共商共议,携手共建,探索馆所协同育人新方案。学校以培养学生核心素养为抓手,构建了主题鲜明、内容丰富、形式多样的课后服务课程体系,打开馆所联动协同育人新局面。学校成立馆所联动协同育人指导委员会,为学校课后服务体系设计、素养培育课程开发、实践育人基地建设提供机制保障和人财物的支撑。

4. 携企业共建,助推社会实践平台宽阔化

重庆市朝阳中学将课后服务与生涯规划课程相结合,不仅重视课程的开发与实施,更要走出去实践,为学生搭建广阔的实践与展示平台。学校与万达、重庆百货等企业集团达成合作协议,先后建立校外生涯规划实践基地30余家,实践学生涵盖初高中6个年级,平均每学期有2 000余人次参与社会实践与展示。学校积极开展"职业认知与体验"活动,走进航天科技展、生态种植园、产品博览会等实地体验活动。校企双方量身定做"订单化"培养方案,共建实训基地,互派师资和技术人员,共同制定人才培养方案和教学实施方案,以任务驱动为引擎,推行生涯规划课程操作化、案例化教学,优化教学环境,拓展师生的格局,为我校师生搭建更高、更广的成长平台,真正为学生种下"服务社会"的种子。这为我校发挥示范、辐射作用奠定了坚实的基础。

5. 集社会力量,助推全面个性成长落地化

青少年的教育,需要家庭教育、学校教育、社会教育三管齐下,特别是社会教育尤为重要。发展社会主义先进文化,广泛凝聚人民精神力量,是净化青少年成长环境的有力支撑。在各政府部门、社区、企业、家庭的合力协作下,在社会主义先进文化的指引下,学校以"为国育人、为党育才"为教育使命,以培养担当民族复兴大任的时代新人为目标,致力于培养德智体美劳全面发展的社会主义建设者和接班人。携手社会力量,全面调动社会人员的育人意识,形成育人合力,学生群体的理想信念才能更加坚定,服务社会才会更加主动,报国目标才会更加清晰。

6. 借技术之力,实现学科教学智能化

在当前"智能化+深度学习"的改革进程中,教师在智能化手段辅助下的深度教学是必经之路。[22]智慧教育是信息化教育所转变的教育形态。重庆市朝阳中学在简道云、钉钉、科大讯飞等科技公司的技术支持下,搭建了校园智慧平台,能够在教育教学中为学习者提供数字化学习界面、可进行数字化学习操作的软件系统以及相应的硬件设施,实现输送学习资源、开展学习活动的支持服务,其中包括环境支持服务、资源支持服务、管理支持服务等。

(五)文化建设：制度管理与价值引领

学校文化建设已经成为全面落实党和国家的教育方针，全面实施素质教育，促进青少年学生全面、和谐与多样发展的一项重要举措，也是新时期深化基础教育改革、持续推进学校变革、凸显学校特色、提升学校竞争力的一项主要任务。[23]

1.学校文化脉络催生发展主题迭代

文化是一所学校的灵魂。学校文化是学校全体成员在学习和生活过程中共同创造的一切物质条件、制度体系及精神要素的总和，具有引导行为、涵化品格、凝聚共识、激发向上等育人作用。[24]学校文化脉络反映着学校发展的历程和文化生成的轨迹。

一部学校发展史，也是一部学校文化发展史，更是一部学校精神成长史。学校文化建设的总体进程总是会打上历史的烙印，所以，在不同历史发展阶段里，有对学校文化的传承与弘扬，也有文化创新并伴随学校发展主题的更新迭代，这也是文化自觉的一种体现。

重庆市朝阳中学60年的发展历程，可以让人清晰地看到学校文化的发展脉络——前30年是"朝阳精神"的成型过程，后30年是学校发展主题的迭代过程。"朝阳精神"的内涵从20世纪60年代初的"自力更生、发愤图强、鼓足干劲、力争上游"演变到20世纪80年代末90年代初的"自强不息、团结拼搏、乐于奉献、奋勇进取"。1993—2002年，重庆市朝阳中学在进一步凝练"自强不息、厚德载物、精诚合作、开拓创新"为内核的"朝阳精神"的基础上，确立了"成功教育"的发展主题，着力促进每一位学生在原有基础上有进步、有发展。2003—2012年，重庆市朝阳中学不断挖掘"朝阳精神"的民族性、教育性和时代性，在此基础上确立了学校的使命、愿景和价值观，确立了"朝阳树人"办学理念和"一训三风"，确立了"精神育人"的发展主题，着力为学生的精神成长奠定基石。2013—2022年，重庆市朝阳中学将"朝阳精神"进一步凝练为"自强、厚德、合作、创新"，将办学理念优化为"朝阳树人、树人朝阳"，继续优化"一训三风"，以"为党育人、为国育才"为发展使命，以"办有品牌的学校、做有品位的教育、育有品质的学生"为发展愿景，确立了"差异教育"的发展主题，为每一位学生提供最适合的教育。

2.制度与执行力彰显学校管理共识

制度建设是学校文化建设的基础。汪中求先生在《细节决定成败》中说："中国绝不缺少雄韬伟略的战略家，缺少的是精益求精的执行者；绝不缺少各类规章制度、管理制度，缺少的是对规章制度不折不扣的执行。"由此可见，只有执行者对制度进行强有力的执行，才能真正达成学校的管理共识，推进依法依规、科学治校进程。

首先，需要进行制度体系的建构。制度作为执行的第一个蓝本，是目标从纸上落地的开始，是制度变成制度文化的真正起点。在学校制度体系建构过程中，学校开放决策、科学决策，增强教职工的主人翁意识，引导教职工民主参与，使之从学校制度的执行者、服从者转变为设计者、参与者，促进学校管理工作的科学化和民主化。学校在制定学校章程、教职工绩效考核制度、学生综合素质评价制度等多项制度构成的制度体系时，通过校务委员会、教师座谈会、学生座谈会、家长委员会等渠道广泛征询师生、家长和社会人士对学校管理工作的意见和建议,既能统一思想、达成共识,又能因地制宜、落细落实。比如,2009年,重庆市朝阳中学在制定教职工绩效考核方案时,为了充分征求教职工的意见和建议,建立"自上而下"与"自下而上"协同的构建机制,几上几下,反复斟酌,征求各方意见,方案进行了10多个来回的流动修改,大家最终形成共识,把"以德为先、注重实绩""奖惩分明、促进发展""客观公正、简便易行""多劳多得、优绩优酬"等原则落到了实处。该套方案运行10余年,极大地保障和促进了学校办学的总体发展。

其次,需要强有力地执行各项制度。具体来说,一方面要严格执行,不打折扣。制度体现着价值观,在执行过程中,执行者也是在捍卫群体价值观。另一方面要积极引导,加强"三个注重"。执行过程中,学校应注重培育健康的人际关系,注重人文关怀,注重正确处理从严管理和尊重师生的关系、学校进步与个体发展的关系、注重过程和关注结果的关系,以及以教学为中心与学校全面发展的关系等。重庆市朝阳中学近年来的发展势头强劲,与其强有力的制度执行不无关系。仅以2020年为例,学校对违规违纪的教职工通报批评23人次,依照绩效考核制度的条款,全年共计扣发违纪违规人员绩效13万余元。与此同时,学校也强化了交心谈心制度,强化了教职工文体活动,强化了教职工心理健康咨询室的建设,使教职工群体进一步增强了乐教爱校意识。

最后,需要结合学校发展主题进行制度创新。新时代的中学,既具有现代学校制度的共性特征,同时也具有独特的个性。结合学校发展主题进行制度创新,也是许多学校与时俱进、创新发展的重要路径。比如,重庆市朝阳中学在确立"差异教育"发展主题的10来年,在教学制度、学习制度、评价制度方面多有创新,多校区办学特色制度、学校荣誉制度、教师荣誉制度、学生荣誉制度、选课走班制度、学分制、学长导学制等均体现了学校"为每一位学生提供最适合的教育"的价值追求。

3.价值引领是文化建设的本质力量

价值引领是指学校文化建设中的价值选择、价值判断与价值指引的动态过程。它不仅是学校文化建设原动力的体现,更是一种本质力量的体现。毋庸置疑,一所学校文化建设的最高境界便是价值引领。在学者石中英看来,谁抓住了学校价值观建设,谁就抓住了学校文化建设的牛鼻子。[25]他认为,学校文化建设首要的就是学校价值观建设,校长对学校文化的领导在根本的方面就是对学校的价值领导,学校的团结程度取决于全体师生在学校价值观方面达成的共识程度。

如何进行价值引领?首先需要找到撬动行为跟进的着力点或者价值原点。这往往体现着学校教育哲学的价值选择。学校如何进行价值选择?这取决于对学生发展、教师发展和学校教育三者关系和三者顺序的思考和选择。"学生—教师—学校""教师—学生—学校""学校—教师—学生""学校—学生—教师",顺序不同,价值选择的侧重就会有所不同。价值选择的侧重不同,价值判断也会不同。比如,重庆市朝阳中学在价值选择的时候确立了"学生—教师—学校"的顺序,所以形成了"学校应该为学生的一生发展创造价值,应该着眼于学生的精神成长,为学生奠定幸福人生的基石;学校以教师的发展为本,最大限度地促进教师发展,必能最大限度地促进学生发展"的价值判断。最后,如何进行价值指引？学校党政工团需要引导师生员工高度认同学校核心价值观,认同学校发展愿景,认同学校精神。重庆市朝阳中学通过开展"学校精神大家谈""朝阳人讲朝阳人的故事""寻找朝阳精神学生代言人"等活动,使得朝阳精神历经数代朝阳人的凝练、培育、提升、弘扬、传承和内化,逐渐成为学校管理者、教师、学生共同成长的精神信条、实践格言和行动特征。新时代的朝阳人,其精神品质为"自强不息",其内在涵养为"厚德载物",其敬业态度为"精诚合作",其发展个性为"开拓创新"。学生成人成才、教师成长幸福、学校成就辉煌,便是价值指引的落脚点。

三、面向未来：学校高质量发展的必然走向

（一）制度赋能：更加科学的学校制度体系

中共十八届三中全会通过了关于全面深化改革的重要决定,并且明确提出："全面深化改革的总目标是完善和发展中国特色社会主义制度,推进国家治理体系和治理能力现代化。"2017年,习近平总书记在十九大报告中进一步指出："必须坚持和完善中国特色社会主义制度,不断推进国家治理体系和治理能力现代化,坚决破除一切不合时宜的思想观念和体制机制弊端。"2019年,中共中央、国务院印发了《中国教育现代化2035》,这是关于我国教育未来一段时间发展方向和战略的核心文件,要求"推进教育治理体系和治理能力现代化",对于学校层面的建设要"完善学校治理结构,继续加强高等学校章程建设"。这些有关治理体系的建设要求和规划,最直接的体现就是制度建设。一定程度上可以说,制度建设比能力建设更重要,中国改革开放以来所释放的巨大能量,就是制度构建的作用。学校制度也是如此。学校制度的解放能有效推动人的能力释放,先进的学校制度更能激发人的活力,目前国内成功改革的明星学校,莫不是制度更新和完善的样本。

有怎样的教育理念,就会有相应的教育制度。我国的大、中、小学都承担着为党育人、为国育才的教育使命和立德树人的根本任务。在《中华人民共和国教育法》《中华人民共和国义务教育法》《中华人民共和国教师法》等国家法律中足以发现国家教育理念的烙印。作为一所以差异教育为发展理念的学校,学校的制度建设也务必为差异教育服务,始终围绕着怎么更好为孩子提供更合适的差异教育而制定相关制度。虽然我校做出了较多制度建设的努力,但也不得不承认,我们还处于差异教育制度建设的初级阶段,很多制度对落实差异教育的针对性还不够,甚至有时为了降低教育成本以及在尚未彻底解放的固有思维下,一些制度成了落实差异教育的绊脚石。在未来一段时间,我们将围绕差异教育,建设更加先进的制度体系：一是突出学校制度的民主性。科层制或者一言堂的制度显然不能满足多样化的教育诉求,学校将通过制度的民主性建设扩大多元主体对差异教育的参与性。二是强化学校制度的自我督导性。在学校办学自主权不断扩大的今天和未来,学校管理层要有更高的教育自觉性和自我督导性,以高度的使命感和责任感为学生发展服务,助力学校高质量发展。

三是完善差异教育课堂评价制度。差异教育落实的主阵地在课堂,而课堂评价制度是课堂呈现样态的骨架,骨架稳定了,课堂容量可肥可瘦,内容可多可少,但是整体上不会偏移太远。

(二)管理赋能:更高水平的学校治理能力

差异教育是我校发展的重要战略主题,以差异教育推动学校教育高质量发展是我校的重要治校战略,无论是主题还是战略的确立,都是学校管理思想和治理能力的体现。将差异教育做深做实,背后考验的是学校的治理能力,由此,必须提高学校的管理水平,赋能差异教育发展。现代化的学校治理能力应该体现在三个方面:一是价值理念上的突破。价值向度是学校治理的生成依据和内在根据,每所学校的管理都有其价值理念的支撑,但并不是有了理念就有了更高水平的治理能力,一所学校的办学理念是否科学,办学思路是否清晰,考验的是学校管理层的理论功底。学校的管理层都应该加强理论学习,形成放眼世界的宏观教育视野和明晰古今的深厚教育见识,深化自己的价值理念。二是管理技能的专业性。由于我国进入工业化时代较晚,较后进入现代意义上的管理实践,而且传统统治式、命令式的直线管理思维根深蒂固,世界先进的管理模式和管理技能几乎被西方国家垄断,我国现代的人力资本管理理论和技术大多来自发达国家,并且这些专业性的管理实践主要是从企业管理中走来,进入学校且形成适合学校的管理还需要一段时间。要建设一所面向未来的学校,意味着我们应具有足够专业的管理技能,而不只是执行上级政策或者处理简单人事的能力。三是治理主体的多元性。只有多元的治理主体才能汇集更为广泛的治理力量。学校治理能力不只是校长一个人的能力,也不只是学校少数管理层的能力,还应该包括教师、家长、学生、高校、社会、社会其他组织的能力。当这些转化成学校变革的资源时,都可以叫作学校治理能力。

基于我校发展实际情况,更高水平的学校治理能力有如下几个具体的判断标准:其一,课程建设能否实现普遍性的差异教育。课程的目的是为学生搭建平台和提供选择,而课程是实现差异教育最基本的载体,如果课程数量不够或质量不精,那么说明我们的治理能力还需要进一步提升。其二,学生是否在学校找到自我,这是对学校治理能力更深层次的考验。不能让学生在学校找到自我快乐、自我存在和自我成就的差异教育,算不上真正的差异教育。当然,多元主体的主观感知以及学生在社会中的未来发展也是判别学校治理能力是否能支撑差异教育的重要指标。

(三)数字赋能:更加先进的技术支持体系

国内一些学者声称,我们已经进入了教育元宇宙的时代。在人工智能、区块链、物联网以及学习分析等技术的加持下,教育元宇宙将会构建成以资源生态、社会交往、探究学习和评价系统等为核心的智慧学习空间,形成虚实融生和跨界探索的学习模式,最终实现以现实物理世界为核心的教育元宇宙与星际文明共在的未来教育形态。[26]当然也出现了一些质疑和反对的声音,但无论教育元宇宙是否已经到来,通过算法优化、协同计算以及分布式计算等变现,学校教育正面临着深刻的改变,数字正在赋予教育更多的可能。目前看来,数字应用对教育的促进主要体现在如下几个方面[27]:其一,能够满足个性化的学习需求。差异教育就是尊重学生的个性,学生想学什么,学生更需要学什么,学生更有必要学什么,都得根据学生的实际情况而定,而智能技术对教育的融入,可以让学生以最舒适、最合理和最有效的速度与方式学习。其二,可以解决现场学习场所的局限性问题,有利于扩大学生的学习机会。特别是在全球疫情尚未得到完全控制的当下,数字学习能够解决"停课不停学"的问题。其三,可以促进管理和评价。教育管理部门、家长以及教师等可以借助智能系统处理或复杂或简单的工作,提高工作效率,而且可以对系统中的每一个人进行评价和反馈。

在想象的空间里,数字技术几乎无所不能,它可以像在人的思维中运行一样而无所阻碍,但是我们也应该看到,技术对教育的融入度还有限,教育对技术的接纳度也还有待提升。所以,数字赋能学校高质量发展,在未来还需扎实走好每一步。宏观上,《教育信息化中长期发展规划(2021—2035年)》和《教育信息化"十四五"规划》即将出台,将对数字赋能教育发展做出新的战略部署,国家和区域层面也将会有教育信息化发展方面的新动作,助力学校层面的信息化建设。在"双减"背景下,在接下来的很长时间里,我校将重点探索信息技术如何提高课堂教学质量和减轻学生的作业负担:首先,以信息化的思维方式开展信息化课堂建设,用信息化视角认识、分析和处理课堂教学中的各种问题,实现课堂与技术的有效结合;其次,利用技术手段收集和整理学生的课堂学习表现,为每个学生自动生成适合其需求的课后作业,做好保质控量,真正发现学生的最近发展区,让所有学生都在自己的基础上有巩固和有进步。

(四)情感赋能:更具人文关怀的育人体系

从教师数量、学生数量以及占地面积等各方面考虑,重庆市朝阳中学都算得上是大规模学校。随着学校规模的扩大,生均教育成本会下降,意味着较大规模的学校比较小规模的学校更具有成本效益。但是大规模学校也存在着较为突出的系列问题,如学校组织过度科层化、管理效率低下、教育关照度偏低、教师职业倦怠严重等,即规模扩大给教师带来最为直接的感受是人文关怀越来越少,学校对教师的激励成效也越来越低。教育始终都是也应该是充满人性化的事业,不管是在学校管理还是在教学活动中,脱离了人文关怀都不能称为良好的管理,也算不得合格的教育。很大程度上,差异教育就是对人的一种关怀以及对生命的一种情感滋润,要促进大规模学校的情感赋能,差异教育无疑是良策;也就是说,差异教育和人文关怀本是一体的,在大规模学校落实差异教育,更需要建设具有人文关怀的育人体系,以情感赋能学校高质量发展。

具有人文关怀的学校管理要"公"字当前。客观上,管理者拥有更多的资源和决策权,倘不能自觉克制,这些资源和决策权就可能演变为侵吞公家利益的工具,管理层不是关怀他人而是关心自己,干群之间矛盾突出,如何能实现情感赋能呢?具有人文关怀的教学管理要以生为本,尊重学生的主体性,可以成年人的发展眼光去引导学生,但不能以成年人的水平去要求学生,学生始终是发展中的人,不是一个如成人般已经发展的人。具有人文关怀的育人体系要具有"补偿性教育"的思想。因材施教固然能够根据学生的特点采取适合的教育,党和国家也需要具有特长和特色的接班人,但首先他们应该是拥有基本的文化素养和道德情怀的人,即一个达到普遍标准的合格的人,学业方面要能够达到课程标准的要求,德育方面要能够遵守校纪校规等。然而,仍然有个别孩子达不到基准线,这就需要学校对这部分群体进行补偿性的教育,给予他们更多的关注和关心。人文关怀育人体系的形成有利于塑造温馨和谐的组织氛围,这种氛围是对人的精神的滋养,也能够作为学校管理中棘手问题处理的润滑剂,是新时代学校高质量发展必不可少的元素。

参考文献

[1] 李荣亮.约翰·密尔论个性教育[J].教育学术月刊,2015(9):26-34.

[2] 薛欣晨,沈贵鹏.差异及差异教育的再认识:一种教育哲学的批判[J].教育理论与实践,2017,37(16):7-11.

[3] 王颖.维果茨基最近发展区理论及其应用研究[J].山东社会科学,2013(12):180-183.

[4] 霍华德·加德纳.智能的结构[M].沈致隆,译.北京:中国人民大学出版社,2008:23.

[5] 国务院办公厅关于新时代推进普通高中育人方式改革的指导意见[EB/OL].(2019-06-11)[2022-03-18].http://www.moe.gov.cn/jyb_xxgk/moe_1777/moe_1778/201906/t20190619_386539.html.

[6] 张华.深刻理解普通高中教育的性质、定位与发展方向[J].人民教育,2018(Z1):40-42.

[7] 李建民,陈如平.新时代普通高中教育转型发展关键在育人模式变革[J].中国教育学刊,2019(9):32-37.

[8] 管锡基,车言勇,邓婷.中小学差异教育的原理精要与实践路径[J].中国教育学刊,2021(5):99-102.

[9] 王鉴,谢雨宸.乡村学前教育高质量发展的内涵、逻辑与长效机制[J].东北师大学报(哲学社会科学版),2022(2):1-9,37.

[10] 郭中华,顾高燕."双减"与教育高质量发展——一种批判教育学的视角[J].中国电化教育,2022(3):16-21.

[11] 曹永国.教育高质量发展期许回归教育本真[J].南京师大学报(社会科学版),2022(1):27-36.

[12] 柳海民,邹红军.高质量:中国基础教育发展路向的时代转换[J].教育研究,2021(4):11-24.

[13] 中共中央、国务院印发《中国教育现代化2035》[EB/OL].(2019-02-23)[2022-03-18].http://www.gov.cn/zhengce/2019-02/23/content_5367987.htm.

[14] 周波,黄培森.关注个体差异:教育过程公平的路径选择[J].河北师范大学学报(教育科学版),2017(1):91-94.

[15] 梁茜,代蕊华.先赋抑或自致:何种因素影响着普通高中学习机会公平?——基于全国11 535名高中生的实证研究[J].全球教育展望,2022(2):59-76.

[16] 胡小勇,孙硕,杨文杰,等.人工智能赋能教育高质量发展:需求、愿景与路径[J].现代教育技术,2022(1):5-15.

[17] 孟万金,姚茹,苗小燕,等.新时代德智体美劳"五育"并举学校课程建设研究[J].课程·教材·教法,2020(12):40-45.

[18] 张小强.分类培养、融合发展:促进教师群体性成长[J].四川教育,2021(20):23-24.

[19] 叶澜.让课堂焕发出生命活力[J].教师之友,2004(1):49-53.

[20] 华国栋,华京生.融合教育中的差异教学:为了班级里的每一个孩子[M].北京:教育科学出版社,2019:31-37

[21] 燕学敏,华国栋.差异教学课堂模式的理论建构与实践探索[J].教育理论与实践,2020(17):3-6.

[22] 赵伶俐.A-TVS:逻辑与美感的有机统一——审美化视点结构教学的理论、模式、变式与深度学习[J].江苏教育,2020(73):7-11.

[23][25] 石中英.学校文化建设要有大视野[J].新课程研究(中旬刊),2014(2):1.

[24] 刘志芳.学校文化的三维困境及突围[J].当代教育科学,2021(8):3-11.

[26] 李海峰,王炜.元宇宙+教育:未来虚实融生的教育发展新样态[J].现代远距离教育,2022(1):47-56.

[27] 曹宗清,王可.美国国家教育发展新战略:内容、实施和启示[J].世界教育信息,2021(1):13-19.

The Construction of a High-Quality Development System for the School Based upon Differentiated Education——Taking Chongqing Chaoyang High School as an Example

Wang Xiaotao, Chen Fulan, Mo Ting

(Chongqing Chaoyang High School, Chongqing 400715, China)

Abstract: Providing suitable education for students is the basic requirement of the high-quality development of schools in the new era, and the implementation of differentiated education is an important strategic measure to provide a suitable education. This paper takes Chongqing Chaoyang High School as an example. From the perspective of the construction of a high-quality development system, it explores the theoretical background and the value of differentiated education. It provides school-based practice programs from five aspects: curriculum, classroom, teachers, resources, and culture. Plans are made to further promote the high-quality development of schools based on differentiated education as follows, building a more scientific school empowerment system, improving a higher level of school governance capacity, providing a more advanced technical support system, and forming a more humane education system.

Key words: differentiated education; high-quality development; development system; future school

栏目 2 未来学校发展

未来学校组织变革的逻辑起点与发展路向

李意涵

(首都师范大学 教育学院,北京 100048)

摘要 未来学校既是未来之学校,也是以未来的视野审视当下学校之变革。本文聚焦未来学校组织变革,从宏观层面探讨未来学校组织变革的逻辑起点:社会变革主导教育变革,教育变革主动迎接社会变革。从理论层面将国内外组织变革的理论和研究作为引导未来学校发生组织变革的依据。从行动层面探讨未来学校组织变革的发展路向:向外打破学校组织边界,形成发展共同体;向内整合学校组织,积聚积极能量;技术在学校组织变革中体现关爱、促进思考;学校应起到主动联结作用,使教育系统与其他系统间形成共育合力。

关键词 未来学校;组织变革;逻辑起点;发展路向

未来学校既是未来之学校,体现人类对美好社会、良好教育的向往,亦是当下之学校,基于问题和挑战不断改革与发展的过程。现在即过去之未来。思考未来学校如何构建,应在结合政治、经济发展状况的同时,融入愿景、规划、改革,对现有的教育体系进行研究和分析,以教育的改革和进步实现未来学校建构。近10年来,国内教育研究院所已经开始积极研究"未来学校",国家也先后发布了《中国未来教育白皮书》和《中国教育现代化2035》,学者们对未来学校的理解和建构充满启发意义。在此背景下,本文以组织变革研究为视角,尝试从宏观层面探讨未来学校组织变革的逻辑起点,在理论层面对未来学校组织变革的研究进行梳理,再到行动层面探讨未来学校组织变革的发展路向,希望能够为当下的未来学校变革发展提供一些理论视角。

一、未来学校组织变革的逻辑起点

讨论逻辑起点,首先要了解逻辑起点的本质特征。黑格尔在《逻辑学》一书中为逻辑起点提出了三条质的规定性:第一,逻辑起点应是最简单、最抽象的范畴,揭示对象的最本质规定;第二,逻辑起点作为整个理论体系赖以建立的基础,有助于形成完整的科学理论体系;第三,逻辑起点应与它所反映的研究对象在历史上的起点相符合(即逻辑起点应与历史起点相同),其内涵贯穿于理论发展全过程。瞿葆奎教授在《教育学逻辑起点:昨天的观点与今天的认识》一文中提到,部分学者认为,关于

作者简介:李意涵,首都师范大学教育学院博士研究生,主要研究方向为教育管理。

逻辑起点的质的规定性,除了黑格尔提出的三条以外,还应补充两条:一是逻辑起点应与研究对象保持一致性(即逻辑起点的抽象性应受它所反映的研究对象的限制——既不可抽象不足,也不应抽象过度);二是逻辑起点应当以"直接存在"形态承担一定的社会关系。[1]何克抗教授在论证教育技术学逻辑起点时认为,后两条补充规定性只是部分学者的观点,尚未成为学术界的普遍共识,因此在实际确定具体学科的逻辑起点时,一般只是依据黑格尔提出的三条规定性,而把后来补充的一条或两条仅作为参考。[2]

关于未来教育的逻辑起点,顾明远先生曾撰文认为,未来教育就是为未来社会培养人才的现实社会的教育。正如《反思教育:向"全球共同利益"的理念转变?》中所说的:教育应该以人文主义为基础,即以尊重生命和人类尊严、权利平等、社会正义、文化多样性、国际团结和为创造可持续的未来承担共同责任为基础。在教育和学习方面,要超越狭隘的功利主义和经济主义,将人类生存的多个方面融合起来,采取开放的、灵活的、全方位的学习方法,为所有人提供发挥自身潜能的机会,以实现可持续的未来,过上有尊严的生活。以此来讨论未来教育的逻辑起点,要在教育本质的基础上去考虑信息技术如何有益于人的发展。[3]他明确反对未来教育的逻辑起点是技术的发展:"考虑未来教育不能只从技术着眼,而要从未来时代的发展着眼,从人类未来发展着眼。"他认为要通过把握教育本质,探寻教育规律,拓展国际视野来确定未来教育观。[4]

着眼于本文聚焦的未来学校组织变革的逻辑起点的探讨,既要符合逻辑起点具有的"简单性、抽象性、本质性、基础性"特征,又要符合与历史起点相同的质的规定。首先,未来学校的组织变革要遵循教育本质、教育规律。我们知道教育包含狭义的学校教育,也包含广义的一切能增进人们知识和技能、影响人们思想品德的活动,所以,未来教育的概念中包含未来学校,未来学校组织变革的逻辑起点属于未来教育逻辑起点的下位概念。其次,社会变革、教育变革、学校变革、组织变革之间呈现逐一包含但不限于的关系,探讨未来学校组织变革的逻辑起点,要审慎考虑其中的关系,同时找到最为本质的特点作为逻辑起点。这里我们将更为本质的上位概念——社会变革和教育变革,作为讨论未来学校组织变革的逻辑起点。最后,逻辑起点要和历史起点相同。讨论未来学校组织变革需要依据一定的历史观来看待学校的变革和发展,其历史起点最早可追溯到学校的起源,而学校的根本属性是教育,所以再往前可以追溯到教育的起源,我们可以用教育发展的历史、学校变革的历史作为研究未来学校组织变革的依据。

(一)社会变革主导着教育变革

20世纪,社会变革是有计划、有控制、有指导的,是随着世界经济和技术的发展而发展的。而在互联网高速发展的今天,社会变革是自发的、多元的、广泛连接的,社会不再局限于对飞速变化的价值观和事件做出反应,而是自觉地运用变革力量去适应预期的目标和社会价值。这种以长远目标为导向的信念,使社会总能在变化万千、日新月异中呈现出可计划性、可调控性。人们越来越多地把社会和文化的价值观作为社会变革的动力,这种社会变革的能动思想,主要受到两种理论和范式的影响:一是马克思主义的政治和社会思想理论;二是以社会科学为指导的科学研究范式。[5]

社会变革必然会对教育提出新的挑战,从而导致教育变革,人们期待教育组织不仅是社会变革的媒介,同时也肩负传承价值观给年轻一代的重任,让他们对不断变化的世界做好准备。例如,20世纪下半期,"二战"后迅速开始重建的国家,普遍在政治领域把教育工作、培养人才放在重要地位;而普通人则把教育下一代看作提倡社会平等、公正的社会价值观的关键;[6]又如,我国2021年印发《关于进一步减轻义务教育阶段学生作业负担和校外培训负担的意见》,在国家层面全面实施教育"双减"工作,减轻学生和家长的额外负担,减轻教育焦虑,使教育回归学校。教育组织的变革不仅由教育政策的制定者来计划和规划,也需要动员所有有关的社会团体共同参与配合,所以,实现学校的变革无疑是复杂的挑战。

(二)教育变革应主动迎接社会变革

传统意义上讲,教育变革相较于社会变革有一定的滞后性,现代学校的组织形式仍然是发端于工业革命初期,以制度化的教育形式、结构化的教育组织为主的形态。学校及其组织成员的价值导向,伴随着人类社会的发展而形成、固化,具有一定的稳定性。马修·迈尔斯(Matthew B. Miles)认为,学校组织文化像生物学中的基因一样,[7]具有稳定性,会较为持久地保持相对一致的特征,也会随着环境变化和遗传突变而在代际间慢慢衍化,形成进化。这种稳定的、像基因一样的特征是学校在面对外界压力、挑战时自发保护的来源,有助于保持学校的平衡和持续性。所以,学校和教育组织需要正视的不仅是改革,更是如何将改革与稳定结合。

社会变革的能动观点,对学校教育及教育组织产生了非凡的影响,因为这意味着可以通过教育重塑社会。回望近半个世纪,教育对世界范围内的政治、经济、文化都起到了显著作用。如今世界进入了快速发展的时代,我们的教育组织必须行动灵活、善于应变,我们必须建设更好的学校。教育改革除了适应社会变革的需要,更应主动迎接社会变革,努力走在社会变革前面,通过人才培养,引领社会变革。朱永新在《未来学校:重新定义教育》一书中认为:"教育变革,虽然不像社会革命那样,有强烈的人为干预的色彩,但是如果我们主动迎接、主动介入通往未来的教育趋势,这个趋势就可能会向着我们期待的方向发展。"[8]诚然,我们应该视社会变革为学校改革的机遇。

以社会变革主导教育变革,教育变革主动迎接社会变革,作为未来学校组织变革的逻辑起点,不仅是未来学校建构最本质的规则,更是从历史发展的角度,遵从教育规律来研究未来学校的建构方向。但是我们不能从逻辑起点,以历史发展的经验,推断未来学校的必然形态,就像陈嘉映在《走出唯一真理观》一书中说的:"历史往哪里发展,一千年后的事,我们真的不知道,但眼下有些可能性,我们能看到一点儿,我们就我们所能看到的去做一点儿。我们的认知十分有限,我们努力放开自己的视野,但我们仍然不知道太远的远景是什么样子的。"[9]诚然,历史的趋势、过往的经验、愿望与希冀,都会让我们对未来学校的建构充满想象,但又都是不尽相同、没有标准答案的构想,也恰是如此才构成百家争鸣、百花齐放。未来学校的建构应以当下为起始点,主动迎接变革,在大历史观、未来观中深入又抽离,在现实中不断探索和实践,用有把握的认知,塑造和变革学校,使学校成为真正的未来学校。

二、未来学校组织变革的理论研究

探讨未来学校组织变革的模式,需要以历史上学校组织变革的理论、模型、策略为依据,在未来视角上对学校变革的合适理论进行筛选。我们以西方学校组织变革的经典策略作为变革路径的主要依据,重点着眼于我国学校组织变革的研究以及学者们对未来学校建构的探讨,为后续提出未来学校组织变革发展路向形成理论支撑。

(一)西方学校组织变革的策略

组织变革策略可以被看作组织变革发生的方法和手段,具有理论梳理、实践指导的双重意义。传统的教育变革被看作一种"自然普及"的过程,新思想和新做法以某种方式出现,并且自发地在学校之间流传,结果是学校的变革一般非常缓慢。20世纪50年代中期,美国研究教育变革的重要学者保罗·莫特(Paul Mort)观察到,教育中一种创新方法大约需要50年的时间才能在全美的学校普遍得到接受和普及,一般的学校落后于当时最佳做法约25年。[10]保罗·莫特和弗朗西斯·G.科内尔(Francis G. Cornell)的基本观点是:充足的经济资助是决定一个学校系统要延滞多久才能采用新做法的关键因素。这奠定了教育成本—质量关系理论的基础。[11]后来社会学家理查德·O.卡尔森(Richard O. Carlson)从社会学研究出发认为:经费仅是学校适应和改革的一个因素,甚至可能不是主要因素。[12]20世纪中期,罗伯特·钦和贝恩(Chin & Benne)从管理学视角研究变革的策略,分类并总结出使组织变革有计划、可管理、可控制的三种策略:验证—理性的变革策略、权力—强制的变革策略、规范—再教育或组织自我更新策略。[13]

验证—理性的变革策略(empirical-rational strategy),是指通过系统地创造和发展更合适的思想,并把它以实用的形式在学校迅速加以推广,替代传统中无计划的新思想传递过程,达到快速促进改革的效果。在具体过程中,学校可以采用知识、生产、利用(KPU)方法以及将新思想转化为实用形式的研究、开发、普及、采用(RDDA)过程。但是在学校实际实施变革时,可能会遇到阻力:忽略或抵制新思想新变革、在实践中把新思想新做法改得面目全非或是执行者过于理性陷入验证—理性的变革循环中。因为这一看上去快速有效的变革策略建立在新做法有效有益就应该被采用的文化价值观上,而忽视了具体问题具体分析的矛盾解决法。

权力—强制的变革策略(power-coercive strategy),是基于用各种命令或制裁强迫组织变革的观点,通常用政治、经济、道德等方式来实施。罗伯特·钦和贝尼斯(Warren G. Bennis)还陈述过,调整掌权者的人员结构是另一种引起变革的权力—强制策略,即除了通过法令、经济限制等强制方式外,也可以通过把权力移交给新人或使权力平分给更多人来实现改革的目标。但是这一策略的弊端也比较明显，比如参与者的内驱力可能不足、变革过程中容易产生对抗、权力可能会随时间和外部变化而扩散等。

规范—再教育或组织自我更新策略（normative-reeducation strategy），是建立在变革可以通过提高组织解决问题的能力加以实现的观念之上。其与前两种策略最大的不同是强调理解组织及其成员，形成自下而上的变革方法，而前两种策略属于古典科层组织理论范畴，把组织看作脱离人的创造物。所以，规范—再教育策略需要突破传统学校文化中的规范价值，从严格的古典式、科层制组织向更富创造性、多样性的组织变革。这个过程也被广泛地称为组织自我更新。有许多组织变革方法或理论都可以归入这类策略，比如：伦西斯·利克特（Rensis Likert）最早提出的"组织自我更新"的概念；"学习型组织"中加强组织学习和适应能力的过程，也就是"组织发展"（OD）的概念；还有库尔特·勒温（Kurt Lewin）提出的著名的"力—场分析"三阶段"解冻—变化—冻结"变革策略，[14]埃德加·沙因（Edgar H. Schein）和彼得·沙因（Peter Schein）在《组织文化与领导力》中用勒温的这个原始变革理论作为分析整个变革过程各个阶段的起止点。[15]

组织变革的理论和范式在不断地更新迭代，却多以上述几种经典的组织变革理论为基础演变。但是我们关于组织变革的理论更多还是来自其他组织，如商业公司、军事组织、政府机构等的经验，学校相较于其他组织是非常复杂的组织，机械地复制经验，有可能会阻滞变革的发生。

（二）我国学校组织变革研究

国内许多学者对我国学校组织变革进行了探讨，其中学者李春玲在2006年发表的《我国学校组织变革研究的现状及展望》一文中总结了当时学者们对学校组织变革走向的研究：叶澜教授主持的新基础教育研究较早关注学校组织变革走向，从学校的基本形态、内在基质和实践过程三个维度综合思考提出了学校变革的转型问题。文中还总结了学者们对学校组织变革策略和技术的研究：有人提出学校组织变革涉及权力的调整和分配；有人提出学校各部门互动和集聚促进组织变革；有人提出学校组织变革发展的动力是改造学校组织文化，使学校组织成员认同和参与变革；也有人从评估技术方面研究学校组织变革及其绩效。[16]

在近10年中，关于学校组织变革的研究依然是热门，首先，系统且深入地研究学校演进和变革的逻辑、发展趋势、变革动力、变革类型、变革机制、变革策略等，其中学校变革类型划分多来自组织变革类型的启发，可以分为适应性变革和转型性变革两类。适应性变革是渐进式发生的变革，包括学校组织结构变革、流程变革、制度变革、技术变革等，是从局部开始的变革。转型性变革则更为彻底，包含学校文化变革和学校边界变革，属于学校框架重建，或是校际的办学联动模式变革。[17][18]其次，从不同视角聚焦学校变革研究，多元化的研究理论和成果也为组织变革提供了思路和参考，如聚焦信息技术与教育深度融合，从信息技术视角对学校变革进行研究；[19]从学校自我诊断的视角出发,以学生为中心,形成提高学校自主性的学校变革;[20]再有以循证学校改革为方法,提出教育改革新思路。[21]最后,专注于学校组织变革的方法和路向的研究更为直观地提供了学校组织变革的实操思路。李春玲认为政府主导型的学校变革是理想的组织变革方式;[22]戴云则从科研促进学校组织变革的视角阐述组织变革策略的选择;[23]许志红从组织变革的视角提出学校科层制改良的建议。[24]此外,还有许多国内学者对学校组织层面变革的探讨,就不一一赘述了。国内的学校改革研究多结合实际办学经验,更加本土化,能更好地为我国基础教育改革提供思路和参考。

(三)未来学校组织变革研究

以上两个部分探讨的是西方经典组织变革理论和我国本土化的学校变革理论,但专门讨论"未来学校"组织变革的理论和学术成果还不多,下面从几位研究未来学校、未来教育的学者的成果中,将与组织变革相关的内容抽取出来,更为直观地展现目前未来学校组织变革的研究内容。

自下而上的未来学校组织变革:肯·罗宾逊(Ken Robinson)和卢·阿罗尼卡(Lou Aronica)合著的《让学校重生》一书中认为,未来学校的变革应一切围绕学生,除了微观层面提倡未来教育要破除标准化考试、改变课程设置、打破年龄分组、提倡教学艺术等促进学习的方式外,在组织变革层面有三种方式:在教育系统内实现变革;通过施压推动系统变革;在系统之外采取积极行动。其具体包括:让学校成为社区的学习中心;校长是学校文化的建设者、改革的先行者、校内氛围的营造者;让教育回归家庭,让家庭参与学校教育;通过改变教育大环境实现未来学校的建构。[25]

信息技术支持的未来学校组织变革:余胜泉在2019年出版的《互联网+教育 未来学校》一书中,着重结合互联网带来的信息技术发展来展望未来教育变革,他认为,互联网时代,学校的功能、运行规则、模式和办学形态都会发生根本性改变,"互联网+教育"的跨界融合,将对环境、课程、教学、学习、评价、管理、教师发展、学校组织等教育主流业务产生系统性变革影响。互联网会改变学校的基因,"互联网+教育"的跨界融合就是教育的"转基因工程"。在学校变革层面,他认为,"互联网+教育"要产生教育新生态系统,是需要推进由技术支持的重大结构性变革的,书中转引何克抗的观点:"如果想看到教育生产力的显著提高,就需要进行由技术支持的重大结构性变革(fundamental structural changes),而不是渐进式的修修补补(evolutionary tinkering)。"其中在组织变革方面具体表现为:互联网推动学校组织结构向网络化、扁平化发展,管理结构是横向的虚拟团队与纵向的课程体系并行;互联网打破学校围墙,越来越多教育服务将由其他社会机构提供等。[26]

互联模式的学校组织变革:曹培杰近年来一直关注未来学校,从多角度研究未来教育,从"互联网+教育"、智慧教育的角度探讨未来学校的变革路径。他认为,未来学校是指"互联网+"背景下的学校结构性变革,通过空间、课程与技术的融合,形成个性化的学习支持体系,为每一个学生提供私人定制的教育。其中,关于组织管理转型,应该向着开放、民主、扁平化方向发展;通过职能划分和机构重组,实现决策、执行和监督三个职能相对独立;精简管理层级,加强机构之间与机构内部的协调;学校组织构架将从纵向垂直模式转向多向交叉的互联模式;同时,利用大数据提供更加精准的教育管理服务,提升学校治理能力的现代化水平。[27]2019年张爽发表的《未来学校的理解与建构之路》一文中,也探讨了未来学校的系统建构观、突破形式主义的组织创新,以及在实践中通过整合和赋能实现未来学校的建构策略。[28]

好的理论是采取正确措施的依据,未来学校的组织样态、变革策略还有待进一步发掘。综合以上国内外未来学校组织变革研究,结合我国教育现状,我们尝试从组织间变革关系、组织内变革方式、技术对学校组织变革的影响、学校所在的系统与其他系统之间的变革关系四方面,提出未来学校组织变革的发展路向。

三、未来学校组织变革的发展路向

未来学校组织变革的发展路向探讨,是以当下现实中的学校为变革基础,以组织变革的三种策略为方法,在现有的组织变革理论支撑下,从学校组织向外生成、学校组织向内整合、技术与学校的关系以及学校与系统的主动联结这四点展开,用发展和变化的眼光,提出可能的变革方向。

(一)向外打破学校间组织边界,形成发展共同体

传统学校中诸如课程分科、程序化教学、标准化考试、层级制学校组织结构等是以提高效率为导向,带有工业主义烙印的教育形态。基于获得更多好资源的诉求,20世纪我国中小学校的竞争关系大于合作关系,学校之间的竞争造成了学校相互封闭、人与人之间的阻隔。近些年来,社会飞速发展转型,人们对于知识、教育、学习的重新理解,极大地挑战了现有学校的组织形态。

沙因认为,人类系统永久性地参与身体环境和社会环境,人类永远受到环境的影响,并反过来试图影响环境,因此,人类系统是"开放"的。如何解决好组织间的关系、实现边界跨越,可以借助组织变革策略理论来探讨。权力—强制变革策略毋庸置疑可以通过政府或法律强制实施,以促成组织间的共同发展,但是往往弊端也很明显:自上而下地打破组织边界,往往导致组织间管理的权限变得模糊,容易造成被动应对,缺乏内生动力。相比之下,规范—再教育变革策略更加合适,学校之间通过主动合作、共享,共同打造良好的共生生态,丰富校际交流、互促,自主发生变革形成更优的未来学校样态,这样的合作往往更加长久、有效。

打破学校边界,以组织变革的开放性来看未来学校的构建,学校与学校之间、学校与其他组织之间应该形成发展共同体、合作体,未来组织边界应逐渐模糊,形成自组织的生态,合作关系凸显。20世纪末以来,我国基础教育领域自下而上围绕集团化办学已经开展了很多有价值的探索,各地实践形式丰富、样态多元,目前表现为名校办分校、手拉手学校、一体化学校、一校多址、教育联盟、教育组团、教育集团等多种形式。[29]可见,打破组织边界,形成发展共同体,使学校间可以根据学生的兴趣、需求和能力水平打破固化的组织形态,回归教育本质,以人为本,实现知识共享,构建可持续的教

育生态体系,是未来学校组织变革的重要路径。同时,信息技术可以协助未来学校组织间的信息畅通和资源共享,未来学校可以通过建立多校之间的信息数据中心,用数据化、智能化协助多校协同合作和管理。目前,多校合作共同体模式还未能真正广泛实现和发挥组织间协作的合力作用,并不是受地域距离限制或信息技术等硬件所限,而是受管理合作模式、理念等软实力所限。近些年来,学校基础设施基本完备,信息技术已经可以架起较为成熟的桥梁,跨城市、跨城乡、跨省市合作,甚至国际合作都已经是常有的事,但是构建共同成长的紧密合作学校共同体,实现教育教学、组织管理的深度融通却还需要在实践中不断探索。

(二)向内整合学校组织,积聚积极能量

库尔特·勒温认为,人类系统总是处于"准静止平衡状态",总是有许多力量作用于变化,许多其他力量正在努力维持现状,系统总是寻求某种平衡。学校组织也是同样,在变化中总有内部力量在努力维持稳定状态,寻求学校组织内部的平衡。在勒温提出的变革"力—场分析"中,未来学校要打破"力—场平衡",实现"解冻—变化—冻结"三阶段变革策略,就应主动把握促进变革的推动力,削弱内部对立的抑制力,形成学校组织向内的整合变革。

未来学校需要向内整合重构支持学生发展的学校组织结构。网络及信息技术的发展,使得信息和知识在组织成员之间共享,传统的自上而下的组织等级结构不再适用,纵横交错的信息渠道造就了扁平化的组织结构。[30]所以,信息化变革就是推动力,为了应对随之而来的信息差缩小、决策时间缩短、决策权分散等问题,学校需要主动调整内部组织模式,构建更加扁平化的组织结构。扁平化组织是指以信息为中心,把中间管理幅度加宽、职能加以扩展,将原有的管理层次压缩。扁平化变革后,在权力结构上,有更加多元的主体能够参与学校管理和发展,这使得权力由集中式向分散式转变,学校内部联系越来越紧密,交流更加丰富。这样的向内整合式组织变革,可以充分调动成员的主动性和创造性,内部组合多样化,对环境变化更有应对力。而且,扁平化组织更加趋向于以任务流程为导向,使得纵向的管理层次简化,横向的信息传递灵活性增强,能够减少组织内的能量衰减,形成能量积聚。

我们也要注意未来学校在向内整合组织变革时,不仅要超越碎片化、过度层级化,更重要的是围绕教书育人的根本任务,使学校信息畅通、组织充满活力。向内整合变革,是为了服务师生,民主、平等地对待每一位组织成员,在管理的过程中关心、尊重师生发展需求,让大家参与到学校决策和管理中来。所以,信息畅通不仅包括组织内的行政人员、教师、学生能够及时了解、传递信息,更包含其对学校结构与协作方式的了解,使学校的运行方式更加有效。充满活力是指未来学校组织可以通过措施积聚学校结构、管理方式和教师与学生互动态度等方面的积极能量。学校在向内整合的变革中,不仅需要拥有充足的内在动力打破"力—场平衡",还需要有不断发现问题、学习提升的自适应力。规范—再教育变革策略也同样适用于学校组织内变革。

(三)技术在学校变革中体现关爱、促进思考

习近平总书记在2015年致国际教育信息化大会以贺信,并在信中指出:"因应信息技术的发展,推动教育变革和创新,构建网络化、数字化、个性化、终身化的教育体系,建设'人人皆学、处处能学、时时可学'的学习型社会,培养大批创新人才,是人类共同面临的重大课题。"可见,在我国未来学校中,技术与教育的融合是必然的。那么,技术如何与教育融合,如何解决好学校改革与技术间的关系,技术与学校相互建构的边界在哪里,是非常值得研究的。

存在主义哲学家海德格尔认为,技术的本质是"座架"。"座架"表明的是人—事物—存在的关系,技术是人靠自身无法控制的东西,人被座架在此,被一股力量安排着、要求着,这股力量是技术的本质中显示出来的而人自己又不能控制的。[31]海德格尔认为,技术对人有奴役的作用,人们会被技术所驱使。如果我们仅把技术当作完成任务的工具,不去主动思考和驾驭技术,势必会被技术架空。余胜泉认为,解决技术对人的奴役的根本途径在于技术和人及精神的融合,创造新的秩序、范式与文化。[32]

值得我们思考的是,未来学校不仅要拥抱技术,实现更好的教育教学,同时也承担着育人的教育目标。我们始终认为,未来学校应该是充满关爱、善于思考的地方,人与人之间、技术与人之间要保有对需求的敏感度,体现出关爱;教与学两个过程以及决策过程,不论技术如何参与,都应以思考为中心,把培养思考能力放在中心地位。我们不能因为技术的协助,就机械化师生关系或简化学生的思考、决策能力,技术革新带来的教育产品应永远遵循教育本质和教育规律,就如同生物科学不断进步却永远有生物伦理学作底线。

教育技术领域的许多学者对未来学校的信息技术应用进行展望和分析,当下欧美也有许多先锋学校运用信息技术打造未来学校,[33]例如,通过改革教育环境、课程形态、教学范式使教育从"批量生产"走向"私人订制",依托信息技术和网络实现高效的学习辅助,帮助教师从烦琐的事务性工作中解脱出来,更好地关注和指导每一位学生。这些2010年前后创立的未来学校,创立之初就是全新的办学模式,省去非常多变革的压力,更多可以借鉴的是这些未来学校开阔的创意、技术性产品和崭新的办学理念。对于我国来说,用技术改革学校组织可以以验证—理性的变革策略来执行,将适合的教育产品以成熟的模式应用于学校,快速实现升级变革。

(四)学校主动联结,实现系统间共育合力

学校所在的教育系统与社会其他系统之间是相互协作配合的关系,需要通过组织建构,形成系统间的共育合力。系统层面的变革往往是由政策、法律强制执行的,所以学校所伴随的变革,大多采用权力—强制的变革策略,需要学习政策精神,主动改革调整组织结构、行为,同时做好组织结构和管理方式升级。比如,2021年10月国家颁布《中华人民共和国家庭教育促进法》,自2022年1月1日起施行,明确对家庭、学校、社会各个层面要承担的职责进行划分,使其各尽其责,相互配合形成家校

社协作模式,共同做好育人工作。其中,学校是向家长提供家庭教育指导服务的主要渠道,也是联结家庭、社会的重要枢纽。学校在其中应起到主动联结的作用,使所在的教育系统与其他系统间形成共育合力。

在未来学校组织变革的视域下,学校还需要运用规范—再教育变革策略,主动应用信息技术,帮助学校打破组织边界,加强与外部社会的联系,推动学校与社区、家庭、科研机构等开展跨界合作,通过系统化的数据分享和多元化的应用实现资源共享,融入社会资源优化办学,完善学校治理结构。这种在技术帮助下的主动联结,可以将学校的传统封闭式管理模式转变为开放、合作的管理模式,增加家长和社会在学校决策中的参与度,形成学校与家长、社会良性互动、持续交互的组织新样态。在信息技术的辅助下,未来学校不再是唯一的教育主体,社区、企业、家长、在线教育、继续教育、职业教育都可以成为教育资源的提供方。学校作为教育教学的主责单位,应主动搭建可提供个性化、资源协同化、角色多样化的学习服务的集合地,学校变为教育服务的提供主体,打破传统的多系统间的壁垒,形成群体间协调合作的伙伴关系,实现系统间共育合力。

最后,无论未来学校组织变革选择何种发展路向,都需要积极回应社会挑战,社会才能够接纳并进一步向前推动未来教育与发展。基于未来人才培养的核心,未来学校组织变革的核心仍然是紧密围绕立德树人根本任务,唤醒人的生命意识,启迪人的精神世界,建构人的生存方式,实现教育目标。组织变革的形式和策略不会是唯一的、最优的,而是依据社会进步不断调整的。我们要克服历史形成的传统组织路径依赖,在积极探索适合新时代、拥抱未来的学校组织新样态的道路上不断前行。

参考文献

[1] 瞿葆奎,郑金洲.教育学逻辑起点:昨天的观点与今天的认识(一)[J].上海教育科研,1998(3):2-9.

[2] 何克抗.关于教育技术学逻辑起点的论证与思考[J].电化教育研究,2005(11):3-19.

[3] 顾明远.未来教育的逻辑起点[J].教育,2019(47):1.

[4] 刘美凤,王飞.立足当下 面向未来——顾明远未来教育思想初探[J].中国教育学刊,2018(10):22-27.

[5][6][7][10][11][12] 罗伯特·G.欧文斯.教育组织行为学——适应型领导与学校改革(第八版)[M].窦卫霖,温建平,译.北京:中国人民大学出版社,2007.

[8] 朱永新.未来学校:重新定义教育[M].北京:中信出版社,2019:5.

[9] 陈嘉映.走出唯一真理观[M].上海:上海文艺出版社,2020:25-26.

[13] Kenneth D.Benne.The Processes of Re-Education:An Assessment of Kurt Lewin's Views[J]. Group & Organization Management,1976:22-45.

[14] Lewin K.Group Decision and Social Change[J].Readings in Social Psychology,1958:344.

[15] 埃德加·沙因,彼得·沙因.组织文化与领导力(第五版)[M].陈劲,贾筱,译.北京:中国人民大学出版社,2020:286-287.

[16] 李春玲.我国学校组织变革研究的现状及展望[J].华东师范大学学报(教育科学版),2006(3):31-36.

[17] 郭法奇,郑坚,吴婵.学校演进的逻辑及发展趋势[J].教育研究,2017,38(2):40-47,64.

[18] 张东娇.学校变革压力、机制与能力建设策略[J].教育研究,2015,36(10):47-56.

[19] 杨宗凯.教育信息化十年发展展望——未来教室、未来学校、未来教师、未来教育[J].中国教育信息化,2011(18):14-15.

[20] 李希贵,李凌艳,辛涛.建立以学生为主体的学校自我诊断模式[J].教育研究,2010,31(9):69-74.

[21] 李华,程晋宽.循证学校改革:美国基础教育改革路径探索[J].教育研究,2019,40(10):62-73.

[22] 李春玲.理想的现实建构:政府主导型学校变革研究[D].上海:华东师范大学,2007.

[23] 戴云.科研促变:学校组织变革的策略选择——以上海市F初级中学为例[D].上海:华东师范大学,2006.

[24] 许志红.组织变革视角下的学校科层制改良[J].黑龙江社会科学,2005(2):132-134.

[25] 肯·罗宾逊,卢·阿罗尼卡.让学校重生[M].李慧中,译.杭州:浙江人民出版社,2017.

[26][32] 余胜泉.互联网+教育 未来学校[M].北京:电子工业出版社,2019:188.

[27] 曹培杰.未来学校的兴起、挑战及发展趋势——基于"互联网+"教育的学校结构性变革[J].中国电化教育,2017(7):9-13.

[28] 张爽.未来学校的理解与建构之路[J].中国教育学刊,2019(12):45-49.

[29] 孟繁华.集团化办学:超越传统的学校组织形式[J].中国教育学刊,2020(11):5.

[30] 樊国华,李加棋.扁平化组织初探[J].企业经济,2004(12):52-53.

[31] 海德格尔.海德格尔选集(下)[M].孙周兴,选编.北京:生活·读书·新知三联书店,1996:938.

[33] 曹培杰.未来学校变革:国际经验与案例研究[J].电化教育研究,2018,39(11):114-119.

The Logical Starting Point and Development Direction of Future School Organizational Change

Li Yihan

(College of Education, Capital Normal University, Beijing 100048, China)

Abstract: The future school is not only the school of the future, but also the criterion of examining the current school reform from the perspective of the future. This paper focuses on the organizational transformation of future school, and discusses the logical starting point of future school organizational change from the macro level: social change dominates educational change, and educational change happens in tandem with social change. From the theoretical level, the theory and research about organizational change in China and abroad will be taken as the basis to guide the future school organizational change. From the action perspective we have considered the development direction of the future school organizational change: breaking the boundary of school organization outward to form a development community; integrating the school organization inward to gather positive energy; technology embodying care and promoting thinking in the organizational reform of schools; finally, the school playing an active role in linking the education system and other systems to form a joint force of education.

Key words: future school; organizational change; logical starting point; development direction

中国乡村"未来学校"建设何以可能：理想与实践

莫兰[1] 李威[2]

（1.西南大学 教育学部，重庆 400715；2.黄冈师范学院 教育学院，黄冈 438000）

摘要 乡村教育事业是乡村振兴战略的重要支点，要彻底改变目前乡村教育萎缩的格局，建设乡村未来学校是有效的解决方案。回溯中国乡村学校探索发展史，我们发现乡村学校的发展未来在于与时代潮流、国家需求、地方文化相结合。在全球语境和中国情境的不同表述中，未来学校建设都呈现出一幅灿烂的图景。目前，国内的教育科研机构和师范大学对于未来学校已有一定的理论研究与实践探索，但是也存在着技术与教育关系的错位与失衡、未来学校的属性尚不明晰等问题。本文基于对北京怀柔区九渡河小学、江西赣州市潭口坳上小学、贵州正安县田字格兴隆实验小学、浙江淳安县富文乡中心小学、湖北五峰县天问·长乐坪乡村教育综合体等5所典型未来学校的多案例分析，总结办学经验与不足，明确乡村未来学校的基本特征和发展趋势，最终提出我国乡村未来学校建设的有效方略：建设具备多层次未来形态的乡村学校；明确乡村未来学校的建设标准，开展专业认证；从社区建设、学校气候、课程建设、教师发展、学生发展等五方面提供乡村未来学校的整体解决方案。

关键词 乡村振兴；未来学校；3.0学校；教育理想；教育实践

近年来，随着市场化、城市化的加速，我国乡村中小学校的发展遭遇了重重难题，乡村在教育基础设施、职业培训、教师发展等方面的不足愈加凸显。要改变乡村教育的现状，需要更多层面的突变。

乡村振兴是建设美丽乡村，实现城乡一体化发展的战略举措。乡村振兴最终要靠人才，人才的培养要靠教育。乡村教育事业是乡村振兴战略的重要支点，高质量教育能够赋能乡村振兴。优先发展乡村教育，要认真落实好《乡村振兴战略规划（2018—2022年）》，真正扭转萎缩中的乡村学校现状，提升乡村学校质量，用优质教育为乡村振兴注入更多发展动能。

基金项目：2021年度国家社会科学基金项目"地方高校知识溢出推进区域创新的机制研究"（21BGL292）。
作者简介：莫兰，西南大学教育学部博士研究生，北京成学教育科技集团董事长，主要从事教育经济与管理、未来学校建设研究；李威（通讯作者），中国教育科学研究院博士后研究人员，黄冈师范学院教育学院教授、教育硕士导师，中国乡村青年教师社会支持公益计划"优秀讲师"，主要从事教育管理、教育政策、教师教育研究。

那么,在当前时代背景下,什么才是有品质的乡村学校教育?学校、家庭和社区应该给予孩子怎样的教育体验和经历才可能有效和恒久?我们认为,建设乡村未来学校可能是有效的解决方案。本文从历史与现实、理想与实践的多重角度对中国乡村未来学校的建设现状进行深入研究,试图回答上述问题,以便能够给关注乡村学校发展的社会各方提供专业借鉴。

一、我国乡村学校建设的探索与经验

百年来,中国乡村教育建设者们一直用生命在思考着中国的前途和命运,为今日乡村教育的蓬勃发展探索了中国式道路。

(一)1949年之前乡村学校建设的开拓与实验

20世纪初,中国农村社会已是民生凋敝、满目疮痍。百年激荡起于20世纪之初的教育变革,随着国势和时局的重重变化,在与保守和复辟的缠斗中,民主与科学深入人心,新文化运动精神真正扎根中国大地从重视"乡村平民教育"开始。20世纪20年代以后,在西方乡村教育运动的影响下,陶行知[1]、梁漱溟[2]、晏阳初[3]、黄炎培[4]等教育家以乡村教育为着力点开展了一场建设乡村、复兴国家的乡村学校实验活动。

表1 20世纪我国乡村学校建设的典型实验

实验者	时间	试验地	建立的乡村学校	办学理念	特色
陶行知	1927年	江苏南京	南京晓庄师范学校和重庆私立育才学校	"生活即教育""社会即学校""教学做合一""在劳力上劳心"等"生活教育论"体系	培养具有"农夫的身手,科学的头脑,改造社会的精神"的"活的乡村教师"
梁漱溟	1931年	山东邹平	村学、乡学、乡农学校	通过乡村教育,进行乡村建设,从而实现中国文化的再造与民族的自救	废止西化的学校制度,赋予学校组织以教育、行政事务、管理乡村事宜责任于一身的功能,使其组织和领导农民开展乡村自救运动
晏阳初	1930年代	河北定县	乡村教育育才院	中国的大患是民众的贫、愚、弱、私"四大病",办平民学校,在农村实现政治、教育、经济、自卫、卫生和礼俗"六大整体建设",从而达到强国救国的目的	先教识字,再实施生计、文艺、卫生和公民"四大教育",培养知识力、生产力、强健力和团结力,以造就"新民"

活跃在20世纪20—40年代中国现代史舞台上的规模宏大的乡村教育、乡村学校建设运动,虽最终受制于国势与时局戛然而止,但仍是很有研究价值的历史课题。以陶行知、梁漱溟、晏阳初、黄炎培为代表的一批忧国忧民、富有社会责任感和历史使命感的教育家,用不同的思想和实践方式,努力

寻求和探索振兴中国乡村教育之路。他们关于乡村教育建设的思想与实践、经验和教训，对于今天的乡村学校建设仍有着重要的现实和借鉴意义。

(二)1949年之后的乡村学校建设探索

新中国成立后，在中国共产党的正确领导下，乡村建设和乡村学校发展发生了翻天覆地的变化。中国共产党人带领全国各族人民历经风雨，从"农村包围城市"，以"扫盲教育"和"农民夜校"为开端，闯出了一条具有中国特色的乡村教育建设之路，为发展中国家农村教育的普及与发展提供了可资借鉴的中国方案。

然而，自20世纪90年代中后期尤其是进入21世纪以来，中国乡村教育又开始呈现一种萎缩的景象。根据教育部统计年鉴数据，1997年全国农村小学数为512 993所，2019年为160 148所，减少学校数合计352 845所，总量减少了2/3还多。大规模学校撤并的结果是，农村小学距离学生家的平均距离为5.4千米，农村初中距离学生家的平均距离则远至17.47千米，这背离了国家提倡的学生"就近入学"的原则。具体来说，经历一次又一次的乡村中小学撤并之后，我国的乡村中小学从数量上大为减少，从完成国家基础教育的使命来说，乡村教育很难发挥其应有功能。一个普遍公认的事实是，中国的乡村教育逐渐告别了20世纪70年代的"小学不出村，中学不出队，高中不出社"的传统格局，而出现一种"城挤""村弱"的格局。简言之，解决儿童就近入学的"一村一校"模式从此进入历史。大量农民子弟都通过买房、租房等方式涌入县城上学，乡村学校在加速衰落。而在偏远山区，学校就是一个村庄的中心。它能保住农村的完整、文化的传承。没有学校，乡村只能被抛弃。

2018年4月25日，国务院出台《国务院办公厅关于全面加强乡村小规模学校和乡镇寄宿制学校建设的指导意见》(以下简称《指导意见》)。就全面加强这两类学校的建设，《指导意见》提出了包括统筹布局规划、改善办学条件、强化师资建设、强化经费保障、提高办学水平、加强组织领导六个方面在内的十余条具体意见。对已经萎缩的乡村教育来说，这份文件的出台可谓非常及时而且非常有必要。

当今中国的学校建设，不管是新学校的修建，还是老校区的变革改造，从空间环境设计到课程教学定位，全都指向同一个目标——未来。我们常常听到"未来学校建设"，但这些未来学校几乎都布局在教育资源丰富的城市里，对于教育资源匮乏的乡村学校，建设环境美、理念新、资源多的未来学校就像是一个可望而不可即的教育梦想。

二、我国"未来学校"的发展现状述评

(一)我国"未来学校"的内涵发展

"未来学校"(future school)一词初见于美国，2006年由费城学区和微软共同创建了世界上第一所以"未来学校"命名的学校。未来学校以培养新式人才为目标，以现代教育信息技术手段为支撑，

通过开展个性化的学习与教学活动,培养能够适应未来社会发展的人才。

关于未来学校,不少国家、地区已经有了方方面面的理论与实践探索,尤其是以2000年经济合作与发展组织(OECD)在荷兰鹿特丹召开"面向未来的学校国际会议"为转折点,加之会后出版的《面向未来的学校》[5]一书的推动,几乎同时,美国、澳大利亚、日本、新加坡、芬兰、印度等多个国家相继拉开了未来学校建设的序幕。经过十几年的发展、变革与创新,世界经济论坛于2020年1月14日发布了一份题为《未来学校:为第四次工业革命定义新的教育模式》的白皮书。[6]该白皮书提出了"教育4.0全球框架",对新经济中的高质量学习进行重新定义,呼吁全球教育系统实现学习内容和学习体验的八个关键(重视全球公民技能培养;重视创新和创造技能培养;重视技术技能培养;重视人际交往技能培养;强调个性化及自主学习;强调易获得和包容性的学习;强调基于问题与合作的学习;强调终身学习和自主驱动学习)转变,展示了独特的教育创新模式、促进教育创新的相关机制、目前取得的成就及产生的影响。

在中国,未来学校也称"3.0学校""全球好学校"。它是2012年首先发生于北京市海淀区公立学校——中关村三小的教育创新,代表了世界学校教育整体变革的中国方案。刘可钦在《大家三小:一所学校的变革与超越》一书中这样描述:"未来不是我们要去的地方,而是现在就要由我们来创造的地方。在当今时代,我们必须以前人不知道的方法教育孩子,以适应未来的方式准备我们的学校"。[7]

所谓3.0学校,是对全球学校发展形态进行的重新划分:1.0学校即农业时代的学校;2.0学校即工业时代的学校;3.0学校即未来时代的学校。所谓全球好学校,就是重新定义学习,重新定义教师,重新定义学校,构建多元学习关系的学校。3.0学校教育共同体框架及事项优先级:第一,有品质的教师(quality teachers),教师是学校教育品质的关键,也是做好教育公益的首要因素;第二,有爱、健康、可持续的家庭、学校和社区环境;第三,安全、环保的物理环境;第四,高期待的真实的学习课程、教与学,及表现评价的支持。

(二)"未来学校"的国内研究

2014年以后,我国有关未来学校的文章数量以倍速增长,研究内容多集中在小学和初中阶段,研究者一直较为关注"学习空间"与"课程体系"的变革。整体而言,未来学校从教育理念上强调个性化与开放共享;从学习空间上强调空间的融合性与智能化;从教与学的方式上强调服务于学生的个性化学习;从课程体系上聚焦学生核心素养与关键能力的发展,强调课程整合与个性化;从组织管理上强调精准化与开放性;从学习评价上强调全要素评价与多主体评价等,希望为后续的实践探索提供借鉴。[8]

祝智庭等(2018)通过全景式国际调研,通过对Alt School、可汗实验学校等新式科技学校,虚拟学校,STEM课程学校,达·芬奇学校,"野趣学习"学校和MTC学校等典型案例的分析,从教育理念、课程设置、教学组织、学习方式、学习空间、技术可为因素六个方面归纳各类未来学校的特征,并阐述未来学校采用的主要创新策略及成功设计模式。[9]朱永新(2019)的《未来学校:重新定义教育》是关于未来学校研究的扛鼎之作,他描述了未来学校的设想:未来的学习中心,没有固定的教室,每个房间都需要预约;没有以"校长室""行政楼"为中心的领导机构,表面上看更像今天北上广的创业孵化器;它可以在社区,也可以在大学校园,甚至在培训机构;没有统一的教材,全天候开放,没有周末、寒暑假,没有上学、放学的时间,也没有学制;教师是自主学习的指导者、陪伴者,一部分教师将变成自由职业者。[10]王毓珣等(2020)所著的《教育学视角下的未来学校》,立足于数字化时代背景,追述未来学校的兴起,前瞻性地对意蕴、教师、课程、教学、学习、课堂、评价和管理八个方面,从教育学特有的视角全面、系统地阐释了未来学校的学理与应然场景,归纳了未来学校的兴起及发展趋势与特点。[11]李永智(2021)主编的《窗外的未来学校运动——17位上海教师的美国教育信息化探寻之路》一书是上海市"教育信息化国际视野与创新发展专题研修班"的考察成果总结,分析了未来教育的创新方法和信息化运用的基本经验,关注未来学校建设在学习空间、学习方式、课程体系、教育技术和组织管理方面的协同创新,对未来学校的智慧化校园建设有一定的指导意义。[12]曹培杰(2021)采用国际比较法和案例分析法,对美国的HTH学校、瑞典的Vittra Telefonplan学校、法国的Ecole 42学校等典型案例进行分析,揭示了未来学校将从"批量生产"模式走向"私人订制"模式,通过空间、课程和技术的融合,为学生提供个性化的学习体验,并呈现出三大趋势:打破工厂车间式的教室布局,增加学习空间的开放性和灵活性,支持教师开展创造性的教学活动;倡导基于跨学科的项目式学习,构建融会贯通的课程体系;用互联网思维改造教育,拆除学校与外部社会之间的"墙",推动学校从三尺讲台走向无边界学习。[13]

综合各学者的观点来看,我国未来学校的特征主要包括四方面:第一,未来学校的建筑与空间特征。打破传统意义的教室概念,未来学校的建筑将提供无限可能性的互动式空间,把正式与非正式学习环境相融合,打造便于社交、研讨与分享的未来教室。第二,未来学校的课程特征。建立特色、多元、全面的课程体系,实行STEAM教育、艺术、体育课程的多元构建,培养学生的创新思维和解决实际问题的能力。第三,未来学校的学习方式特征。学生是教育的主体,而非教育的客体,改变传统的灌输式教学模式,利用合作学习、混合式学习、深度学习等转变学习方式,用新型学习方式和未来教师相结合,通过生活化的、游戏化的、社会化的学习,构建互动、高效的现代化课程。第四,未来学校的组织管理形态特征。未来学校必将打破僵化的教育体制,优化教育技术与组织形态,合理利用经费、精力投入,充分发挥教师、学生、管理人员的积极性、主动性和创造性。

(三)我国"未来学校"的改革实践

未来学校建设是新时代教育的重大命题,也是中国教育科学研究的崭新课题。中国教育科学研究院于2013年正式启动"中国未来学校创新计划",成立了未来学校实验室,以科学研究为基础,以培养创新人才为根本,利用信息化手段促进学校教育的结构性变革,推动空间、课程与技术的融合创新,为学校的整体创新提供理论引领和实践指导。该计划得到了各地中小学校的热烈响应和广泛支持,400多所学校组建了覆盖全国的"中国未来学校联盟",围绕学习环境、教学技术、教与学方式、学校组织管理、实施课程等五个方面,计划构建10所未来学校示范校、100所未来学校项目校和1 000所未来学校联盟校,开展分类实验和研究工作。2016年11月,第三届中国未来学校大会在深圳隆重召开,《中国未来学校白皮书》首次公开发布,郑重提出推行未来学校计划已势在必行,全面系统地描绘了未来学校的基本特征,并在此基础上重点阐释了中国未来学校计划的实践路径。[14]

继2016年发布《中国未来学校白皮书》之后,中国教育科学研究院未来学校实验室于2018年11月发布《中国未来学校2.0:概念框架》,对"学校""学习""课堂""学习路径"等核心概念进行了全面的审视,提出了新的理解。2020年1月10日,中国教育科学研究院未来学校实验室制定的《中国未来学校2.0创新计划》正式发布。其主要内容包括:明确未来学校的理念体系;开发未来学校的课程体系;探索智能时代的课堂形态;研制基于大数据的学生综合评价方式;构建未来教师能力框架;探索智能时代的未来学校治理模式;创建面向未来的学习空间;建设未来学校发展新生态。这些成果为我国2020年之后的未来学校建设明确了方向,提供了方法指南。

另外,2015年6月19日,北京师范大学发布了"2030中国未来乡村学校计划"。该计划立足于乡村学校,以彼得·圣吉系统变革的理论为指导,通过赋能于乡村教师和校长,帮助乡村校长具备系统变革的思维和领导力,以引领学校变革发展;帮助乡村教师提升主动创新精神和专业素养,以助力孩子创造自己的未来,帮助学校逐步形成内生性变革发展能力,最终推动乡村学校成为一个乐园———一个成就孩子更好地迈向未来生活的乐园。"2030中国未来乡村学校计划"规划了为期15年的"百千万工程":树立100所"2030计划"示范学校,打造1 000所成功变革的未来乡村学校,辐射10 000所乡村学校开启面向未来的变革,在实施过程中对中国亿万儿童青少年的健康成长发挥积极影响。

总之,我国目前关于未来学校的理论研究与实践探索主要以中央教育科研机构和一流师范院校为主,已经取得一定的成就,但是也存在着技术与教育关系的错位与失衡、未来学校与未来教育的混淆、未来学校的属性尚不明晰等问题。究其根源,在于学者们对未来学校的理念、认知依旧不足,在面向一线的实践方法上仍然存在欠缺,因此亟须加强对本土未来学校的具体研究。

三、我国乡村"未来学校"建设的多案例研究

杨东平在《农村小规模学校的价值和建设》一文中提出:"中国的学校教育必然要走向有根的教育、有机的教育、绿色的教育,这种改变很可能首先从农村开始,从小规模学校开始。如果我们真的在农村建立了一批具有现代性的小规模学校,它就有可能成为中国教育改革的创新模式,进而推广到城市,开展一场新的'农村包围城市'的教育现代化运动。"[15]因此,一所乡村学校,通过现代乡村学校的共建、共治、共享,应该成为这个乡村的教育中心、文化中心、卫生健康中心、信息中心,从而走出一条乡村振兴的教育之路。

目前,加入中国教育科学研究院"中国未来学校联盟"的学校已有400多所,但真正符合未来学校办学理念和特征的学校不多,尤其是乡村未来学校更是寥寥无几。为了更好地把握我国乡村未来学校的实践情况,本研究亦采用深度访谈法和参与式观察法,择取我国5所具有典型代表性的乡村未来学校,对其建设情况和发展特色进行深度挖掘,摸清学校发展的脉络、治理功能的现状、发展特色等,提供真实而生动的原生态材料,对研究观点进行佐证。

(一)北京怀柔:九渡河小学

九渡河小学地处怀柔区西南部九渡河镇境内,全镇面积180多平方千米,下设19个行政村,人口20 000多人。学校始建于1992年,目前服务于九渡河镇6个行政村和驻镇企事业单位的所有适龄儿童。学校占地面积12 000多平方米,建筑面积2 900多平方米,学校现有教师24人,现有6个教学班。2019年1月,与北京市十一学校实施一体化办学,正式更名为"北京十一学校九渡河小学"。北京市十一学校的教育理念是:围绕学生成长,立德树人,让学习真实发生,培养学生终身学习的能力。北京十一学校九渡河小学秉承总校办学理念,为建设一所具有"农"味、富有"乡"气、拥有"学"劲、真有"做"派的农村现代学校,培养一批具有乡土情怀、中国根脉、世界眼光的现代农村少年而努力奋斗。

九渡河小学原是一所山村小学,学校条件有限,教育资源不足。通过"嫁接"北京市十一学校的实践成果和办学理念,学校重构了灵活多变的学习空间,进行了班组群改革,开发了系列融入乡土特色的校本课程,建立了扁平化的治理架构,多元利益相关者共同参与学校治理,不断优化学校治理体系。在不改变原有师资的情况下,系统地进行组织变革,重塑学校文化与价值观,实现了管理模式的创新和学校治理方式的转型。

(二)江西赣州:潭口坳上小学

潭口坳上小学,位于江西省赣州市蓉江新区潭口镇坳上村。该村是江西省的省级贫困村,现有村民2 000人左右。赣州蓉江新区管委会与全球教育共同体进行全方位合作,实施建筑空间和信息化、乡村学校教育共同体建设等。从2018年秋季开始,通过三年的时间,把有着111位学生、13位教师的小规模乡村学校,打造成为乡村3.0学校,并成为坳上村的教育中心、文化中心、卫生健康中心、信息中心。

第一,项目式"真实的学习"。坳上小学作为乡村3.0试点学校,提倡真实的学习,项目学习就是一种真实的学习。真实的学习,就是让孩子在真实的学习情境中学习解决真实世界的问题,在完成真实世界任务的过程中习得知识、获得技能、丰富交往、形成品质。伴随着每周二下午上课铃声响起,项目学习开始。如"养蚕"项目,不仅让孩子们学习到了蚕宝宝形态变化的知识,还收获了亲近自然、珍爱生命的情感,更重要的是培养了学生认真与负责的工作态度以及敏锐的观察能力和持之以恒的毅力。如"包艾米果"活动,既让同学们继承并弘扬我国的传统地方特色饮食文化,又促进了家校、师生的沟通交流,增进了与邻家伙伴的友谊,增强了班级凝聚力,培养了同学们的团结协作精神,真正地做到将学校、家庭融合在一起,彼此了解,形成教育共同体。

第二,乡村家校合作教育模式。"家长开放日"的举办,不仅进一步加强了家校联系,构建了家校合作教育模式,让家长更好地了解学校日常教育教学管理和学生在校学习及生活情况,而且广泛听取家长对学校教育教学的意见和建议,既充分展示了学校的教学风采,又提升了学校教育教学管理水平。

总之,21世纪需要的知识、技能和品德,只有通过真实的学习才可能真正习得。而教师只有具备坚实的教学法知识和技能,拥有广博且深刻的学科知识,以及对学生发展多样性的深刻认识,才能够给予学生有意义的指导和反馈以支持学生更深度的学习,引导学生在真实的学习中感悟人生。

(三)贵州正安:田字格兴隆实验小学

"田字格"是一家专注于促进乡村教育公平的公益机构,自2010年成立以来,深耕资源最贫瘠的乡村,以乡村教育创新为内核,致力于促进乡村教育公平。2017年,"田字格"与贵州正安县教育局合作,北京大学社会学学士、海归硕士肖诗坚赴贵州山区,创办"田字格兴隆实验小学"并长期驻扎,在不断的实践和修正中,逐步创造出一套"属于农村、属于孩子"的教育理念和课程体系,探索出以"乡土·自然·人本·未来"为核心的"乡土人本教育"。[16]这所学校的乡村教育愿景,不是简单地"把好的师资带进来",也不是带孩子"走出大山、改变命运"。她要培养的孩子,首先是了解家乡、接受家乡甚至是为乡村骄傲的;他们对宇宙充满好奇,敬畏自然;对生命和未来充满渴望,是具有相当自主学习能力的人。

在遵守国家教育方针的前提下,"田字格"从中国乡村特点及乡村儿童需求出发,探索形成了一套有理念、有课程、有实践的乡村教育模式。田字格乡土人本教育以"立足乡土、敬爱自然、回归人本、走向未来"为培养目标,通过"5+1"课程体系,依托乡村丰富的乡土、自然、人文资源,培养学生坚毅、善良、合作、互助、担当等优良品格,让乡村子弟"走出大山能生存,留在大山能生活"。

在校园建设上,"田字格"也贯彻了乡土人本教育理念的四个维度,强调自然、乡土、以儿童为中心并着眼于儿童的未来发展,希望通过低成本、可复制、因地制宜的环境创设,让儿童拥有被尊重包容、自由自在的感受。最初的兴隆小学被高高的围墙与自然完全隔开,无法感受其中承载的乡村文化。"田字格"在接手学校后,针对这个问题进行了部分改造。如收集当地已被遗弃的老房子的木材,搭建了富有贵州特色的木质建筑——立人堂,连廊柱下的柱墩也有200年历史;校园里的石板台阶来自学校的前身——清代嘉庆年间的古庙,老师带领孩子们把古老的石块挖出来,铺在教学楼前,孩子们踩上去就能感受到历史、家乡、文化;将学校围墙打开,让孩子们可以通过通透的栅栏看到外界的风光。

不仅是"校园公共议事课",在兴隆实验小学,所有课程的教学过程都非常强调学生的主体地位、自我意识和自主体验,倡导跨学科、混龄研究性学习,强调合作,激发学生主动参与的意愿和学习兴趣。围绕"立足乡土、敬爱自然、回归人本、走向未来"的乡土人本教育理念,兴隆实验小学设计了"5+1"课程体系。"5"是指日修课、基础课、轴心课(生命、人本跨学科综合探究课程)、共同生活课、自修课等课程;"1"是指研学活动、兴隆大舞台、嘉年华等行动与分享环节。

从该校的教学实践可以看出,在兴隆实验小学小校小班的教育形态中,师生以天地为课堂,孩子在乡土中增长智慧,在解决村落问题中培养能力,在村落服务中养成责任与担当。由此案例可见,解决中国乡村教育的问题,不是要走城乡教育一体化的路,而是要走城乡教育差异化道路;我们要承认城乡差异,将差异转变为优势,围绕村庄特点展开乡土教育,以乡村教育带动乡村振兴。

(四)浙江淳安:富文乡中心小学

位于浙江省杭州市淳安县的茫茫大山里,拥有阁楼城堡造型、五彩斑斓的校舍,采用1:6师生比打造的全科包班制的小班授课模式,执行以生活教育为宗旨的课程……富文乡中心小学不仅被评为"最美乡村学校",更被看作中国乡村学校走向未来学校的一种积极探索。富文乡中心小学在2016年被列为杭州市农村小规模学校整体提升综合改革首家试点学校后,通过校园功能改造提升、线上学习资源建设、全科教师培养、综合主题课程实施、学习型家校社区建设、贫困学生健康成长资助等六大举措的整体实施,已基本形成了具备未来教育特征的乡村学校样态。

第一,学习的时间和空间限制被彻底打破。学生可以不受时空的限制,进入任何领域,选择任何层次,按照自己的兴趣和需要安排学习节奏和进度。标准教室加综合专用教室适合学生学科学习和项目学习,公共空间的设计让学习时间弹性化,混龄学习时时处处可以发生。第二,个性化的学生成长支持体系得以构建。小班制的全科包班教师让师生之间的互动更加亲密,对学生身心健康、情绪情感的高度关注,以身心健康为核心的评价方式重构,充分保障了对学生个性化成长的支持。第三,以学习者为中心成为可能。彻底实现从"以教定学"向"以学定教"的转变,学生可以自主选择并被有效推送符合其自身特点的学习内容。

总之,富文乡中心小学的改革与实践,不仅体现了教育脱贫攻坚的价值,更体现了乡村未来学校建设的前瞻性和可塑性。学校自2019年2月20日投入使用后,在实践中逐步积累教育教学经验,使乡村学校能够迅速缩短跟城市学校的差距。富文乡中心小学的发展是一项实现乡村教育"换道超车"的教育改革探索工程,希望通过它走出一条中国乡村教育的新路径。

(五)湖北五峰:天问·长乐坪乡村教育综合体

长乐坪中小学地处湖北省宜昌市五峰县中部,受地域、自然条件等因素制约,有着70多年办学历史的学校发展遭遇瓶颈。随着乡村振兴的深入推进,历经岁月沧桑的学校迎来了新的机遇。天问教育集团于2019年4月启动教育助力乡村振兴试验区项目,在长乐坪打造"四位一体"乡村教育综合体:公益托管+研学基地+网教培训+避暑康养。从此"四场"同频共振,乡村教育能量满满、蓬勃发展,以人才为支点,固本铸魂,推动乡村振兴。

第一,教育托管,乡村振兴的"动能场"。托管以来,天问团队与长乐团队相融,将"求索"精神植根长乐文化中,为学校发展提供了无限可能;同时将新课程、工具源源输入长乐教育,孕育了无限春色;加快课堂革新,力求高效优质,为学生的终身发展提供了无限空间。师生在行动中变化:精彩纷呈的课程馆、不一样的教师培训模式、未来味道的教与学方式……自主教育逐步落地生根。教育扶贫"斩断"了贫困的代际传递,为乡村教育培育了"动能场"。第二,研学旅行,乡村振兴的"磁吸场"。天问书院研学基地依托当地浓郁的土家文化、丰富的自然生态资源,围绕国家提出的关键能力与核心素养教育目标,从土家民俗文化、自然生态资源、生活实践劳动三大板块设计了10大课程馆,开发了50多项课程。生活即学习、生命即成长、生存即共进、世界即学校。天问书院带着学生走进自然,走向社会,在行中学、行中思、行中悟,在快乐的旅行中开阔眼界、增长见识、勇于探索、全面发展。天问教育集团着力把研学旅行平台做成"生活·实践"教育的全国品牌,全国有特色的研学及劳动基地,为土家山寨吸引人流,聚集人气,成为乡村振兴的"磁吸场"。第三,康养培训,乡村振兴的"活力场"。计划投资4.3亿元,占地150亩的长乐小镇避暑康养项目开工在即。该项目定位文化社群,营造文化社区,为教育界、文化界人士提供宜居宜养的归属地,同时为长乐教育研学营地带来优质的资源,以此为教育输入新活力,为人带来新的眼界和格局,成为乡村振兴的"活力场"。第四,天问网教,乡村振兴的"资源场"。天问网教公司在长乐坪注册,线上线下深度融合,惠及2万余名偏远地区的学习者,让他们享受公平、优质的教育。对于资源相对贫瘠的农村地区,网络成了优质教育的"资源场"。校、营、镇三者互促互动,人流、物流、资源流汇聚;"动能场""磁吸场""活力场""资源场"四场共振,赋能乡村振兴。

通过对国内5所乡村未来学校的多案例研究,我们发现我国乡村未来学校已进行了有效的探索与实践,证实了在中国乡村建设成功未来学校大有可能,中国乡村未来学校极具发展前景。从它们的发展历程和现状来看,与乡村相融的校园环境、具有乡村特色的校本课程、具备先进教学理念的教师队伍、现代化的学校治理方式是保证乡村学校发展的关键要素。乡村未来学校建设和奋斗的目标应该是"小而美、小而优",其定位应该是现代乡村社区的"庙堂",成为乡村的公共教育中心、文化中心、卫生健康中心、体育中心和信息中心,如此才能为乡村振兴提供系统的解决路径和抓手。其未来的发展与变革重点体现为:一是扎根本土,乡村未来学校的生长点在于乡村文化与社区的联系,充分利用山海田园和乡村文化资源,使学生在自然、乡土和社区中涵养生机,培育自我成长的力量;二是面向未来,在真实场景中构建"班组群"等多元形式展开深度学习的跨学科未来课程,颠覆传统的班级制,重点培养学生终身发展所需的学习、应用、创新和实践能力;三是关注学生的学习体验,为学生"真实的学习"营造更加系统和个性化的体验式环境支持,为学生提供情境化、社交化、个性化和终身化的学习方式。

四、我国乡村未来学校建设的有效方略

从未来教育的视野对乡村学校的发展进行审视,乡村未来学校应该走一条基于教育综合改革的弯道超车之路,使学校的价值导向、设计理念和服务内容都能够适应未来社会对人才培养的要求。我国乡村未来学校的建设可从学校的教育理念和建筑设计开始,覆盖学校教育共同体的全生态,提供全新的学校教育实践和服务。

（一）建设具备多层次未来形态的乡村学校

1. 本体学校

构建一个根植于社区的学校物理建筑空间、多样的学习关系和真实的学习生态大课程。在本体学校的空间中，实施并不断改进3.0学校管理和运营，以促进学生的健康成长、教师的职业发展、家庭和社区的和谐共处。在学校最重要的是学习与人相处之道，教师是学习关系的构建者。真实的学习生态大课程为这样的学习关系提供实质内容和意义。为此，在学校空间上，可以设计基于多维学习关系构建的"三室一厅一卫"和六大学科群创新学习空间，让学习发生在足迹所至之处。在学校的运营管理上，实现教师部、学生部、课程部、校务部、发展部等职能部门与校中校和班组群等的3.0阿米巴（Amoeba）和学校矩阵式管理。

2. 数码学校

构建一个动态的数码学习空间，为教与学提供技术和资源支持，为学校教育共同体中的每一位成员提供方便工作、学习、生活的教育空间。这一空间包括基于实证的数据采集分析反馈系统、基于BIM和GIS的CPS系统、基于全球教育共同体的评价系统、基于区块链和信托机制的数字资产经营系统，构建一体化的管理平台，一体化解决学校办公、安全、教与学、学生、学习及学习资源、协同合作等学校管理和服务需求。

3. 云学校

构建一个无极的教育空间，延展学校与社会对接的半径，引导学生运用最新技术手段持续探索未来和未知世界，同时为学校教育共同体中的每一位成员提供N维的学习途径和资源。云学校是一个基于网络和大数据背景对教师教和学生学提供真正支撑的互动平台，可以连接不同的资源和学校，在全球化背景下使各国孩子成为邻家小孩一起学习。

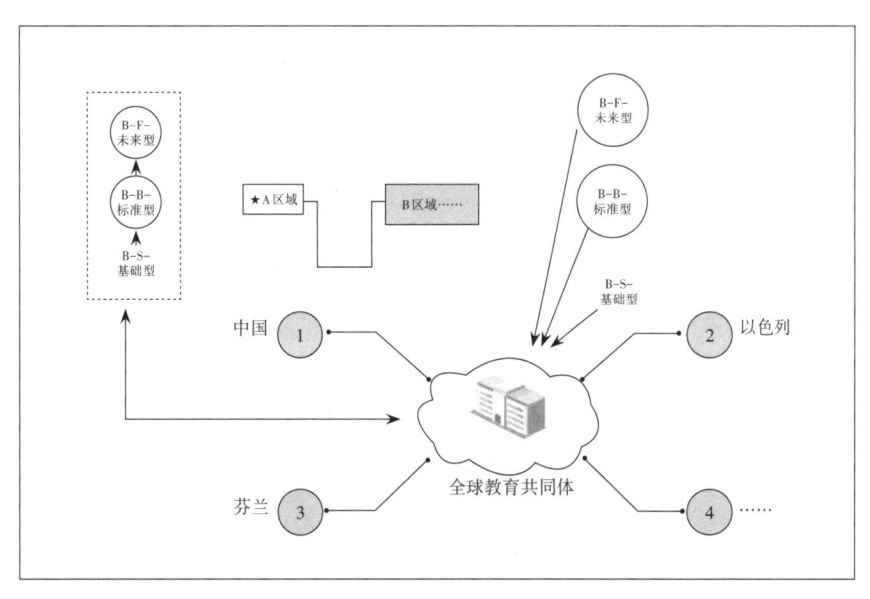

图1　乡村未来学校中的"云学校"形态示意图

(二)明确乡村未来学校的建设标准,开展专业认证

1.明确乡村未来学校的建设标准

本体学校、数码学校和云学校的建设标准,分基础型、标准型和未来型三个层次。第一,基础型乡村3.0学校,是以有限的投入,达成未来学校的核心理念;第二,标准型乡村3.0学校,是以适中的规格,实现未来学校的标准品质;第三,未来型乡村3.0学校,是以顶尖的配置,提前布局未来学校的可期未来。

2.开展乡村未来学校的专业认证

乡村未来学校的专业认证包括:3.0学校认证标识,用于为3.0学校提供整体的专业认证和授权,并展现所认证学校在全球的区域跨度;建设标准认证标识,用于认证学校建筑的生态水平、建筑设计与工程、环境设计等学校建设相关情况;数码学校、云学校认证标识,用于认证学校的人、物、事、空间的直接和互动的实证数据采集、分析、分享、反馈、管理,及价值的赋予、发展和共享;运营管理标准认证标识,用于认证学校的学习组织、学生发展、教师发展、课程发展、学校生态、学校气候的构建、运营和管理等。

(三)提供乡村未来学校的整体解决方案

1.打造社区的中心和乡村的庙堂

乡村未来学校是乡村和社区的庙堂,是乡村和社区学习生态的营造者。现代化学校的场地、设施、服务等都应该与社区共享,乡村未来学校不仅要成为孩子们的学校,更可以成为乡村和社区的全体成员全生命周期的教育中心、文化中心、科创中心、体育中心、健康中心,还有信息中心。

2.学校教育共同体生态和气候的解决方案

"学校组织气候"这一概念的引入,关注人的主观感受,作为改进学校教育质量、推动教育人本化改革与发展的重要手段,被全球众多学者关注。[17]乡村未来学校是根植于自然和社会生态的学校,需要重视学校教育共同体中每一位个体发展的福祉,谋划基于整体学校生态和气候的可持续发展。

第一,建立家校共同发展委员会。委员会可采用轮值主席制,委员可由家长、学校教师、社区和社会机构代表共同担任。家长和社会机构作为学校治理的主体成员参与学校建设,共享智慧,发挥彼此的优势,建立合作的伙伴关系,促进家长与学生的共同成长。

第二,3.0阿米巴和学校矩阵式管理。3.0阿米巴是通过变革学校的组织生态,将学校重构为基于校中校和班组群的多样阿米巴。各个阿米巴为相对独立的教育功能体,被赋予一定的管理权和责任,它们根据学校的使命、责任和标准,制定自己的工作目标、计划、方案。每一个个体和各样的阿米巴团队的系统、明确的责任划分,是核心。通过这样的组织和责任的重构,让每一位一线的教师和员工都能成为主角,成为责任担当者。由此,乡村未来学校的管理从传统学校的金字塔式管理,变为积极主动的矩阵式管理,形成负责任、有担当的管理和运营模式。

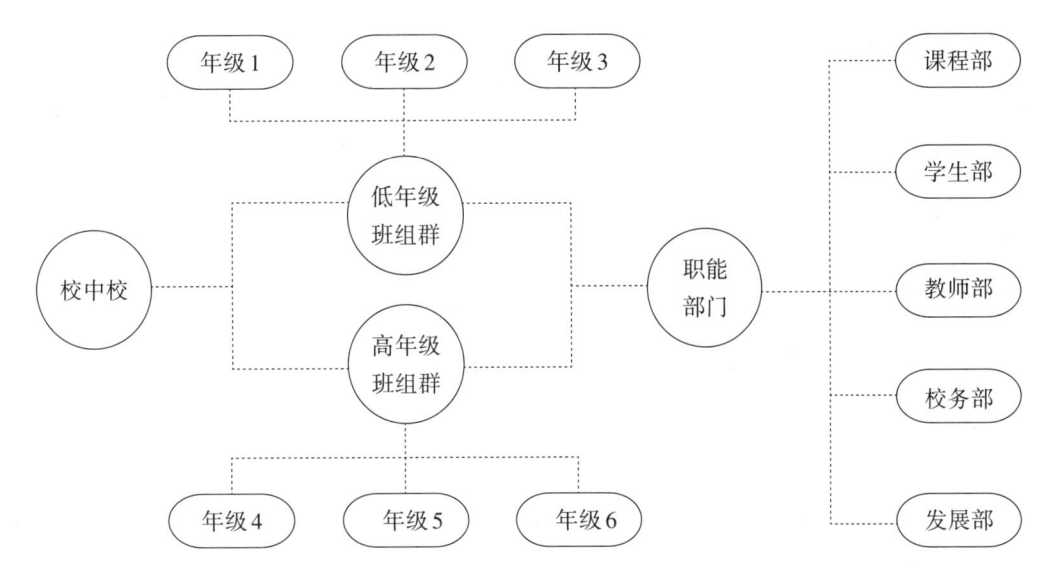

图2 乡村未来学校中的"阿米巴"和矩阵式管理示意图

3.课程发展的解决方案

在满足国家课程要求的基础上,基于语言社科、数学科学工程、金融商科、表演艺术、视觉艺术、积极身体活动等六大类课程群组织课程的学科生态,学科定标,责任到人,包学到组,协调在校,以科学的教法和学法实践真实的学习生态大课程和表现性评价,突破世界性工业社会2.0学校课程的局限。"真实的学习"既是3.0学校课程设计的价值取向,又是课程实施的实践主线。为此,我们可以创设"班组群、板块学时"以改造课程实施的时空结构,营造"有问题、有互动"的课堂实施氛围,生成"真实任务设计、学习支持和学习评价"三个课程实施的教师抓手。

4.教师发展的解决方案

目前,无论是联合国教科文组织还是大学机构,都没有明确指出好的教师是什么样的。为此,我们提出了"全球好教师"的定义[第一是关系(relationships),第二是高期待(high expectations),第三是学生的声音(student's voice)],为教师发展提供导航。全发展周期的教师专业支持可采取以下措施:通过联合全球品质专业第三方机构给予教师职业生涯全发展周期的支持;通过多元合作专业研修活动促进教师专业能力发展;通过3.0阿米巴矩阵式管理激发教师领导力;通过全周期的管理平台构建教师发展长效机制。

5.学生发展的解决方案

未来的社会,是马克思《资本论》中所述的"自由人(free beings)价值共享"的社会。3.0学校引导学生养成"行有矩、行同规、心自由"的积极行为,助力学生成为"受欢迎、有能力、有担当"的自由人。同时,3.0学校培养学生的五大核心素养,即遵守多文化感知的公共场合个人积极行为的能力;获得语言、数学、科学、工程、技术、金融、法律、语言和艺术、健康生活方式等的知识和技能的能力;基于知识和证据提出问题和调查的能力,认识自己与他人看法异同的能力,与多样他人进行有效交流沟通的能力;团队协作采取行动改善创新的能力;追求包容、规则、公正的能力。积极行为养成的五大核心价值为安全、尊重、责任、规则、合作。我们应构建学校教育共同体积极行为养成和支持系统,因为学生的行为问题是行为个体及其所处环境的文化价值观、交往模式、教育期望和教育行为等相互作用、相互维持的立体动态的现象和结果。在应对问题行为的过程中,学校、家庭、社区、专业机构等应形成多方合力,落实积极行为支持实践,形成一个多方支持的生态行为系统。

结语

在新的人工智能时代,技术的革新重新界定了教育的发展趋势,经济的发展对人才提出了更全面的要求。面对考验,乡村未来学校无疑是中国乡村教育面向现代化、面向世界、面向未来,实现改革升级的有效解决方案。乡村未来学校建设是一项内外兼重的系统工程,意味着学习方式、课程体系、学习空间、教育技术等多方面的协同创新。乡村未来学校的智慧不仅体现于技术理性的闪耀,更体现于价值理性的绽放。未来已来,乡村未来学校立足于过去和现在的"肩膀"上,将有无限的发展可能。

参考文献

[1] 陶行知.陶行知 中国教育改造[M].长春:吉林出版集团股份有限公司,2017.

[2] 梁漱溟.乡村建设理论[M].上海:上海人民出版社,2011.

[3] 晏阳初.平民教育与乡村建设运动[M].北京:商务印书馆,2014.

[4] 黄炎培.职业教育论[M].北京:商务印书馆,2019.

[5] 经济合作与发展组织.面向未来的学校[M].李昕,曹娟,译.北京:教育科学出版社,2009.

[6] 逯行,王欢欢,刘梦彧.数字经济时代的学校教育模式如何转型?——《未来学校:为第四次工业革命定义新的教育模式》报告的解读[J].现代教育技术,2021(3):42-49.

[7] 刘可钦,等.大家三小:一所学校的变革与超越[M].北京:中国人民大学出版社,2018.

[8] 鲍婷婷.我国近十年未来学校研究热点——基于CNKI期刊文献的可视化分析与内容分析[J].开放学习研究,2021(2):54-62.

[9] 祝智庭,管珏琪,丁振月.未来学校已来:国际基础教育创新变革透视[J].中国教育学刊,2018(9):57-67.

[10] 朱永新.未来学校:重新定义教育[M].北京:中信出版社,2019.

[11] 王毓珣,等.教育学视角下的未来学校[M].上海:华东师范大学出版社,2020.

[12] 李永智.窗外的未来学校运动——17位上海教师的美国教育信息化探寻之路[M].上海:上海教育出版社,2021.

[13] 曹培杰.未来学校变革:国际经验与案例研究[J].电化教育研究,2018(11):114-119.

[14]《中国未来学校白皮书》节选[J].教育科学论坛,2017(14):3-4.

[15]杨东平.农村小规模学校的价值和建设[J].当代教育家,2016(2):77.

[16]肖诗坚.大山里的未来学校[M].北京:人民日报出版社,2021.

[17]莫兰,张诗亚.学校组织气候研究的全球视野与中国框架[J].复旦教育论坛,2021(5).

How Can the Construction of "Future School" be Possible in Rural China Conceptually and Practically

Mo lan[1], Li wei[2]

(1.College of Education, Southwest University, Chongqing 400715, China; 2.Department of Education, Huanggang Normal University, Huanggang 438000, China)

Abstract: Rural education is an important fulcrum of the rural revitalization Strategy. To completely change the current shrinking pattern of rural education, building rural future schools is an effective solution. Looking back on the exploration and development history of rural schools in China, we find that the future of rural schools lies in the combination with the trend of the times, national needs and local culture. In the different expressions of the global context and the Chinese context, the future school construction presents a brilliant picture. At present, domestic educational research institutions and normal universities have made some theoretical research and practical exploration on the future school, but there are also some problems, such as the dislocation and imbalance of the relationship between technology and education, and the unclear definition of the future school. Based on the analysis of Jiuduhe primary school in Huairou District, Beijing; Aoshang primary school in Tankou County, Jiangxi; Tianzige Xinglong Experimental Primary School in Zheng'an County, Guizhou; Fuwen Township Primary School in Chun'an County, Zhejiang; and Tianwen-Changleping rural education complex in Wufen County, Hubei, the multi-case analysis of five typical "future schools" summarizes the school running experience and shortcomings, and defines the basic characteristics and development trend of rural future schools. Finally, the paper puts forward an effective strategy for the construction of rural future schools in China: building rural schools with multi-level future forms; defining the construction standards of rural future schools and carrying out professional certification; providing the overall solution for future rural schools from five aspects: community construction, school climate, curriculum construction, teacher development and student development.

Key words: rural revitalization; future school; 3.0 schools; educational ideal; educational practice

未来学校之功能、结构与美感

钱海燕 张 萌

(香港教育大学 教育政策与领导学系,香港 999077)

摘要 世界风云变幻,面对诸多未知,很难描绘未来学校的具体面貌,但我们可以从不同的视角出发,去思考、畅想和重构未来学校。本文从未来如何与现实更好地联结出发,用建筑物三要素作为类比,提供了一种想象未来学校的视角和框架。从"好的建筑物应该具备哪些要素"到"一个可以应对未知环境的未来学校要具备哪些要素",再到"带领学校走向未来的领导者要具备什么素质",本文最终归纳出了三点未来学校治理的可能方向。

关键词 未来学校;学校领导;功能;结构;美感

在构思撰写本文之际,正是香港疫情肆虐的高峰期,香港教育局宣布将暑假提前至春天,大众一片哗然。自疫情在全球暴发以来,社会及学校间歇性停摆,这些挑战和不确定性带给我们很多反思。正如 Dov Seidman 所说:"当我们按下电脑的暂停键时,机器会停止。但人类不一样,当我们给人类社会按下暂停键时,人们反而会开始动起来,人们会开始重新思考,重新想象。"[1]近两年,"重新想象教育"(reimagining education)成为一个热门词汇。疫情让我们深刻感受到未来的多变性、不可预测性,甚至今日不知明日事。那么,我们应怎么去把握未来?怎么去畅想未来学校、治理未来学校呢?这些问题已然成为国际关注的焦点。

在全球刚刚遭遇新冠疫情挑战的2020年,经济合作与发展组织(OECD)曾针对"未来学校是什么样的"这一问题,出台报告《回到教育的未来:OECD关于学校教育的四种图景》。报告重构了四种未来学校教育的图景(scenario):学校教育扩展(schooling extended);教育外包(education outsourced);学校作为学习中心(schools as learning hubs);随时随地无边界学习(learn-as-you-go)。[2]诚如OECD所说,选用"图景"一词,意味着"通向未来的道路不仅是一条,而是很多条"[3]。谈及未来学校,似乎总绕不开人工智能、虚拟现实等高科技会给教育带来的种种变化,而忽视了这可能只是关于未来的一种情形,而非全部。更重要的是,未来固然是不确定的,但这并不意味着全然无序、重新洗牌。对未来教育的诸多想象,应当有所"变",亦有所"不变"。治理未来教育、建设未来学校,不能割裂教育的过去和现在,应当更好地在两者之间建立联结,尤其要在现实的基础上想象未来,促进未来与现实对话。

作者简介:钱海燕,香港教育大学刘銮雄慈善基金亚太领导与变革研究中心总监,香港教育大学教育政策与领导学系副教授;张萌,香港教育大学教育政策与领导学系博士研究生。

想象未来可以有很多方式、诸多角度,最为常见的是从科技发展的角度出发,将信息技术、人工智能等融入学校教育,助力学校治理。本文则受启于建筑物三要素(即结构、功能、美感),尝试从这一角度出发,分析未来学校建构的可能图景,尤其关注未来学校建设中,教育从过去到现在,乃至未来,那些"不变"的核心要素。正如学者 Mulford 所提出的那样,在充满未知变化的世界里,更需要有"能应对变革的稳定性"(stability for change)。对于学校而言,"能活下来不是要预测变化(降雨),而是靠建造方舟。在未知的、不断变化的环境中,学校需要建造包含集体学习能力的方舟,努力成为专业学习者的社群"[4]。而这个建造方舟、带领学校走出迷雾的人便是学校领导者。倘若学校领导者能"做正确的事"(do the right thing)以及"做下一件正确的事"(do the next right thing),就能带领学校在变化中立于不败。本文从分析建筑物三要素出发,继而探讨未来学校的核心要素,并对学校领导者这一关键人物在未来学校治理中需要承担何种角色进行了展望。最终,本文提出了一些未来学校治理的可能方向。

一、建筑物三要素:Bredeson 的框架

《为学习而设计:学校专业发展的新建筑》一书的作者 Paul Bredeson 教授说:"我经常站在我们学校(Wisconsin-Madison 大学)12 楼的办公室眺望校园,看着大小和形态各异的学校建筑物,会忍不住思考,在这样一个学习环境里,建筑设计和学习设计之间的联系是什么?"[5]我们花费大量的资源去构建实体建筑,又花了多少心思去思考如何利用这些建筑去创造更多的教与学的空间? 建筑设计通常是将一些常见的原材料(水泥、木料、玻璃等)用独一无二的方式创造性地组合在一起、呈现出来。与之相似,学习设计也需要将一些熟悉的元素用艺术性的方式重新组合,或将"熟悉的东西陌生化"(make the familiar strange),尝试用新的方式去重新想象和设计。以建筑物为比喻(metaphor),Paul Bredeson 教授曾提出优秀建筑物必备的三个要素[6][7]:

• 功能(function)。功能体现的是如何回应使用者的需求和利益。任何建筑师在承接一个项目之前,首先要知道客户的需求是什么,也就是说这个建筑物是做什么用的,是教堂、博物馆还是运动场所? Paul Bredeson 教授认为,功能必须符合使用者的需求、兴趣和目的。[8]因此,在设计时要先考虑建筑物的适用对象,考虑他们的需求。同时亦要考虑如何使建筑物满足用户的需求,即与目的相契合。

• 结构(structure)。结构是建筑物中具体的、可见的部分,结构设计需要将原材料、内容、方法等汇聚起来以满足客户的需求。结构属于具体考虑范畴,用以落实功能并使目的能够有效地呈现,结构与功能互相关联。如果一个建筑物没有明确的目的,没有充分考虑用户的需求,其结构通常也是松散的,空有时髦花哨的个别角落,而缺乏内在联结。

• 美感(beauty)。很多优秀的建筑物,如悉尼歌剧院、华盛顿的杰斐逊纪念堂,它们给人的美感是显而易见的。建筑物的美,本就是精心设计和建造后的、可期盼的结果。[9]美感是对各种材料和元素的艺术性安排和呈现,可以为人们创设更多的想象空间。

在Paul Bredeson教授[10]看来,以上三个要素组成稳固的三角关系(如图1),对于建筑物而言,以上要素三位一体,缺一不可。

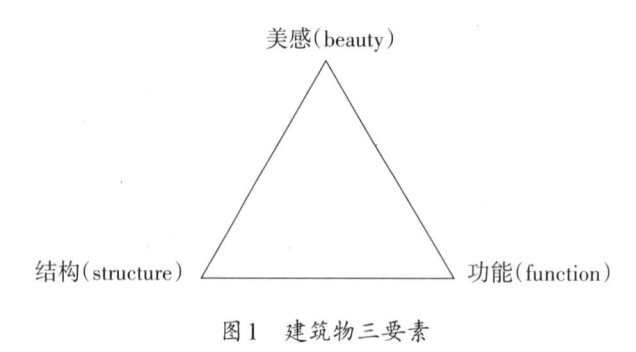

图1 建筑物三要素

未来学校建设亦是如此。一所好的学校,也需要艺术性的设计、结构性的安排,以满足学生、教师、校长以及学校所服务社群等多个主体的需求,并且给人以美的体验。下面我们就根据这一框架,一一探讨功能、结构和美感对于未来学校而言意味着什么。

二、未来学校治理需要关注的核心要素

未来学校治理也是应对不断变化的内外形势,建设优质学校的过程。功能、结构与美感是建筑物的三个基本元素。那对于未来学校而言,其建筑核心是什么呢?基于类比分析,本文提出,学习者(即学生)的需求、教与学的组合和呈现方式,以及生命成长之美,是体现未来学校治理之功能、结构、美感的三大核心要素。

(一)功能——学习者的需求

功能要回应的问题是:此建筑物为谁而建?是为设计师而建,还是为使用该建筑物的人而建?去年,有一期建筑师真人秀《梦想改造家》引起热议,某设计师受托为西部某省的一位老汉改造房屋,老人家明确表示希望打造一个温暖又兼具现代风格的家,这样他在外工作的儿女们逢年过节就更愿意回家团聚。他甚至将设计师带到一栋欧式风格别墅的乡亲家,告诉设计师他想要的改造效果。可设计师在改造过程中,依旧遵从他自己心目中对黄土地环境中现代别墅应该是怎样的这一想象,而非委托人的需求。最后呈现的作品与老人家最初的期望大相径庭。诚然,建筑设计师具备普通人没有的专业知识和技能,但一个优秀设计师的首要能力是能够倾听、了解和回应客户的需求、兴趣和喜好。[11]否则,再好的设计也只能是无的放矢、流于形式。

那对于学校而言,谁是客户?谁的需求应当被倾听、被满足?学生、教师、校长以及学校所服务的社群都是客户,其中,最终极、最核心的客户还是学生。学校的根本目的在于促进学习者的学习。因而,未来学校需要尽可能地满足不同学习者的需求。而学习者的需求往往是不同的,正如Teneva所言,教育应与生活紧密联系。[12]但每个人的生活都不尽相同,因而,整齐划一的教育不可能体现每

个个体的独特生活经验,从而满足其不同的学习需求。Borell也提出,教育应考虑每个学生的需要并为之提供相应的教材等支持,以满足其发展所需。[13]因而,为了有效实现促进学生发展这一功能,在建设和治理未来学校时,一定既要考虑学生的整体需求,又要考虑学生的差异化需求,兼顾个别学生的特殊需求,尽力做到因材施教。

此处以香港资深校长林浣心为例,分析其建设学校的经验。林校长在一所女校(协恩小学)任职多年后,应邀去一所男校(英华小学)做校长。入职前,她就提醒自己不可以照搬她在协恩小学的治校经验,她觉得自己应该对男孩多一些了解,然后才能更好地出台学校规章、发展校本课程。因此,她通过多种渠道收集信息,比如阅读James Dobson博士撰写的《塑造好男孩》一书,以了解男孩的性格。她还特意去观察校车到校后男孩们如何下车、进校等,更进一步了解到男孩好动、好玩、喜欢跑跑跳跳等风格。入职初期,林校长用乐高搭建了一个非常威风的航空母舰信箱,鼓励男孩们给她写信以增加彼此间的了解和沟通。可正如她后来在演讲中经常提到的那样,不到一个星期,航空母舰上的大炮就不见了。再过段时间,整个航空母舰便支离破碎了。面对这样一群好动、好玩、爱冒险的男孩子,结合自己的观察、思考,她与学校团队一起打造了满足男孩特点和好奇心的校本课程,增加了很多让男孩动手探索的元素,设置了不同的学习主题,每年选择一个主题,天马行空、放飞想象,让男孩们能融入其中。

可见,性别差异会使得学生有不同的需求和学习兴趣,但性别差异只是学生个体差异的一个方面而已。在很多演讲中,林校长也经常拷问听众一个问题:如果说传统的学校太过于讲规矩,并非为好动的男孩们而打造,那么我们多数学校又是不是真的为小朋友而设计的呢?我们在设计学校或安排课程的时候,有没有真正从小朋友的角度出发呢?如果没有,那么我们就忽略了未来学校治理的第一个要素——功能。学校的首要功能便是要满足客户,尤其是学生的需求,如果教育工作者是建筑设计师,那么他们就需要去了解学生、倾听学生,尽力满足学生的需求,从学生的角度出发设计学校的教与学,而非将自身的喜好强加于学生身上。

在目前的学校实践中,人们经常容易忽视的一个核心问题便是学习者的需求。很多学校选择臣服于方便原则,用一些现成的材料,选择权宜之计(如迎合家长或公众对学生考试成绩的追求等),从而导致学校在课程、教学及评估等方面有一些自相矛盾或"昙花一现"的安排。[14]倘若能从"学生需求"这一根本目的出发,学校建设将会更有意义。需要注意的是,虽然学生需求存在差异,教育工作者也确实需要照顾学生的不同需求,但这并不否认统一化教学的开展,依然有一些基本的、共同的教育目的供教师和学校管理者参考,否则多样化将变成无序,教育工作者将无所适从。至于未来学校需要培养怎样的学生,我们从国际报告中可以洞见一二。如《OECD学习指南2030》中提出,学习要让学习者在陌生的环境中自定航向,形成强大的适应能力和变革能力,以发展创造新价值、协调矛盾困境、承担责任这三项变革型素养(transformative competence)。[15]为了实现这样的愿景,需要关注学生在以下三个重要范畴的发展:1)知识:学科知识、跨学科知识、认识论知识、程序性知识;2)技能:认知与后设认知能力、社会与情绪能力、身体与实际能力;3)态度与价值观:个人的、当地的、社会的以及全球性的。[16]

除以上报告,其他国际组织和不同国家也出台了相关政策,规定学生的核心素养,提出对未来学生培养的期待。而这些都为我们畅想未来学校、治理未来教育提供了重要参考。未来学校建设和治理或许有许多重要举措,但都要着眼于能否培养学生的关键能力和核心素养。这一功能的实现,是未来学校空间设计、课程安排、资源调配、教学管理等工作开展的基础。

(二)结构——教与学的组合和呈现方式

结构属于具体层面的考虑,用以落实建筑物的功能并使目的能够有效实现。结构可以将一些不同的原料进行组合,用以满足使用者的需求。[17]Paul Bredeson教授特别强调结构和功能的紧密结合,只有服务于目的,结构设计才有意义。比如,人们如果想要建造一个博物馆,那就要在结构上体现博物馆的功能,如配以相应的空间设计、光照条件等,以呈现最佳的展览效果。正如上文所提到的《梦想改造家》案例,其中广受议论的一点便是委托人期望打造一个能够容纳全家20多人进行欢聚的餐厅,可最后呈现的场所根本无法容纳这么多人,厨房更是非常狭小,在空间设计上无法实现家人欢聚这一目的。另外,设计师采用红砖搭建房屋,整体感觉不够明亮、温暖,甚至有些冰冷,被网友们吐槽为"毛坯房"。所以说,该期房屋改造在原材料的选用和结构设计上没能营造出温暖舒适的家庭氛围,与初始目的相差甚远。

未来学校空间设计亦是如此,比如为了体现未来教育开放性的特点,设置灵活、开放的学习空间;为了满足学生深度学习的需求,设计交互式的智慧学习系统;为了满足多样化的学习需求,开发智能学习系统;为了适应泛在学习特点,创立跨边界、无边界的学习环境。为了功能的实现,学校空间设计可以千变万化。但需要注意的是,学校空间安排固然必不可少,但未来学校治理中,形态多样、充满新意的硬件建设并非核心,再好的硬件、再先进的技术都需要软实力的填充和支持,这才是促进学校无惧风雨、持久存在、稳固发展的核心。在建筑语言中,结构(structure)一词对应的拉丁文是"firmitas",该词本身就有结构稳固(stability)的意味。稳固则是为了持久(endurability),如何在未来学校建设方面实现较为持久的功能呢?维系学校稳定发展的软实力是什么呢?其中一点便是教与学的活动设计。学校的存在是为了促进学生学习,但学生在校上学并不必然意味着发生了"真正的学习"(schooling is not learning)。[18]世界银行的一份报告曾经总结了可能阻碍学习发生的四种原因:学生没有为学习做准备、教师欠缺教学技巧以及没有鼓励学生学习、学校资源未能有效促进教与学、学校管理未能促进教与学。

面对以上潜在问题,未来学校治理可以从结构入手进行改善,其中一个可供参考的举措便是将学校打造成为学习型组织(learning organization),密切围绕如何促进"教"与"学"运转,学校各项工作都服务于学生学习的真正发生。彼得·圣吉在讨论学习型组织时发现了一个有趣的现象,单词"整体"(whole)与"健康"(health)词根相同,都是古英文里的"hal"。[19]在他看来,一个学习型组织如同一个健康的人体一样,是一个环环相扣、内部结构相通的整体。对于学校而言,其内部的诸多政策、规则、实践举措,如教与学的方式、学生评价、教师专业学习等都应围绕学习者的真正有效学习进行合理安排,使得各部分紧密扣连、相互呼应。

以香港天水围循道卫理小学为例,该小学是香港一所服务于基层孩子的普通学校。近年来,学校提倡价值观教育,但学校也明白价值观不能通过记忆、背诵或考试来强化,需要特别的设计和铺排。于是学校专门设计了"童创耆老"课程,旨在实现以下三个主要目的:1)建立同理心;2)回馈社会需要;3)有目标的自主学习。与以上目标相对应,课程遵循三个主要的设计思路:1)让孩子们学习与"老友记"(即老年人)相处,了解别人的需要;2)生活情境解难(Maker设计思维);3)送给老年人独特的小礼物。为了实现第一个目的(即建立同理心),学校又安排了一系列活动,如"五感体验"活动,让孩子们体验老年人听觉减弱、视觉模糊、味觉不敏锐等感受;设置"长幼同乐日",让孩子们拜访养老院,与老年人近距离沟通、接触。在此基础上,学校引入"技巧课体验"活动,让孩子们学习一些木工与机械、烹饪与料理、缝纫与编织、IT与编程等基本知识,以提升他们的生活技能。同时,孩子们也要学习财政预算等相关知识,控制他们为老年人制作小礼物的成本。最后,通过"做中学",使每个小组都能运用所学的基本技能,为老年人设计手杖、杯套等日常生活物品,通过有目标的自主学习增强学生回馈社会的本领。

由此可见,对于未来学校而言,除了优化学校空间构造、融入先进的科学技术、改善硬件条件等,更重要的是要把教师、学生、教材和教学内容等更为根本的要素有机组织起来,为学校发展提供软件支撑。而这些要素的组织和铺排都应该是有目的的,即围绕满足学习者的学习需求这一核心展开,切实帮助学生提升他们应对未知变化的能力和素养。

(三)美感——生命成长之美

一个建筑物之所以能给人美的感受,是因为它既能满足功能性需求,又有精巧的构造,且与周边环境相契合。因此,网友热议那一期《梦想改造家》时,有一类观点指出,改造后的房子并非本身没有艺术价值,如果将它搬到一个前卫城市的地标建筑群中,如北京"798艺术区",大家可能非常乐意参观,但对于提出改造的客户而言,该建筑物未能满足他们的需求,且过于前卫的设计与周边环境格格不入,因此既不能满足需求,也不能带来美感。追求美感无可厚非,但应在功能和结构满足需求的基础之上再去追求,美感是对建筑物更高层次的需求。

当我们在谈论学校的美感时,通常局限于讨论校园之美、物理空间之美。但其实,校园之美,关乎学校物体、资源、硬件、软件等整体的艺术性安排。在校园设计方面,美感体现为艺术地运用空间和物体,合理地安排物理空间、摆放物品。在教与学方面,美感体现为恰当地安排课程、教学、管理,以促进每个个体的生命成长。正如Paul Bredeson教授所说,如果教师们一起学习、互动,同侪彼此关怀,大家都能感受到专业成长,这就是美;如果学校能够培育个人和集体专业能力,将学校由教师为中心的教转化为以学生为中心的学,这就是美。美体现为更强的学习动机,更为正面的情绪,以及更多的赋能和成长。[20]正如艺术家蒋勋所说:世界上只有一个东西是最珍贵的,那就是每一个个体,艺术不可能比人的生命本身更动人,教育的美感和生命成长体现为学生的美好生活。

Teschers指出,每个人都有权利基于自身的主观愿望,找到一种适合自己的生活方式。[21]所以,美好生活的模式因人而异。虽然这会使得教授美好生活的过程十分困难,但正因为人人都有权利选择并过上他们喜爱的生活,这也使得生命的成长充满了美感。美感并不意味着每个人的生活都一模一样,而是每人过着不同的生活却又由衷地感到美好和幸福。帮助学校中的每个人过上美好生活,是未来教育的应有之义。Huppert指出,美好生活应作为学校的基本政策,而不是部分学生或学校的学习特点。[22]如果教育不懂得学生需要什么,便不能使得他们在未来取得成功。教育是一个系统的学习过程,教育者参与每个学生的成长过程,有责任使学生在此过程中取得更大的收获。作为具备专业资格和久经训练的教育者,我们要不时地反思教育的本质,重新审视教育的需求以及教育的目的,进而设计功能和结构兼备的优质课程。于漪曾大声疾呼:"育人"是大目标,"教书"要为"育人"服务。任何学科教学都应有教育性,有教育性的教学才能赋予知识、能力以灵魂和意义,才能真正促进学生发展。

为了真正促进学生的生命发展,帮助学生过上美好生活,教师需要掌握教学的艺术。教育是复杂的,但其复杂性并不来源于技术的复杂,而是来源于人的复杂。教育的艺术性不在于让孩子学得更快、更多,而是要学少、学慢、学难,甚至有时要求拙,让孩子们的灵魂跟上。[23]倪闵景老师曾经引用过这样一个例子来说明"少即是多"的教学艺术:有一个学生,初三整整一年只写了六七篇作文,老师的批语比孩子的文章写的字还要多,结果孩子却在当年的中考语文中取得了142分的高分。高分的取得,不是逼迫学生学习、写作的结果,而是通过教育的艺术,帮助学生真正静心思考生活、感悟人生,从而自然地通过作文表达自己的看法与体会。少即是多,这便是教育的艺术性。他认为,教育的艺术,不在于让孩子做更多的题,而是让孩子成为不一样的人,对社会有更深的认识,对生活有更深的理解。用艺术的方式影响学生,帮助学生不仅仅取得好的成绩,更能认识社会、体会生活、发展自我,这就是教育之美。

教育不只是一份工作,而是参与到一个人的成长过程中,与学生建立一种重要的关系。教育是人影响人的事业,这是永恒的真理。[24]正如上文提到的林浣心校长,在退休后,她远赴英国养老,过退休生活。但在2020年底,她无惧隔离,特意飞回香港,赴一个"二十年之约"。早在2000年,她在协恩小学任校长时,一位女生曾写信给她,说自己受一个电视节目启发,想要约校长在20年后,即2020年的20:20在香港的宋皇台公园见面。信里还说:"林校长那时会是怎样的样子呢?我相信林校长会是青春常驻的开心果!"20年后,她们如约见面,互赠礼物。更美好的是,这位学生也选择了投身教育,已然成为一名教师。正如林校长所言:教育是"人影响人、生命影响生命"的事业。而且是一生一世,不只是你教他的那几年。她也相信,这位学生做了老师,也会做同样的事情,那就是"把学生常放在心中"。这位学生在成为教师后确实也是这样做的,据媒体报道,她也和现在所教的孩子们订立了一个新的"二十年之约"。如此一代一代传承,用生命影响生命,这就是美。

功能、结构与美感是建筑物的三个基本元素。而学习者的需求,教与学的组合和呈现方式,以及生命成长之美,则是未来学校的三大元素。未来学校的建设、发展、治理的确会受到诸多因素的影响,然而,可以确定的是,无论在什么情况下,学校都应当以学生的需求为根本出发点,以学生的生命成长为根本追求,且需要有意识地进行设计,合理地组合、呈现教与学的内容,而这一切的实现都离不开学校领导者的关键作用。

三、学校领导者在未来学校治理中的角色

对于学校领导者来说,他们的重要工作就是要建构学校的功能、结构和美感的关键元素,帮助学校成为一个不惧风雨的学习型组织。这一工作的前提是明确学校发展的方向,能在多变的迷雾中坚守初心、看清前路,"做下一件正确的事"。[25]新加坡南洋理工大学商学院在他们的EMBA课程中对学员们说,为了把握企业的未来方向,他们需要"明道取势提策优术,通天彻地识人通心"。"取势、明道、优术"也是长江商学院的六字校训。要带领学校走向未来,直面未来的挑战,这些能力也适用于学校领导者。对于学校领导者来说,他们要带领整个学校走向未来,需要"向前看"(look ahead)。为此,他们需要:

• 明道,或者说要向内看(look inside to look ahead)。道是规律,是处世的原则。为了能向前看,首要的是明确初心,厘清价值,反复拷问自己学校这个建筑物存在的目的为何、功能何在,也就是在向前看的过程中,始终坚守为了满足学习者的学习需求这个最重要的价值。

• 取势,就是要向周围看(look around to look ahead)。势虽无形,却定了方向。荀子在其《劝学篇》中有明确的阐述:"登高而招,臂非加长也,而见者远;顺风而呼,声非加疾也,而闻者彰。"正如李政涛教授所言,教育工作者要看天气、看山顶、看方向,要有大视野和大格局。顺势而为,事半功倍。

• 提策,要向远看,向未来看(look beyond to look ahead)。学校领导者要为学校做战略规划,也就是要知道自己的学校未来10年、20年的定位和目标在哪里。对未来定位的把握也一定是建基在对自己学校的独特性把脉的基础上,了解自己学校的学生和学生需求,不是追赶时髦,亦非人云亦云。

• 优术,是通过了解现在而更能向前看(look at the now to look ahead)。这里更多的是优化结构,优化学校教与学的方式,从而更能满足学生的需求。

• 通天彻地,是既要仰望星空,也要脚踏实地(look up and down to look ahead)。学校领导者既要了解政策,读懂政策,也要了解学生,了解教师,了解学校社群,学校这个建筑物是要牢牢建构在它的历史、传统和它独有的社群资源之上的。

·识人通心,是带着全局的观点,带着同理心去关注学校社群的每个个体的成长(look holistically and empathetically to look ahead)。每个个体都有其优点和缺陷,成长速度有快慢差别,但通过学习不断成长是其中最美的部分,也是学校存在的意义。

学校领导者通过向内看、向周围看、向远看,从而能向前看,帮助学校探索出未来的道路。"做下一件正确的事"考察的是学校领导者的初心和智慧。无论学校的环境如何变化,坚守的初心不能变,亦即学校存在的功能——满足学习者的学习需求这个目的不能变,学校促进每个生命个体成长的美感追求不能变,而策略、方法和结构的调配可以不断优化。这样的学校就是一个具有集体学习能力,在变化中能抵御风雨的方舟。

四、未来学校教育治理的可能方向

朱永新指出:"未来不是我们要去的地方,而是我们正在创造的地方"。[26]回到本文开始的观点,未来不是与过去和现在割裂的,我们需要在三者之间寻找联系。未来学校不是一味求变、求快、求新,而是要回归本质,在变化和不确定中有所坚守。基于Paul Bredeson教授的分析,针对未来学校治理,本文尝试提出以下三个可能努力的方向。

(一)学习是面对未来的唯一法宝

未来学家Alvin Toffler曾说过:"21世纪的文盲不再是不会写、不会读的人,而是那些不会学习、归零、再学习的人。"IBM(International Business Machines Corporation)在2019年发布的一份演讲报告中预测了世界12大经济体中的1.2亿人,均将需要在三年内接受再培训,以迎接时代的飞速发展。[27]Thomas Friedman也在《纽约时报》的一期专栏中说道,人类的生活模式已然改变,过去的"读书—工作—退休"模式已成奢望,取而代之的是持续不断循环的"学习—再学习"模式。[28]他在专栏中还引用了这样一句话:"学习是新时代的养老金"(Learning is the new pension)。

因此,学生的未来,全在于持续的学习、真正的学习。要把学习还给学生,让他们成为坚强的个人,以迎接变幻莫测的未来。[29]我们要给学生应对未来变革的稳定性(stability for change)。[30]让学生为未来做好准备的法宝,是在种种不确定之中掌握确定的元素,那就是学习。[31]可见,学习是面对未来的唯一法宝,要想让学生做好充分的准备,就必须转变"学历挂帅"的教育理念,让学生成为主动的学习者。[32]让学生设计自己的学习目标、方向和内容,成为自觉的学习者,这是他们未来处世所必需的重要能力。教育的真正意义,正是让学生学会学习。

(二)生命教育是未来学校不应忽视的根本问题

未来学校之美还在于真切地促进个体的生命成长。在《未来学校:重新定义教育》一书中,朱永新明确提出:生命教育是未来学校不应忽视的根本问题。疫情带给我们的一个重要反思就是生命教育的重要性和必要性。[33]生命和教育本来就是一体的,教育本来就是为生命而准备的,教育的使命就是帮助一个人从自然人变成社会人,同时拓展一个人生命的长度、宽度和高度,帮助每个生命成为更好的自己。[34]

OECD在报告中也提出了2030年的教学目的,即成就学生的美好生活和幸福感(well-being)。[35]报告认为,知识、技能和态度及价值观都是未来学校需要授予学生的,用来帮助他们追求美好生活。虽然OECD未对美好生活做出清晰界定,但报告说明了未来学校应以学生为中心,实施人本教育。人与其他对象不同,我们在出生时没有被设计目的。即使在成长过程中,亦不一定会被赋予目的。即使被赋予目的,每个人的目标亦不一致。因此,未来学校不能像以往的模式那般,只为实现某种特定的目的而教学。[36][37][38]

可见,教育旨在提升学生作为人与未来的契合度,[39]但未来的个人需要不可预测,所以学校要为未知的未来做好准备,使学生能应对不同的事件。在未来,一些问题可能会变得更加复杂,在教授学生时教师要考虑如何使他们具备能力以应对未来可能出现的复杂问题。未来学校的课程应当具备灵活性以及弹性。每人的未来需求都不一样,个体的美好生活也并非只有工作,也关乎情绪和社交等多个方面。[40]因此,学校教育也必须涵盖美好生活的其他范畴。朱永新教授提出的生命教育方向[41]对未来学校建设也有一定的启发意义。他认为:生命教育首先要关注自然的生命,这是生命的长度;生命教育其次要关注社会的生命,这是生命的宽度;生命教育还要关注人的精神的生命,这是生命的高度。未来学校要把生命教育作为最根本的出发点,帮助学习者提升生命的境界,拓展生命的长宽高。[42]

(三)未来教育充满想象但离不开教师的参与

人类的学习方式和体悟不尽相同,同样的经历,置于不同的人身上,或许可以产生不同的学习效果。[43]网络时代,科技日新月异。现在的学习者足不出户也可以获取大量的学习资源,学习的边界正在模糊,教师作为知识权威的地位有所下降。如果每个人都能成为自己学习的设计师,那么我们还需要教师吗?或者说,教师应该如何定位自己的角色和作用呢?

笔者所在团队早在10年前就开始打造一门在线硕士课程。彼时在线学习尚未风靡,当时所依赖的技术手段现在来看也非常稚嫩。记得最初我们用Adobe Presenter对着幻灯片录音,然后将带有我们声音的文档上传。后来,随着科技的发展,我们开始拍摄短片,并采用ebook的形式使学生能随时随地上课。那么,在这样一门百分之百的在线课程中,我们作为教师,应当扮演什么角色呢?现在反思,我们的角色就是通过一些有意识的设计,促进学习者的学习。比如:我们设计课程的评价方案,既给学习者自由选择的空间,又引导他们将课堂所学内容联系工作实际;我们利用在线课程的优势,要求学习者在课程论坛上展开同侪评价,积极推动学习共同体中的互动学习;我们也随时待命,在学习者有问题时及时地给予回应。也就是说,在大数据、人工智能时代,教师仍然可以做机器人做不到的事。

未来的教师"不再是一个知识的传授者,而是学生的指导者、陪伴者"[44]。甚至,在未来学校,教师的角色会更加重要。未来学校要实现私人化的定制学习,而非现在的统一化"套餐",正如中医给病人开药方时也需要因人而异。[45]因而,教师要真正做到因材施教,努力去发现每个学生心中那根"独特的琴弦",在沟通理解上多下功夫。[46]与机器人不同的是,教师可以走近和倾听学生。"知心才能教心"。所谓"知心",就是教师要用生命去影响生命,不断了解学生的三个世界——生活世界、知识世界、心灵世界,从而开出因人而异的药方。

综上,无论未来教育如何改变,根本方向都是为了学习者的生命成长和美好生活。无论课程还是教学,实际上都是为了搭建一个平台,让学习者在这个平台上,不但能够学到结构化的知识,提升关键能力,同时也能体验到学习的快乐和生命的价值,进而成为有理想、有本领、有担当的人。[47]而基础教育的价值正如顾泠沅所说,正是"在一种欢乐的、困惑的、磨练的环境中,奠定每个人的健全和高尚的基础"[48]。这一平台的搭建需要很多人助力,其中学校领导者起着关键作用。一方面,他们要"取势",带领学校走向正确的方向,应对未来的变化;另一方面,他们也要成为教师和学生的"势",为其构建学习型组织,帮助他们发展、成长。要做到这一点,学校领导者一定不能是一位指手画脚的建筑设计师,而应成为真正走到建筑物使用者(教师和学生)的身边和心里的人,在了解他们的当下处境和发展需求的基础上,同一程风雨,与他们同行。亦如顾泠沅所说:"只有看懂现在,才能面向未来。"[49]

参考文献

[1] Seidman, D.When you press the pause button on a machine, it stops.But when you press the pause button on human beings they start-start to reflect, rethink assumptions, and reimagine a better path[EB/OL]. (2018-03-14)[2022-08-16].https://twitter.com/dovseidman/status/973620638400307200? lang=en.

[2][3] OECD. Back to the Future of Education: Four OECD Scenarios for Schooling[R]. Paris: OECD Publishing, 2020.

[4][30] Mulford, B.Recent Developments in the Field of Educational Leadership: The Challenge of Complexity[M]// Hargreaves, A., Lieberman, A.& Fullan, M., et al.Second International Handbook of Educational Change.London: Springer, 2010: 187-208.

[5][7][8][10][11][14][17][20] Bredeson, P.V.Designs for Learning: A New Architecture for Professional Development in Schools[M].Thousand Oaks, CA: Corwin Press, 2003: 1-56.

[6] Bredeson, P.V.The Architecture of Professional Development: Materials, Messages and Meaning[J]. International Journal of Educational Research, 2002, 37(8): 661-675.

[9] O'Gorman,J.F.ABC of Architecture[M].Philadelphia:University of Pennsylvania Press,1998.

[12] Teneva,M.The Essence of School Education[J].Trakia Journal of Sciences,2015,13(3):237-240.

[13] Borell,A.Budgets vs Individual Needs:Exploring the Dynamics of (de)Coupling in an Elementary School Context[J].Journal of Public Budgeting,Accounting & Financial Management,2019,31(3):410-430.

[15] OECD.OECD Learning Compass 2030[R].Paris:OECD Publishing,2019.

[16][35][40] OECD.The Future of Education and Skills:Education 2030[R].Paris:OECD Publishing,2018.

[18] World Bank.World Development Report 2018:Learning to Realize Education's Promise[R].Washington,DC:World Bank,2018.

[19] Senge,P.Five Disciplines[M].New York:Doubieday,2004.

[21] Teschers,C.An Educational Approach to the Art of Living[J].Knowledge Cultures,2013,1(2):131-144.

[22] Huppert,F.A.Mindfulness and Compassion as Foundations for Well-Being[M]// White,M.A.,Slemp,G.R.,Murray,A.S.,et al.Future Directions in Well-being:Education,Organizations and Policy.Cham,Switzerland:Springer,2017:225-233.

[23][47] 倪闽景.人工智能在教育领域应用的价值判断[J].教育家,2020(4):14-15.

[24][29][31][32][43][45] 程介明.新生态:就在身边[N].灼见名家,2020-12-25.

[25] Quong,T.& Walker,A.Seven Principles of Strategic Leadership[J].Commonwealth Council for Educational Administration & Management(CCEAM),2010,38(1):22-34.

[26] 李丹.未来已来 让教育回归最本质的天性——朱永新谈"未来教育中的教育国际化"[J].留学,2018(10):42-44,7.

[27] Internation Business Machines Corporation.The Enterprise Guide to Closing the Skills Gap[R].New York:IBM Corporation,2019.

[28] Friedman,T.L.After the Pandemic,a Revolution in Education and Work Awaits US[N].New York Times,2020-10-20.

[33][34][41][42][44] 朱永新.未来学校:重新定义教育[M].北京:中信出版社,2019.

[36] Brinkmann,M.Purposes of School-A Phenomenological Analysis via Hegel,Langeveld and Fink[J].Journal of Curriculum Studies,2001,53(3):255-269.

[37] Lowe,K.,Harrison,N.& Tennent,C.,et al.Factors Affecting the Development of School and Indigenous Community Engagement:A Systematic Review[J].The Australian Educational Researcher,2019,46(2):253-271.

[38] 罗利建.人本教育[M].北京:中国经济出版社,2004:19-42.

[39] Toon, A.& Emoke, T.Need for Investing in Education for the Work Resources of Future Society: Fit for Future or Fit for Now?[J].European Conference on Management, Leadership & Governance, 2019: 1-10.

[46] 王添漫.致敬"人民教育家"于漪！中国教师群体心中的偶像,用六十年耕耘教育,用一辈子学做老师[EB/OL].(2019-09-18)[2023-01-20].https://mp.weixin.qq.com/s/_0kpMVRsM93mDv-wOHx4doA.

[48][49] 汪祯仪.顾泠沅:用"零头布",如何实现惊艳世界的"青浦实验"? 秘密在这里![EB/OL].(2021-07-26)[2022-08-16].https://news.fudan.edu.cn/2021/0726/c968a109767/page.htm.

The Function, Structure, and Beauty of Future Schools

Qian Haiyan, Zhang Meng

(Department of Education Policy and Leadership, The Education University of Hong Kong, Hong Kong 999077, China)

Abstract: The world is constantly changing. Faced with many unknowns, it is not easy for us to describe future schools' specific appearances. But we can think, imagine and reconstruct future schools from different perspectives. This article provides a perspective and framework for imagining future schools, beginning with better connecting the future with reality and using three elements of buildings as an analogy. From "what elements should a good building have?" to "what are the elements of a future school that can deal with unknown environment?" and to "what are the qualities do a leader needs to lead a school into the future", this article finally summarizes three possible directions for future school governance.

Key words: future school; school leadership; function; structure; beauty

栏目 3

未来教学与评价

未来的高考评价体系摭谈
——基于核心素养的视角

朱文辉[1]　石建欣[1]　冀　蒙[2]

(1.东北师范大学　教育学部,长春　130024;2.东北师范大学　附属小学,长春　130061)

摘要　高考作为一种不可避免的客观存在,一味地批判其指挥棒作用难以产生建设性的成效。我们应该在合理规避其异化基础教育等负面作用的基础上,充分利用社会心理对高考的强向心力来发挥高考强大的以考促学、助推核心素养落地的正向功能。核心素养作为新的改革背景下对素质教育的全新解读,正在成为我国基础教育领域新的培养目标体系,可以为啃下新高考改革这个"硬骨头"提供新的载体和思路。因此,作为深化教育领域综合改革的两个关键环节,新高考改革和以核心素养为指向的基础教育课程改革应该相互配合,如此才能开拓出素质教育的新局面。未来高考评价体系应该由包括"立德树人、服务选才、引导教学"在内的考查目的、包括"必备知识、关键能力、学科素养、核心价值"在内的考查内容、包括"基础性、应用性、综合性、创新性"在内的考查方式三部分组成,它能够将新高考改革与核心素养有效对接起来,由此形成的合力能够充分释放高考促进核心素养落实、核心素养助推高考转型升级的双向互利功能。

关键词　高考指挥棒;核心素养;新高考改革;未来高考评价体系

选拔合适人才、解决应试教育顽疾、推进素质教育一直是我国高考改革的主线。自1977年恢复高考制度以来,高考在高等教育人才选拔、为青年人提供成才通道、营造尊重知识和人才的社会氛围等方面发挥了重要作用。[1]但作为一种重要的人才筛选机制,高考也的确在客观上助推了应试教育的盛行。因此,在知识经济的时代脉络下,传统高考已经难以满足社会对素质教育的渴望和对新型人才的需求。核心素养是在新一轮基础教育改革背景下对素质教育内涵的具体化和全新解读,不仅成为世界主要发达国家的研究热点,也成为我国基础教育新的培养目标体系。作为深化教育领域综合改革的两个关键环节,未来的高考改革和以核心素养为指向的基础教育课程改革在目标与路径上是高度契合的。如果把素质教育比作一场马拉松,那么核心素养和未来高考改革则是长跑过程中的

基金项目:国家社会科学基金2021年度教育学一般课题"中国共产党百年教材思想的系谱学研究"(项目编号:BHA210148)。
作者简介:朱文辉,教育学博士,东北师范大学教育学部教授、博士生导师,吉林省省级领军人才,主要从事课程与教学论研究;石建欣,东北师范大学教育学部硕士研究生,主要从事课程与教学论研究;冀蒙,东北师范大学附属小学二级教师,主要从事语文教学研究。

领跑者和裁判员。二者的相互配合与有效对接能够为素质教育的践行提供新型动力和强大引领。因此,核心素养与未来高考改革的良性互动与耦合机制就成为一个重要的研究课题。

一、面向未来的高考:核心素养落地之有效助力

"中国是一个考试古国,又是一个考试大国。悠久的考试历史形成了中国人倚重考试的传统。"[2]这种传统在现代教育形式下逐渐氤氲和催生出具有"指挥棒"意义的高考。对于高考的指挥棒作用,研究者多将其视为素质教育难以推进、应试教育难以根除的症结所在。然而,一味地批判和指责高考的指挥棒作用难以产生建设性的成效。对于新一轮的高考改革来说,不妨转变一下问题解决的思路,重点考量如何正确引导高考指挥棒的方向,利用社会心理对高考的强向心力来使其发挥倒逼基础教育深度变革、指引基础教育走向正确发展轨道等正向功能。

(一)异化基础教育的根源:对高考功能的片面解读

"异化"是马克思分析社会现象时的重要理论武器,指的是人的物质生产与精神生产及其产品由于脱离了其本真的价值追求,反而成为束缚和压迫人的反动性力量。[3]要深入了解高考如何演变为异化基础教育的根源,首先必须知道基础教育的本真价值是什么,它对于人之存在和发展究竟有什么意义。回答这个问题,需要回归到人的求知本性这个原点上来。一般来说,我们可以将教育的价值分为附加价值和本体价值。所谓教育的附加价值,指的是教育的价值指向外在于其实施主体的其他方面,诸如为经济发展、社会进步、国家政治等服务。在教育史上,重视和强调教育附加价值的代表人物有法国的涂尔干(Émile Durkheim)和德国的凯兴斯坦纳(Kerschensteiner Georg)。所谓教育的本体价值,指的是教育的价值指向其实施主体,强调教育要为人的个性的丰富、潜能的开发、需求的满足等服务。在教育史上,重视和强调教育本体价值的代表人物有人文主义教育家夸美纽斯(Comenius Johann Amos)、自然主义教育家卢梭(Jean-Jacques Rousseau)、进步主义教育家杜威(John Dewey)等。尽管教育史上一直存在教育的本体价值和附加价值的争论,但是随着时代的发展,我们越来越强调教育对人的求知本性的挖掘和释放。"人的求知本性可以理解为人与生俱来的并在后天的社会实践中不断发展的求知能力和求知需要。"[4]这表明,学习是"人自身发展的需要,受人的本性所规定。就是说,人既是学习的价值起点又成为学习的价值归属"[5]。教育的本真价值就在于对人的这种学习本性的充分尊重与最大限度的发掘。

反观我国的基础教育,一直被外界所诟病的是它始终被中考、高考等各种考试以及由中考和高考所孵化出的频考文化所绑架。在这种频考文化的驱使下,学校沦为对学生进行集中驯化的场所,教师演变为冷冰冰的知识灌输者,学生降格为缺乏活力的知识的被动接受者。浸氲于这样的氛围和环境下,基础教育逐渐失去了它的本真价值追求,将提升学生的考试成绩、提高学校的升学率、让考生顺利通过高考这座独木桥视为自己的最高目的。为了达成这样的目的,学校不惜采用题海战术、

机械训练等以恶至善的手段。这不仅降低了学生的学习效率,还把学生的学习兴趣提前稀释消解,以致"高考后撕书""高考综合征"等教育异化现象频频见诸报端。正是目睹了这些怪现象,社会上很多人不约而同地将批判的矛头指向高考,对高考的指责之声不绝于耳,甚至学术界的很多研究者也认为高考是异化我国基础教育的根源,是"人神共愤的考试,炮轰之,欲废之"[6]。

但是,将高考视为异化基础教育的根源,是对高考功能的片面解读和歪曲。从根本上讲,异化我国基础教育的根源错综复杂,涉及社会、政治、经济、文化等多个领域,将高考视为应试教育的漩涡和罪魁祸首实在失之偏颇。实际上,高考作为特定历史背景下有组织、有目的的鉴别活动,自然拥有本体和派生两方面的功能。高考的本体功能作为高考本质的体现,在整个高考系统中处于基础地位,主要表现为促进学生积极学习、帮助学生提升价值和选拔人才等。高考的派生功能则是指在高考的本体功能之上延伸和分化出来的功能,它在整个高考系统中处于派生地位,主要表现为促进经济发展、维持社会安定、促进阶层流动等。但在现阶段,由于宏观的社会体系和微观的高考内部系统两方面的制约,我国高考正面临着派生功能凌驾于本体功能之上的危险境地。就宏观的社会体系而言,当今社会竞争日益激烈,我国劳动力市场总体呈现出供大于求的局面,这就极易导致"学历至上"的选才标准。在高考矗立于基础教育和高等教育之间并扮演着调配者角色的情形之下,学生为避免自身因学历不足而遭遇到各种不利的竞争境遇,自然会将高考视为改变自身命运、实现功利性目标的一种途径。在这种情况下,高考便因其承担过多的派生功能而被严重异化。就微观的高考内部系统而言,高考成绩作为评判学校办学质量的标尺和高校招生最重要也是目前为止被认为是最为公平的选拔标准,必然会引起包括教师和学生在内的整个社会的高度重视。在这种情况下,高考毋庸置疑地演化为各利益相关者激烈角力的场所。这就意味着,高考只是基础教育被绑架和异化的表层因素,其背后有深刻的心理惯性和社会根源。一言以蔽之,高考并非应试教育的根源,高考的派生功能凌驾于本体功能之上才是应试教育和唯分数论愈演愈烈的罪魁祸首。

(二)助推核心素养落地:充分发挥高考指挥棒的正向功能

扈中平教授曾说,某一现象的生发,虽然与某一因素有关,但主要不是由该因素造成的。如果非要把非主要因素视为主要因素来讨论,那么此时人们所讨论的就是假问题。[7]将高考视为异化基础教育和应试教育的根源,是对高考功能的认识不清和片面解读,不利于人们看清问题的本源和实质,从而对症下药,从根本和源头上杜绝教育实践领域的应试教育现象。因此,对高考的批评不能简单化、绝对化和极端化,正确的态度应该是在正确看待未来高考的本体功能和派生功能的基础上,充分发挥高考指挥棒的正向引导功能,助推核心素养落地,促进素质教育向纵深发展。我国教育实践领域历来就秉持"怎么考就怎么教""怎么考就怎么学"的逻辑,这足以体现高考强大的引导作用。在怎么考决定怎么教、怎么考决定怎么学的强大惯性一时难以撼动,高考在未来一段时间仍将继续扮演"指挥棒"角色的前提下,与其盲目批判高考或不切实际地主张废除高考,不如转变一下问题解决的思路,在"堵不如疏"的观念引领下,利用社会心理对高考的强向心力,利用高考对教师教学、学校办学的导向作用,充分发挥高考以考促教、以考促学的特有优势。这样一来,解决应试教育的顽疾,就不是不要高考这根指挥棒,而是要在确保高考指挥棒指向正确方向的前提下,最大限度地释放高考推动基础教育从传统向现代、从应试向素质转型的正向功能。这是新的历史条件下高考的应为和可为,也是高考被赋予的更为艰巨、更为光荣的历史使命。

从已有研究来看,理论研究和实践领域对高考的诟病除了因为其"一考定终身"之外,更多的还是对目前高考在高等教育普及化背景下难以考查学生的综合能力和素养、难以满足国家和社会对素质教育渴求的不满。核心素养作为"学生在接受相应学段的教育过程中,逐步形成的适应个人终身发展和社会发展需要的必备品格和关键能力"[8],正成为我国乃至世界各国基础教育新的培养目标体系,也理当成为高考指挥棒的应然指向。当前,以培养核心素养为目标的基础教育课程改革正在如火如荼地进行,以落实学科核心素养的教学实践探索也方兴未艾,但是评价这一重要环节却没有推陈出新。此次课程改革要取得成功,不仅要在课堂教学环节进行改变,相应的评价环节也应该积极跟进,否则再好的教育理念都会面临被异化的危险。[9]因此,未来借助高考的强大号召力量来倒逼基础教育课程改革,对学生核心素养的养成和培育具有事半功倍的效果。在高考指挥棒的正确引领下,教师不得不改变长期以来所形成的传统教学模式和教学理念,转而寻求将各学科核心素养有机融入课堂教学中的各种途径,探索全新的能够培养学生适应终身学习社会所需要的必备品格和关键能力的教学方法,从而有效助推核心素养落地。

二、高考变革的未来之路:核心素养作为质量标准

核心素养作为一种新型的人才培养质量标准体系,是目前推动世界范围内基础教育深度变革的主要动力之一,也为我国基础教育课程改革的再出发吹响了号角。核心素养深刻揭示了在21世纪学生需要具备哪些最核心的知识、哪些最重要的能力和哪些最深刻的情感态度,才能既满足学生的个体需要,又推动社会健康发展。在高考改革即将全面铺开的当下,核心素养能够为解决未来高考改革的棘手问题、推动高考转型升级提供新的思路和必要载体。

(一)核心素养:基础教育新的培养目标体系

当前,各国间的竞争越来越激烈和白热化,竞争的方式也不断被重塑,已由过去的单纯强调以生产力发展水平为标志的硬实力竞争转化为更为强调以人才为中心的软实力竞争。国际竞争中获胜的关键越来越多地取决于科技发展水平,实质上有赖于人才的培养,根本上依靠教育质量的不断提升。为此,世界各国不断发起一轮又一轮的教育改革浪潮,纷纷致力于培养学生融入未来社会所应具备的最核心的知识、能力和情感态度。源于时代发展和社会变革的需要,研究核心素养、推动核心素养有机融入课程和教学之中,以此培养具有21世纪核心素养的各级各类人才,几乎已成为国际共

识。从已有研究来看,多个国家、地区以及国际组织都将核心素养作为贯穿基础教育整个培养目标体系的一条红线,将核心素养视为启动新一轮基础教育改革的重要抓手。比如:基于提升区域竞争力的时代诉求和推动教育质量提升的现实需要,经济合作与发展组织(OECD)于21世纪初率先将核心素养纳入该组织的教育目标体系之中,并提出了可供其成员国借鉴的核心素养指标体系;美国的核心素养研究项目是在职场素养标准化运动的外部动因和能力为本的教育改革持续发展的内部动因的共同作用下启动的,该项目把美国新一轮基础教育变革推向了新的高潮;英国、法国、日本、澳大利亚等世界主要发达国家和地区也在分析自身教育问题的基础上,本着刺激本国经济发展和培养适应未来社会公民的目的,纷纷致力于基于核心素养来重构本国或者本地区的教育目标体系。

素质教育作为改革开放以来我国基础教育改革的旗帜和行动指南,经过几代人的共同努力,已经取得了较为显著的成效。但不可否认的是,素质教育仍然是虽早已破题但仍亟须深入研究的领域。当前,我国基础教育培养出的学生仍然与素质教育的要求存在较大距离,学生的社会适应能力较差、身体素质欠佳、实践能力不足、创新意识不够等依旧是困扰基础教育的重大问题。同时,我国正举办着世界上规模最大的教育,现代教育体系初步形成,完成了教育大国、人力资源大国的崛起。[10]从教育大国向教育强国迈进、从人力资源大国向人力资源强国前行,会对我国国民素质和人才培养质量提出更高的要求。这些问题和挑战迫切要求在新的时代脉络下对素质教育进行丰富拓展、深化研究,以进一步提高我国人才培养质量。作为当前教育改革背景下对素质教育内涵的具体化与全新解读,核心素养无疑是促进素质教育深化落实的重要抓手和关键所在。同时,作为一种新型人才观,核心素养也反映了当前我国社会发展对于人才的现实期盼,映射出我国对能够应对日趋激烈的国际竞争的各类型人才的急切需求。作为对这种期盼和需求的及时回应,2014年教育部发布《关于全面深化课程改革 落实立德树人根本任务的意见》,首次将核心素养作为关键词写进了教育部的文件之中,并高屋建瓴地将其视为我国基础教育改革新的培养目标体系。[11]可以说,核心素养作为党的教育方针在新的时代的细化与具体体现,是对"教育要培养什么人""教育是为谁培养人"以及"教育应该如何培养人"这一系列问题做出的深入回答,是未来一段时期内我国基础教育改革的风向标。

(二)核心素养:有效疏解传统高考之弊端

为了改变应试教育的现状,应对应试教育所带来的危害,规避应试教育多方面的负面效应,早在30多年前,我国就鲜明地提出了素质教育的理念。虽然我国教育实践领域对素质教育的需求极为强烈,教育理论领域对素质教育的呼声也较为响亮,但在基础教育阶段特别是高中阶段,素质教育却始终如同过鸭背之水难以落实,总体上呈现出"素质教育轰轰烈烈,应试教育扎扎实实"的举步维艰的局面。究其原因,虽然不排除社会心理和发展阶段的掣肘,但评价制度特别是高考改革的严重滞后是主要的制约因素之一。可以说,我国现行的高考制度在考查目的、考查内容、考查方式和录取方式等方面还有不少急需改进的地方:首先,就高考的考查目的而言,其主要偏重于人才的选拔和为高校输送合格人才,而对应该兼顾的解决应试教育顽疾进而有效推进素质教育等其他目的有所忽视。高考作为一项宏大的系统工程,是一项高利害的社会活动,它关涉到千家万户的利益,影响着每一个青少年学生的发展。我们只有兼顾到它所有的方面,才能实现其最本质、最有正能量、最具公平性的目的。其次,就高考的考查内容而言,无论是高考改革之前还是我们现在所推行的"3+X"或"3+综合"改革,都局限于对学生认知领域的考查,没有给予动作技能领域以及情感领域足够的重视,这就严重割裂了学生发展的系统性和完整性,"给中学带来的是大量的强化练习和学生沉重的学业负担,给大学带去的是教授对学生高分低能的抱怨"[12]。再次,就高考的考查方式而言,我国高考长期以来实行的都是纸笔测验,这种单一化、片面性的考查方式严重制约了对学生进行全面考查的可能性,极易导致学生的片面发展。尽管目前我国高考改革中尝试引入学业水平考试、综合素质评价等新的考查方式,但其在我国仍处于初步探索阶段,对测试公平性和有效性等问题的处理仍然需要进一步探索,[13]因此很难撼动纸笔测验这种考查方式的主导地位。最后,就录取方式而言,择优录取是我国高考一贯遵循的基本原则,而"优"在这里主要体现在考试成绩上。高校在录取学生时,严格按照学生的报考志愿以及高考成绩来进行排序。尽管国家明确提出要建立多元录取制度,推行多元录取评价,但由于缺乏相应的实施细则,多元录取的真正落实情况不尽如人意。"高考录取依然停留在思想上对全面发展学生的综合考察设想,但行动上则依然是以分录取的实际操作。"[14]这种严格按照考试成绩来选拔人才的方式看似"分数面前人人平等",却因为"比分不比能力""见分不见全人"而掩盖了深层次的不平等。

2014年9月,国务院颁发《关于深化考试招生制度改革的实施意见》,这标志着我国高考改革进入了深水区。[15]进入了深水区意味着高考改革已经迈入攻坚克难、砥砺前行的新阶段,开始进行最为持久、最为艰巨的攻坚战。高考改革在承受着强大的社会舆论压力的同时,也在实践中遭遇到或多或少、或明或暗的抵制。为了引领高考改革顺利渡过深水区,我们需要树立起新的改革理念和思维方式,以便为下一步改革指明前行的方向和道路。维特根斯坦(Ludwig Josef Johann Wittgenstein)曾说过:"洞见或透识隐藏于深处的棘手问题是艰难的,因为如果只是把握这一棘手问题的表层,它就会维持原状,仍然得不到解决。因此,必须把它'连根拔起',使它彻底地暴露出来;这就要求我们开始以一种新的方式来思考……一旦新的思维方式得以确立……旧的问题就会连同旧的语言外套一起被抛弃。"[16]基于此,有专家认为,理念对于整个高考改革是至关重要的,把握正确的改革理念是积极推进高考改革的基本前提。[17]作为当今世界基础教育改革的新的风向标和新型人才培养理念,核心素养无疑能够为啃下新高考改革这个"硬骨头"、带动高考转型升级提供新的思路。因此,在高考改革于全国范围内已成燎原之势的今天,借助核心素养这个载体来解决传统高考弊端显得特别可行而且十分必要。

"核心素养是一个复杂结构,其所涉及的内涵并非单一维度,而是多元维度的。"[18]将核心素养与未来高考改革有机对接,会对高考的考查目的、考查内容、考查方式和录取方式产生积极影响:首先,高考不仅仅是高校选拔合格生源的重要途径,它历来对高中教育乃至整个基础教育起着非常重要的导向作用。而核心素养教育理念的引入,不仅可以更进一步地发挥高考人才选拔的功能,还能够助推基础教育阶段人才培养模式的转型。从长远来看,核心素养的引入有助于"倒逼"基础教育更加注重学生学科素养和综合素质的培养,为基础教育由"应试"向"育人"目的的转变发挥良性助推作用。其次,核心素养不仅包含文化基础等传统高考考查重点,还包括学会学习、健康生活、责任担当、实践创新等全新内容。自20世纪90年代始,一些国际组织,比如欧盟、OECD、联合国教科文组织等,以及众多国家,包括美、英、澳、加、法、日等,纷纷开展有关核心素养的研究项目,以确定本国、本地区核心素养的定义,并遴选合适的指标体系,最终形成了以美国的"新世纪技能"为典型代表的整体系统型、以OECD组织开展的DeSeCo项目为典型代表的并列交互型以及以日本的"21世纪型能力"为典型代表的同心圆型等三大类别。仔细考察这三大类别核心素养的指标体系可以发现,它们不仅强调传统高考所看重的学生学习的基础能力,还更加强调学生的思考能力和实践能力。我们的高考如果能对这些维度进行全面考查,必然能够纠正高考考查内容结构偏失的问题。再次,单纯通过纸笔测验难以科学、全面地考查核心素养,将核心素养纳入高考考查体系中,必定会促使高考考查形式进行多样化调整。例如,我们可以通过现代教学技术模拟一些真实情景,让学生在真实情景中去主动发现问题并尝试加以解决,通过记录学生在真实情景中问题解决的深度投入数据等方式,实现对学生合作能力、沟通与交流能力、规则意识及思维品质等核心素养的综合考查。最后,核心素养本身所具备的多维度特征也相应地要求在未来高考改革中实施多元化的录取方式,改变唯统考成绩是瞻的录取方式。高考改革的初衷是改变"见分不见人""比分数不比能力"的传统痼疾,将传统高考排除在外或者难以考核的内容全面加以呈现,从而为高校选拔学生提供更加科学合理、立体多样的信息,并在此基础上建立起多元化评价指标体系。"依据统一高考和高中学业水平考试成绩、参考综合素质评价进行录取"[19],有助于实现高考从"选分"到"选人"的历史性嬗变。由此可见,借助核心素养这个载体,可以有效疏解传统高考的种种弊端,实现传统高考形式的转型升级。

三、高考何以面向未来:基于核心素养的构建思路

如果说作为我国基础教育新的培养目标体系的核心素养是从正向来引导教育实践走向素质教育的话,那么作为"同时具备育人价值和社会价值"的高考[20]则能督促教育实践向素质教育靠拢。两者只有相互配合、有效对接,才能更好地担负起破除实践领域的应试教育取向,最终实现立德树人的重要任务。基于核心素养的未来高考评价体系整合了传统评价方式和新兴评价方式的优点,是一种更综合、更平衡的考查体系。它在考查目的、考查内容和考查方式上更加符合教育规律和人才成长

规律,能够从根本上扭转高考的派生功能凌驾于本体功能之上的局面,充分发挥高考促进核心素养落地、核心素养助推高考转型升级的双向互利功能。

(一)一个核心:核心素养与未来高考改革的殊途同归

"党的十九大报告作出了两个重大战略判断:一是中国特色社会主义进入新时代,二是我国社会的主要矛盾发生了新的变化。"[21]两大战略判断意味着,党和国家事业不断向前发展对教育提出了新的要求,也意味着人民群众对教育有了更高的诉求。未来评价体系中的"一个核心"正是在两大战略判断的基础上对未来高考考查目的即"为什么而考"做出的凝练概括,包括了"立德树人、服务选才、引导教学"三个重要层面:首先,立德树人是习近平总书记在全国教育大会上对我国教育提出的总目标,我们应坚持以立德树人为核心,全面深化高考内容改革,引导学生增强民族意识、国家意识和社会责任感,树立中国特色社会主义共同理想。高考为国选才、为高校选拔新生,是高校人才培养的第一关,必须始终把坚持正确的政治方向放在首位。高考的性质地位、甄选功能及导向作用决定了在进行高考改革的过程中必须将立德树人作为基本原则,以确保未来高考改革始终沿着正确的政治方向和价值导向前进。"立德树人"是"一个核心"中的关键且居于首位,表明了未来高考的鲜明政治属性。所谓"立德树人",就是要在坚定青少年理想信念、塑造青少年道德品质、涵养青少年法治素养方面下大功夫、花大力气。2020年高考语文卷将"文化自信""先进人物"等主旨融入其中,在文本阅读中考查《对话〈钟南山:苍生在上〉作者》一文,以此引导学生学习当下先进人物,切实思考自身应承担的责任与义务,树立良好的道德意识。其次,高考作为一种高利害的选拔性考试,担负着服务选才的重要职能,不仅要为各级各类高校筛选文化基础扎实、全面发展而又有个性的学生,还要为国家建设和社会发展挑选出德才兼备、动手能力强、创新意识突出的人才。我们应坚持以科学选才、提高质量、促进公平为核心,探索和完善评价人才的基本办法,使人才选拔标准与方式更具全面性、科学性,保证较高的信度和效度,注重提升高考的区分度,促进人才合理分流与配置。高考服务选才的基本功能不仅有助于提高我国人才培养质量,对于维护社会公平正义也具有极为重要的意义。最后,高考不仅是强调区分性的选拔考试,在破除应试教育的怪圈、推行素质教育的过程中也扮演着至关重要的角色。未来高考改革应聚焦人文精神与价值引领,明确高中阶段教育教学的内容及方式,在高考中增强立德树人的时代气息并体现思想性,注重对实践能力、创新精神、社会责任感等综合素质的考查,积极进行课程内容改革,注重因材施教,涵育核心素养从而落实"五育并举"的教育方针,体现未来高考改革内容的全面性。因此,"新一轮高考改革与课程改革同向同行,突出考试内容的整体设计"[22],如此才能够助力基础教育教学提质达标,帮助学生减负增效。

核心素养作为对"教育要培养什么人"这一重要问题的正面回答,是联结宏观领域的教育方针、教育理念、学校培养目标和微观领域的课程标准、课程目标、课堂教学目标的关键环节,也是党和国家的教育方针在新的时代背景下的具体体现。无论是党的教育方针——培养德智体美劳全面发展的社会主义建设者和接班人,还是党的十九大报告中所提出的立德树人的总目标,都对教育教学和人才培养具有宏观性、全局性的指导意义,而教育方针和总目标在实践领域的真正落实和切实践行,需要一个强有力的支点,中国学生发展核心素养就是这样一个强有力的支点。核心素养将宏观领域的方针和目标一步步细致化、具体化和系统化,通过课程标准修订和教材编写,融会贯通到各个学科和每个学段,落实到课堂教学的整个过程中,从而促进我国从人力资源大国向人力资源强国迈进。由此可见,核心素养与未来高考改革在价值取向上是殊途同归的,在路径选择上是相互配合的,都是党和国家方针政策的具体体现,都肩负着"立德树人、服务选才、引导教学"的重大历史使命。

(二)四个层面:基于核心素养科学设置高考考查内容

形成与核心素养及新修订的课程标准相协调的高考考查内容,是未来高考改革的重要任务之一。未来高考的考查内容要避免落入"知识本位""教材中心"的传统窠臼,而应该致力于在识记学科知识和结论的基础上,着重考查学生的知识迁移能力、运用水平、思维品质等核心素养。引领新一轮基础教育课程改革未来走向的核心素养已然成为学术界的研究热点。与理论研究一片叫好形成鲜明对比的却是实践领域并不买账。[23]导致该问题产生的主要原因在于:目前还难以在教学评价中特别是具有重大利害关系的评价中将核心素养科学、有机地融入进来。在借鉴OECD的国际学生评估项目(Program for International Student Assessment,PISA)及国外其他重要考试经验的基础上,依据新修订的课程标准和统计测量规律,基于核心素养而设置的高考考查内容的"四个层面"应运而生。"四个层面"是对符合素质教育理念的高考内容的提纯和凝练,主要包括"必备知识、关键能力、学科素养、核心价值"四个层层相连、逐渐深入的方面。

必备知识是"根据学生在未来高校学科学习所需要的知识内容凝练而成"[24]。根据布鲁姆"先知道,再理解,后应用"的逻辑顺序,核心素养与必备知识是密不可分的,必备知识在核心素养的养成中发挥着基础性的作用。考查必备知识永远都是高考的重要内容,也是未来高考改革的应有之义。但这里的必备知识与传统高考所强调的知识相比有很大的不同,它是遵循素质教育和新修订的课程标准的要求,通过对传统高考中的基础知识进行去粗存精、去伪存真、去表存里而形成的,是有利于学生核心素养养成的那些知识。事实上,未来高考对必备知识的考查并不是完全按照教材上的逻辑把知识点照搬到试卷中,而是经历了一个思路转换的过程。这个转换过程主要包括两点:一是要用情境作为知识的必要支撑和二次包装。这是因为"情境是发展核心素养的有效载体"[25],也是核心素养的重要特征之一;只有在情境中,学生才能进行活跃、高效的理性认识活动,也才能更加深刻地理解和领悟知识。考查应注重将知识内化,对必备知识的考查应置于更广阔的现实情境之中,验证学生在问题解决过程中对必备知识的理解和掌握程度,促进学生对必备知识的建构与迁移。二是要打通和消除不同学科之间的壁垒。相较于对分科知识进行的平面式考查,对跨学科知识进行立体化考查更有利于增强知识的有机性,也更有利于知识的融会贯通,从而有利于核心素养的养成。未来高考的考查内容应结合学生整体知识体系并对考生应掌握的知识建构时空坐标,促使学生夯实基础知识、明晰各科概念、整合知识体系,使学生重视命题的文本阅读与情境分析,从而注重不同学科知识间的因果联系以及知识建构的完整性和独特性。在历史学科中,近几年着重考查了不同时代背景下杰出人物推动历史发展的重要作用,将个人价值与国家利益紧密结合,以此培养学生的人文底蕴与责任担当意识。不过,必备知识位于核心素养的低层级水平,高考作为一种多维度的评价体系,不能仅满足于对必备知识的考查,还必须考查与核心素养息息相关的关键能力。

关键能力是依据中共中央办公厅、国务院办公厅2017年9月印发的《关于深化教育体制机制改革的意见》中所提出的培养支撑终身发展、适应时代要求的"关键能力"并对其进行学科化改造而形成的。关键能力以必备知识为基础,包括通过对知识的运用而培养起来的学生适应终身学习社会和信息化时代所必需的认知能力、职业能力、创新能力和合作能力,它能使学生不断提高科学认识、精准分析、有效解决学科与综合问题的能力。由于这些能力要素之间是相互关联的非线性排列关系,而对其评价又必然要依托相应的评价内容,因而可以采用以主题和问题为组织形式、强调内容之间相互关联的统整策略来对关键能力进行考查。考查内容应更关注知识获取、实践操作与合作探究三方面,强调以学生能力为重点,关注学生在解决与学科相关的实际问题时的能力培养,更加具有针对性与应用性。以数学学科为例,只有学生具有获取和解读信息的基本能力,才能精准把握试题或图文材料来最大限度地获取有效信息,在合理解读的基础上进行有逻辑、有层次的分析与处理。提高学生的关键能力与素质教育的终身学习、终身发展理念相辅相成,也是素质教育在高考中的具体落实和确切体现。

学科素养指的是在高中阶段学业完成后学生能够综合运用所学的知识、技能、方法和思维解决复杂的、非良构性的学科问题或现实问题的综合品质和价值观念。它是在对国家相关政策、以核心素养为依据的新课程标准、高校培养要求和基础教育利益相关者进行分析和调查的基础上提出的。与关键能力相比,学科素养更加强调学生的学习品质和价值观念,是学科育人价值的最为显著的体现。由于"重点是培养学生认知能力、合作能力、创新能力与职业能力"[26],因而对学科素养的考查,可以通过向学生提供生活中所遇到的系列情境,以此评估他们综合运用所学学科知识、技能及方法等解决特定情境中问题的表现来实现。近年来,高考内容已明确显示出"素养立意"的命题导向,逐渐将学科素养划分为学生的学习掌握、实践探索与思维方法三方面,让学生在面对复杂的现实问题情境时,运用正确的学科知识与技能、思维方式等高质量地认识问题、分析问题、解决问题。如在历史学科中,我们可以创设在不同时间段中国外交关系发展与演变的问题情境,使学生深刻把握历史发展脉络并对其做出合理解释,培养学生的史识认知能力。

核心价值则是对社会主义核心价值观的学科化改造,是塑造学生健全人格的基础,凸显了对学生"德"的重视;是学生在面对现实问题时表现出来的情感态度与价值观倾向;是学生思想观念和健康的情感态度的综合。它要求在完成高中阶段的学业任务后,学生能够"坚定理想信念、厚植爱国主义情怀、提升品德修养、培养奋斗精神、健全人格、锤炼意志、提高审美、培育劳动精神、践行社会主义核心价值观"[27]。对核心价值的考查,可以通过书面考查与日常行为考查相结合,将"知"与"行"无缝对接来实现。这种对"知行统一"的考查能够极大地激发学生学习和践行核心价值的积极性。考查应主动发挥高考的价值引领与教育作用,将核心价值划分为具体的思想观念、道德品质与综合素质三方面,考查与学科相适应的、反映"立德树人"根本任务与"五育并举"教育方针的具体内容;考查应引导学生将正确的思想观念和健康良好的道德情感态度相结合,将学生对社会热点、时代精神的关注与理性思考相结合,助力学生坚定理想信念。如在语文学科中,我们可以通过结合"报效国家"等文章内容或学习儒家"修身齐家治国平天下"的高尚思想品德来强调爱国意识与文化自信,综合运用各学科知识来增强学生的道路自信、理论自信、制度自信、文化自信,引导学生自觉弘扬中华优秀传统文化、继承革命文化与发展社会主义先进文化;在核心价值的引领下,设置综合性、开放性、探索性问题情境,调动学生运用学科必备知识的关键能力,助力学生形成良好的个性化认知与学科核心素养。

(三)四大特性:基于核心素养科学设计高考考查形式

考查形式作为实现考查目的和实施考查内容的重要载体,在整个高考评价体系中处于十分关键的地位。因此,科学合理的考查形式是未来高考改革取得成功的必要前提。传统高考以大规模标准化纸笔测验为典型代表,虽然在阅卷、评分的效率方面有比较明显的优势,但这种优势却只局限在学生的基础知识层面,而在技能、态度等其他重要核心素养方面难有作为,已经难以满足素质教育的深化和国家对人才的需求。基于核心素养科学设计未来的高考考查形式,能够有效释放高考本身所具有的以考促教、以考促学的正向功能,而涵盖了基础性、应用性、综合性、创新性"四大特性"的考查形式就是这样一种尝试和创新。

首先,就基础性而言,尽管我国高考历来比较重视对"基础"的考查,但对"基础"的理解还比较狭隘,往往指的是各学科的基础知识和基本技能,而很少涉及一些跨学科的基础知识和适应终身学习社会的基本技能。未来高考改革并非要取消"双基"的重要地位,也绝对不能放松对学生"双基"的考查;传统高考中应用范围较广的、客观的纸笔测验仍有继续存在的必要性,我们仍应充分发挥其在基础性方面所具有的显著的考查优势。但为了更好地培育学生的核心素养,我们必须创新基础知识和基本技能的考查形式,将浅层记忆、机械训练、执行简单的任务从试题中剔除,转而强调创设新情境、挑选新材料、开发新题型。在具体的考查过程中,我们应注重以典型情境为载体来考查相关核心概念,如在物理学科中,不仅要注重对各种基础原理的考查,更要关注实际的物理实验流程,培养学生严谨的科学态度。未来高考的考查形式应大力培养学生探究多种类型的、典型的真实情景的能力,使学生具备适应大学学习与社会发展的基本素养,形成全面合理的知识结构、扎实灵活的能力要求、健康健全的人格素养。

其次，核心素养往往是在真实的、复杂的、相互勾连的问题情境或生活情境中浮现、运用和培育的，因而具有明显的应用性特点。这就要求人们必须超越传统的纸笔测验的"平面化"评价形式，采用"'能检测学生的认知思维和推理能力以及运用知识去解决真实的、有意义的问题的能力'的表现性评价"[28]。为此，将隐而不彰的核心素养转换为可以观察、记录、分析的表现性任务，从而让学生展示自己对核心概念及其相互关系的理解，并运用其探究、解决书本之外、生活之中的真实问题，就成为高考改革者必须考量的问题。考查形式强调紧贴时代要求与社会变迁，主张学生运用所学知识、能力与素养来分析和解决现实问题，使学生在获取和解读信息能力的基础上做出正确的辨别与判断，提升学生理论联系实际、分析与论证、探究与建构等必备能力，彰显核心素养的应用性特点。如在数学学科中落实高考评价体系的"应用性"要求，关键在于通过各式各类的生活实践情境，考查学生应用数学的能力与素养，引导学生依据数学在问题情境中的作用，以数学语言阐明问题情境的发生缘由与形成机理。

再次，核心素养各组成要素之间并非断然割裂的，而是融会贯通、层层递进并相得益彰的，因而核心素养又具有典型的综合性特点。仅通过某一次、某一种形式的评价，很难说明学生已经习得了某种素养，我们应该让学生有多次机会、用多种形式来呈现自己习得了某种素养的证据。为此，我们可以考虑进行从"一考定终身"转向"梯度性考试"的改革尝试；可以考虑通过多样化的形成性评价，诸如观察、对话、重要事件、学生反思以及学生最后提交的成果[29]等评价方式，考查学生对某种素养的习得程度。我们应注重以复杂情境为载体来引导学生实现知识的融会贯通；在解决具体问题时，引导学生根据文字图片等信息厘清题目要点并抓住关键点，综合运用多种知识解决问题，达成感性和理性的融合。在试题的设计上，我们应加强学科内在的知识关联；解决综合性问题往往需要多种知识，引导学生利用不同板块的概念和规律来求解。未来高考考查形式的多样化要求注重考查学生对教材中不同章节知识的综合运用能力，使学生把握知识点之间的内在关联并做出适当拓展延伸，在形成思维的过程中提升思维品质。在考查方式与题型选择上，我们要坚持具体化、精细化，灵活多变地运用不同层级的学科知识，更好地推动学生核心素养的提升。

最后，核心素养时代，创新性也是未来高考考查形式满足时代发展和人才需求的必然选择。落实高考评价体系的创新性，关键在于设置非常态化的问题情境，以开放问题打破定式思维，从而为学生营造出创新思维的氛围。未来高考考查形式应更注重对学生的逻辑思维与发散思维进行考查，鼓励学生多角度观察、创造性思考、探究式发现，使其能够综合运用相关学科的原理来合理分析与解决问题。未来高考考查形式创新性的落实离不开必要的测量工具和量规，但我国对测量工具和量规的研究相对滞后，如何借助信息技术、大数据、人工智能的力量来实现高考考查形式的创新，就成为打通未来高考改革和核心素养对接的"最后一公里"。为此，我们可以将"云阅卷""智能批改板"等技术引入到高考阅卷中来，以便适时采集学生的得分数据和教师的批阅痕迹，为未来高考改革提供数据分析和挖掘等服务；可以借助信息化教学系统和各类移动终端，全面、客观、深入地分析学生高中阶段历次考试、测验、作业、社会实践等的数据,使学生的综合素质评价有章可循、有据可依;可以将决策树、聚类分析、回归算法等方法引介到高中学业水平考试中来,以便为学生进行精准化数字画像,从而更好地分析问题、诊断原因、提供对策。

四、结语

在进一步深化教育领域综合改革、全面推进素质教育的征途上,无论是高考改革还是核心素养的推进,都迎来了前所未有的机遇,也都面临着种种挑战,同时两者也都难以独自应对改革路上的种种风险。构建核心素养下的未来高考评价体系,需要我们进一步厘清考查内容与考查形式的本源,努力建构先进性、科学性与可操作性皆备的高考考查模式,全面把握其总体特征,发挥未来高考的核心功能,进而涵育核心素养、助推素质教育,最终促进学生个性全面发展。因此,我们在进行改革政策的顶层设计时,应该双管齐下、齐头并进,将未来高考改革与核心素养的推进统筹到一盘棋中来,如此才能开拓出素质教育的新局面。

参考文献

[1] 谈松华,本刊编辑部.高考改革:历史经验与时代使命——访国家教育咨询委员会委员谈松华[J].中国考试,2018(1):1-7.

[2] 刘海峰.高考改革的教育与社会视角[J].高等教育研究,2002(5):33-38.

[3] 刘永佶.马克思经济学手稿的方法论[M].郑州:河南人民出版社,1990:87.

[4] 崔岐恩,张晓霞,张夏青.新知识观视阈中的求知与求能[J].中国成人教育,2011(15):9-12.

[5] 卢俊勇,陶青.论学习价值的完整性[J].教育探索,2011(6):8-10.

[6] 郑若玲,宋莉莉,徐恩煊.再论高考的教育功能——侧重"高考指挥棒"的分析[J].全球教育展望,2018(2):105-115.

[7] 扈中平.对"钱学森之问"的质疑[J].中国德育,2019(6):46-50.

[8][10][18] 林崇德.21世纪学生发展核心素养研究[M].北京:北京师范大学出版社,2016:29、4、11.

[9][23] 周序.核心素养教育与高考改革的方向[J].当代教育科学,2017(4):23-26.

[11] 教育部关于全面深化课程改革 落实立德树人根本任务的意见[EB/OL].(2014-03-30)[2020-12-21].http://old.moe.gov.cn/publicfiles/business/htmlfiles/moe/s7054/201404/167226.html.

[12][13] 熊晓亮.新世纪美国SAT改革对我国高考改革的启示[J].教育探索,2009(2):70-71.

[14]马健生,邹维.高考改革40年的经验和教训:历史与比较分析[J].西南大学学报(社会科学版),2018(5):57-66.

[15]余澄,王后雄.高考改革试点方案的定位、分类及结构分析[J].高等教育研究,2015(10):49-55.

[16]皮埃尔·布迪厄,华康德.实践与反思:反思社会学导引[M].李猛,李康,译.北京:中央编译出版社,1998:1.

[17]牛悦,於荣.美国大学入学考试SAT的改革及其启示[J].中国人民大学教育学刊,2016(2):17-30.

[19]于涵.不忘初心 推进新高考改革 面向未来 构筑现代化考试[J].中国高教研究,2018(3):17-23.

[20]娄立志,张基惠.新高考本体价值之表达:评价理念、育人功能、人本取向[J].中国考试,2019(10):27-33.

[21][22]姜钢.论高考"立德树人、服务选才、引导教学"的核心功能[J].中国高等教育,2018(11):31-35.

[24]任子朝,赵轩,陈昂.深化高考内容改革 助推素质教育发展——新高考改革中的关键问题与解决措施[J].中国高教研究,2019(1):38-42.

[25]林洛颖,边国霞,周文叶.基于核心素养的课程建构——"第十五届上海国际课程论坛"综述[J].教育测量与评价,2017(12):50-54.

[26]马思腾,褚宏启.基于学生核心素养发展的学情分析[J].现代教育管理,2019(5):124-128.

[27]于涵.新时代的高考定位与内容改革实施路径[J]中国考试,2019(1):1-9.

[28][29]周文叶,陈铭洲.指向核心素养的表现性评价[J].课程·教材·教法,2017(9):36-43.

Discussion on the Evaluation System of the College Entrance Examination in the Future——Based on the Perspective of Core Literacy

Zhu Wenhui[1], Shi Jianxin[1], Ji Meng[2]

(1. Faculty of Education, Northeast Normal University, Changchun 130024, China; 2. Primary School Affiliated to Northeast Normal University, Changchun 130061, China)

Abstract: As an inevitable objective existence, the college entrance examination is difficult to produce constructive results by blindly criticizing its baton function. On the basis of reasonably avoiding its negative effects such as alienation of basic education, we should make full use of the strong centripetal force of social mentality on the college entrance examination to give full playing to the positive function of promoting learning by examination and improving the implementation of core-competence. Core-competence, as a new interpretation of quality education under the background of new reform, is becoming a new training target system in the field of basic education in China.It can provide new framework for the reform of the new college entrance examination.Therefore, the new college entrance examination reform and the core-competence-oriented curriculum refore of basic education as two key links of deepening the comprehensive reform in the field of education, should supplement each other, so as to open up a new situation of quality education.The evaluation system of "one core, four layers and four wings" can effectively link the reform of the new college entrance examination with the core-competence. The resulting force will fully release the mutually beneficial function of the college entrance examination to promote the implementation of core-competence and the transformation and upgrading of the college entrance examination.

Key words: the baton of college entrance examination; core-competence; new college entrance examination reform; future college entrance examination evaluation system

认知神经科学视角下差异化教学的观念建构

李亚琼[1,2]　徐文彬[2]　陆世奇[2]

（1.江苏第二师范学院　数学科学学院,南京　211222；2.南京师范大学　课程与教学研究所,南京　210097）

摘要　基础教育改革二十多年间,差异化教学的理论探索与实践研究为差异化教学提供了一定的理论依据和策略指导。在现代教育体制下的教学中,学生个体差异性无法完全被重视,教师很难结合学生特点差异化整合教学内容、适时调整教学过程及客观分析教学结果,从而无法有效地进行差异化指导和评价。针对差异化教学的现实困惑,认知神经科学给教学带来启示,即模式与联结：差异化教学的整体性；大脑与长短时记忆：教学内容选择的适恰性；首因—近因效应：知识呈现的节奏性；脑成像与性别：教学中的性别差异性。基于此,本文尝试从目标个体化、内容差异化、过程多样化、成果丰富化四个维度进行差异化教学的观念建构。

关键词　认知神经科学；差异化教学；知识提取；目标一致性；观念建构

2001年印发的《基础教育课程改革纲要(试行)》中指出："教师应尊重学生的人格,关注个体差异,满足不同学生的学习需要。"基础教育改革二十多年,研究者基于各种研究视角进行了差异化教学的理论与实践研究,其研究帮助教师较为充分地考虑到学生的思维结构水平与教学目标的差距,使教学过程尽可能符合学生的认知特点,帮助学生更全面的发展。当然,差异化教学的研究让学生在面对接受性知识时,在承认权威的前提下,具有构建新知和进行再创造的意识和能力。同时,差异化教学思想落实了"以人为本""立德树人"的新课程改革观,并且践行了新课程改革的新理念：面向全体的基础性理念、提高公民素质的发展性理念以及满足多种需求的选择性理念。实行差异化教学是推行新课程改革的常规要求和基本路径。[1]新时代的政策和社会舆论提高了有效实施差异化教学的期待,尊重和发展差异成为学校课程与教学的理想追求。

基金项目：江苏省中小学教学研究课题"教师研究的理论思考与模式建构"(2021JY14_L390)；江苏高校哲学社会科学研究重大项目"江苏省中小学教师知识观的代际差异与时代转化研究"(2022SJZD039)；安徽省2021年度高校协同创新项目"'双减'背景下教学和谐的理论证成、实践省察与行动建构"(GXXT-2021-058)。

作者简介：李亚琼,江苏第二师范学院数学科学学院高级讲师,南京师范大学课程与教学研究所博士研究生,主要从事数学课程与教学论研究；徐文彬,南京师范大学课程与教学研究所教授、博士生导师,主要从事课程与教学论研究；陆世奇,南京师范大学课程与教学研究所博士研究生,主要从事课程与教学论研究。

一、问题与背景

学科教育的根本目的是最大限度地激发学生的学习动力,挖掘学生的学习能力,促进学生学科思维能力的发展。差异化教学是新时代教学优化、教育发展和质量提升的迫切要求。新高考改革以学生为本、兼顾学生差异的理念,与差异化教学对学生的要求不谋而合。新高考采取的"3+1+2"模式,让每个学生都有主动选择的权利,同时也深刻诠释了《国家中长期教育改革和发展规划纲要(2010—2020年)》中"为每个学生提供适合的教育"的根本追求,凸显了基础教育阶段需要重视学生间的差异及进行差异化教学的导向。[2]

在现代教育体制背景下,班级授课制促使教师面对多样化学生,他们拥有不同的学习能力、不同的环境背景(家庭文化、风俗文化等)、不同的学习风格等,使用通用型直接指导法对这种多元化群体不能完全都奏效,常常出现以下问题:教学目标过度具体;学生的发展处于自由随意状态;学生成绩两极分化现象严重等。由于学习个体已有的认知结构和社会活动经验各不相同,教师很难结合学生特点,差异化地整合教学内容、适时调整教学过程及客观分析教学结果,从而无法真正地进行差异化指导和评价。[3]

差异化教学的本质是教师根据学生的不同兴趣和偏好,有目的、有计划、有组织地引导学生主动、有意识地进行学习的教学活动。[4]差异化教学的理论研究是开展差异化教学的基础,主要涉及差异化教学的含义、理论基础、原则、要素构成等。差异化教学的心理学基础是有意义学习理论、多元智能理论和最近发展区理论等。其教育学依据是终身教育理论。终身教育适合学习主体更多的不同需求,考虑学生的个体差异。学生可根据自己的发展需求和兴趣,自主地选择教育,主动成为教育对象。[5]促进学习个体差异发展是教学活动的应然追求,因为它既是教育对当代中国社会经济文化发展需求的积极回应,更是教育自身逻辑发展的必然走向。[6]但是近些年来,关于差异化教学的研究视角呈现单一重复的现状,需要寻求新的研究视角对差异化教学进行再认识。

随着生物科学和神经影像技术的发展,脑科学研究和认知神经科学研究均获得了较大的进展。神经科学和认知科学认为,学习可以改变大脑的物质结构,这些结构的变化可以改变大脑的功能组织,即学习组织和重组大脑,大脑的不同部位适合于不同学段的学习。[7]研究者发现了越来越多的关于人脑如何生长发育及学习的奥秘,学习本质上是神经元建立连接的过程,这个过程是通过神经元放电形成电化学回路实现的,并伴随着神经递质的传递。[8]教与学的重要起点是学生有不同的学习方式,教育者需要寻求适合每一个学生的有效方式。人的发展不仅依赖于基因编码,还依赖于期待的经验和经验的学习。[9]在差异化教学的研究中,对差异化的理解是有效落实差异化教学的关键。本文结合差异化教学的思考,融合认知神经科学中关于大脑如何学习的研究启示,试图为更好地研究差异化教学打开新视角。

二、认知神经科学的相关结论及其教学启示

学生是教育教学与认知神经科学的共同关注对象,整合教学与认知神经科学的交叉点,能为教育的未来发展展现美好前景。[10]尽管认知神经科学的研究已经取得一些进展,但将其成果应用于教学的研究还不够深入。基于此,我们梳理认知神经科学的相关结论,以期对教学提供有益的启示。

(一)模式与联结:差异化教学的整体性

从神经科学的视角来看,教与学是学生大脑和心理发展的重要部分。研究者发现了较多与认知相关的脑区,如计算能力与顶内沟区域的激活有关,几何术语与左侧顶小叶和颞下回后部的激活有关等。[11]人脑是一个模式识别器,人的记忆通常通过联结来提取。联结记忆是一种强有力的工具,可以在碎片化的数据之间建立联系,并利用类比推理,将在一个情境中所学的知识用到新的情境中。[12]比如,人们有时不需要看清具体的人脸就可以认出朋友,凭借联结记忆,通过观察走路姿势、听音或看身形等便可以辨认出熟人。当然有时也会出现模式干扰,比如,当一个陌生人的外形和自己熟悉的人相似时,便会出现认错人的窘态,这种情况便是出现了模式干扰。又如,刚接触负数运算时,学生会经常受到原有正整数运算的干扰。此时在教学中,教师不能仅仅让学生死记硬背有理数运算口诀,这样会破坏和压制学生对数学关系的直觉理解力,导致他们出现从对数字的直觉加工转向忽略数学意义的自动化数字运算的情况。反之,教师需要在教学中充分利用学生的数感与新的数学运算建立联系,帮助学生理解运算口诀,从而更好地进行数学运算。

学习行为是在"执行控制脑区"下进行的联结行为,执行控制脑区即为前额叶皮层,主要是通过协调小脑和基底核等脑区来控制人的行为。比如,概念、性质、公式等知识的理解和练习的过程是神经递质的分泌、脑皮层加厚及脑区联络增强的过程。[13]学习是刺激和反应间建立联结的过程,新知识的建构必须依赖已知知识,比如,教师需要抽取前拥理解并与学生带来的前拥理解打交道,还必须整合各学科相关知识、深度理解知识并教授知识,帮助学生学会知识提取。学习的一个重要方面就是学习主体可以顺畅地识别特定领域的问题类型。[14]

(二)大脑与长短时记忆:教学内容选择的适恰性

科学家们认为,记忆会极大地影响个体的学习能力。要想让学生记住课程内容,需要了解大脑的记忆部分是如何工作的。认知神经学家认为,记忆系统包括短时记忆的暂时性记忆和长时记忆的永久性记忆。短时记忆分为瞬时记忆和工作记忆两种。比如,当你要存储一个陌生的电话号码时,通常可以瞬间记住数字保证其正好储存下来,随后便基本忘记,这便是瞬时记忆。而个体学习一般需要工作记忆,但工作记忆是一个容量有限的地方,在那里可以创建、剖析或修订信息。工作记忆的容量会随年龄的变化而变化,教师需要结合个体记忆容量和存储时间限制来合理安排教学内容。当然,如果知识信息自身是有意义的或对学生是有意义的,它将更有利于被存储。[15]学生需对学习的内

容有更深入的理解,才能更灵活地加以运用。脑扫描显示,当学生的工作记忆认为知识信息有意义且合理时,大脑将会有大幅度的皮层活动,学习信息被长久存储的可能性会增大。[16]比如,学生随着数学教师的指令完成一系列学习任务后,并没有获得相关意义,此时信息将几乎不会进入长时记忆。回忆是将长时记忆中的信息找出来变为短时记忆的过程,本质上是经验的重建过程。[17]

另外,脑成像研究指出,陈述性记忆和程序性记忆(如图1[18])储存于大脑的不同区域,陈述性记忆容易被忘记;程序性记忆不容易被忘记,并会触发一系列自动步骤(无意识加工),比如,在很熟悉的上班路上,你可以一边开车一边计划当天的工作(陈述性记忆),不经意间会发现自己已经开了好几公里(开车技能为程序性记忆),这种现象便是自动化提取过程。知识的提取过程一般可分为知识的无力提取、费力提取、顺畅提取和自动化提取四个进阶,[19]其中,自动化提取是最高进阶。知识的提取实际上是把隐性的、程序化的知识外显的过程。正如叶澜所说,教师的智慧在于把学科知识激活,让学科内在的生命能量呈现出来。

再者,脑神经科学中的情绪脑区也会影响学习和记忆。情绪脑区是由海马、海马旁回、杏仁核及其周边神经网络构成,[20]其在学习中有两个作用:一个作用是通过教学刺激让学生感觉学习有意义,能够主动进行理解性学习;另一个作用便是通过有效学习策略,帮助学生形成严谨的学习态度。这两个作用都和情绪脑区有紧密关系,有助于有效学习和形成长时记忆。

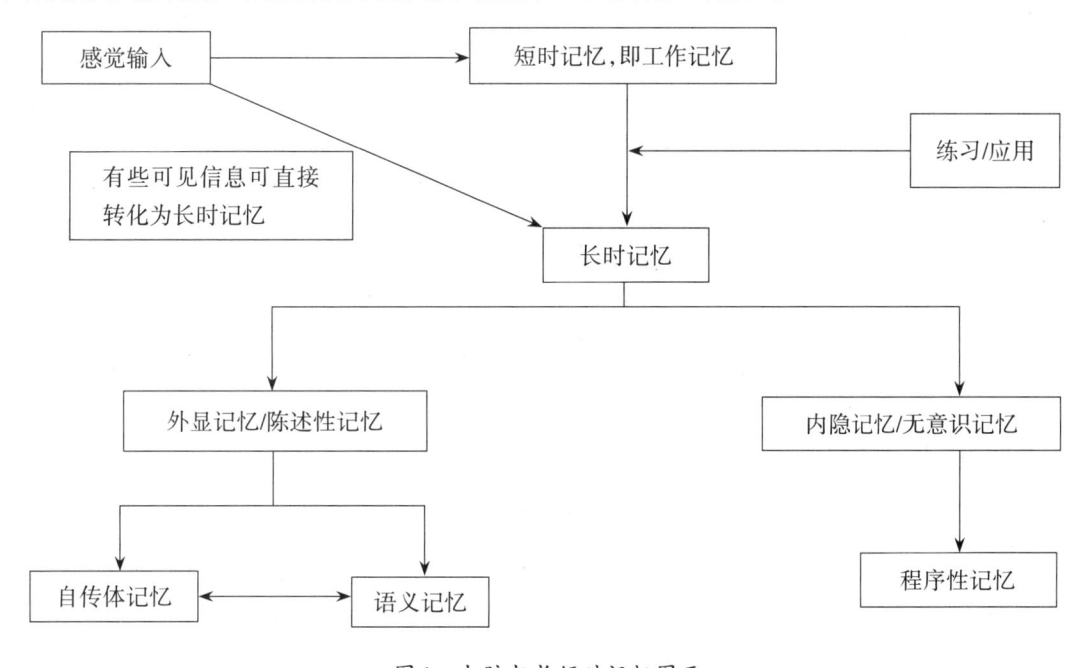

图1 大脑与长短时记忆图示

(三)首因—近因效应:知识呈现的节奏性

个体在加工信息时,信息被储存的数量取决于学习的信息何时被呈现。在一个学习阶段中,主体通常对最先出现的内容记忆最好,其次是最后出现的,对中间阶段出现的内容记忆最差,这便是首因—近因效应(也称为系列位置效应)。[21]新知识信息的内容处于工作记忆的容量限制范围内,所以它们能引起学习主体的注意并可能被保留在记忆中。当信息超出容量限制后,这时呈现的知识内容便容易丢失,即处于学习停滞期。但当某一学习阶段结束后,工作记忆中的内容被分类或分块,从而让学习主体可以对这些学习内容进行额外的加工并记忆(具体如图2[22]所示,是一个双峰曲线,每一峰代表在那个时间段里的最大记忆保持程度)。[23]所以,学生学习的动机和知识呈现的时间都是学生进行有效学习的前提,也是差异化教学的前提保障。

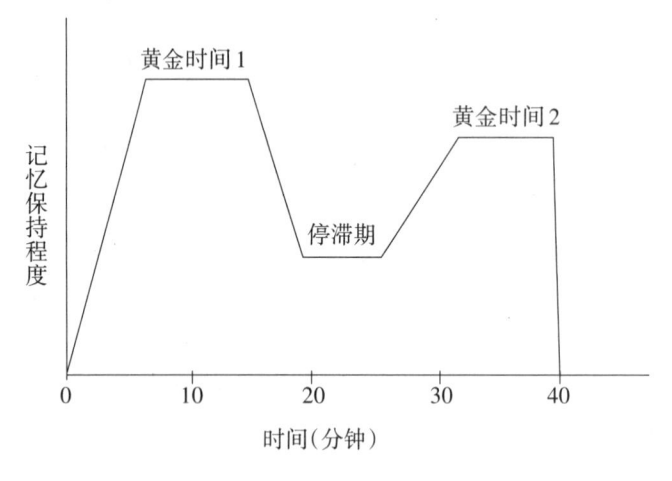

图2 学习阶段中的记忆保持

(四)脑成像与性别:教学中的性别差异性

目前,有些研究证明了大脑存在性别差异,而有些研究并没有发现这种差异。不过,有些活动、行为模式和思考方式可能确实存在性别差异。比如,女性在语言的运用及其流畅性、清晰发音的速度、知觉速度、精细手工等方面相对更加熟练,而男性则在空间任务、数学推理、搜寻路线等任务中表现得更好。[24]再比如,以往的研究总是不经意地偏向于认为,在高中和大学的教学课堂中,男生占优势。近期关于脑科学的研究发现,试图解释学习中的性别差异。脑成像研究表明,男性在视空间能力上有优势,而女性擅长语言加工。在女性大脑中,被称为胼胝体的连接两个大脑半球的神经束,从比例上来说比男性大脑的要大,这说明女性大脑两半球之间的交流比男性更有效。但是男性的交流频率更高。这些差异能否证明男性在数学学习方面具有遗传优势,还有待考察和证实。[25]

有研究表明,男生和女生的数学学习能力在童年早期有遗传基础,但他们的数学学习资质整体上是相当的。对教育者来说,了解学习发展阶段的变化性及性别差异性,是至关重要的。当然,这些变化性和差异性可以通过各种教学方法和策略来弥补,这也为差异化教学的策略实施提供了理论借鉴。适合于男生和女生的整体教学类型肯定存在差异,我们需要一个反思性的教学模式。除此以外,每个人的学习风格并不是一成不变的,教师如何能在一节课上满足这么多的可能性?科学家们是否能发现构成不同智能的潜在神经网络?[26]这些也在不断摸索研究中,但它们同时提醒教师,学生有不同的优势和弱势以及不同的兴趣,因而他们应该以不同的方式学习,教师需要尽可能地在更大范围内满足学生的需求。通过不同方法教授数学课程,可以使得学生觉得数学有趣,从而激发学生的学习动力。

三、差异化教学的观念建构

脑科学、认知科学、学习理论和教学理论为差异化教学提供了理论基础,基于认知神经科学视角,我们可以从中观层面来分析学习的机理,这有助于形成有效的差异化教学理念。教师面对多样化的学生个体,需要分析个体的不同文化、不同学习风格、不同环境影响、不同学习需求等,运用多样化的教学技巧和策略对学生进行差异化教学。教师需要给予学生适合其特点的指导和评价,针对不同学生区分教学内容、教学过程及教学成果,从而更有效地促进学生学习。差异化教学活动包括教学目标、教学内容、教学过程和教学评价四个方面,基于这四个方面进行观念建构将有助于差异化教学的有效实施。从这点来看,差异化教学需要关注部分与整体的统一,即差异化教学是整体下的差异与差异化的整体的辩证统一。

(一)目标个体化

课堂教学中学生间可能会形成三种不同的目标结构:合作、竞争和个体化目标结构。[27]差异化教学强调教师在教学过程中需要充分考虑学习个体在基础知识、学习能力、学习兴趣、学习风格等方面的差异,也需要考虑教学目标的个体化。个体化目标需要通过纵向的自我比较来衡量学生的学习情况,当教师决定采用差异化教学时,他们需要将目标个体化,这是一个教学模式的转变过程。

目标个体化是差异化学习的基本前提和保障,差异化学习最终需要体现个体学科思维的变化。脑成像与性别差异为目标个体化提供了有力的支撑,为了成功完成这种转变,教师需要对每个学生的准备状态、兴趣及总体学习情况进行分析。学生的准备状态是指学生的学科技能水平及背景知识,这可以通过翻阅学生的学习成长记录(以前的考试成绩等)获得。诊断性评估也可以用来判断学生的准备状态,这样的评估可以是正式的也可以是非正式的,教师可以通过提前测试或访谈学生关于某个特定主题的背景知识,来获得学生准备状态的相关信息。教师可以通过设置兴趣调查量表,获取激励学生学科学习兴趣的相关主题,并尽力将他们的兴趣融入课程学习中。在课堂上让学生参与课程目标制定也是一种激励学生学习兴趣的方式。学习风格也是重要的个体信息,教师不可能完全照顾到每个学生的不同学习风格,但可以尽可能较大范围地满足学生的需求。教师可以通过询问学生如何学得更好、观察学生的行为、编制学生学习风格量表等方式来获取较为全面的学生个体学习风格、分组偏好及环境偏好等信息。

目标个体化强调个性与特色,保证公平与公正,体现进阶式发展的特点。目标个体化还需要考虑个体智能差异(包括男女生的差异),个体之间存在不同的智能组合,教师必须对每个学生的认知特点给予充分的理解,才有可能开发个体的不同智能组合。[28]多元智能理论认为,每个人都有自己的优势智能和弱势智能,这些智能之间不是相互独立的,而是动态组合的,智能结构的动态变化会影响个体的综合实力。这也要求教师能充分了解学生个体的智能结构、性格特点、兴趣爱好、学习态度等,据此制定适恰的个体目标,这是实施多元差异化教学的前提。当然,目标个体化的同时也需要关注教师目标与课程目标、学校目标的一致性,需要考虑学校目标与学校评价的隐性目标的一致性。

(二)内容差异化

认知神经科学中关于大脑结构和功能成像技术的研究表明,教师在课堂上选择不同的教学内容和不同的教学方法对学生大脑的结构和功能有可塑性价值。[29]将脑科学、认知科学与教学结合,其目的是运用新的理论基础和研究视角来更好地促进差异化教学的有效实施。

1.学习内容的意义性和理解性

人生来就具有一些非凡的能力,比如数感就是其中之一。人们一出生就拥有数感,或者说在较小的时候就能毫不费力地获得这种能力。这种能力意味着大多数人都可能在数学学习中表现得比我们想象得要好得多。有人说,学好高中数学不是一件容易的事。教育家认为,只有少数学生真正缺乏解决数学问题的能力,更多的是缺乏适恰的学习方法。

每个人都有学习能力,但能力强弱有区别,若要提升学习能力,需要有差异性地设计教学内容。当学科知识对于学生来说能够理解并且有意义时,学习将变得更加容易。反之,没有意义的机械学习会阻碍学习能力的提升。比如,若教师教授导数知识时,不是让学生机械地记住求导公式及导数运用的步骤,而是引导学生思考导数产生的必要性和作用,这便会引导学生认识新知识产生的价值。认知神经科学的研究表明,如果知识自身有意义或对于学生来说有意义时,将会伴随学生强烈的情感体验,大脑会有大幅度的皮层活动,信息被长久存储的可能性随之提高,即工作记忆与学生过去的经历息息相关。所以,在数学教学中,教师需要结合学习个体的特点,选择合适的内容进行差异化教学。

2.教学内容安排的节奏性

教师在计划和教授课程时,需要基于首因—近因效应在记忆保持中的作用,合理考虑教学内容安排的节奏性。当学生将注意力集中在教师身上准备专心学习的时候,学习阶段就开始了。在记忆的黄金时间1(如图2所示),教师需要教授新信息和新技能,需要将呈现的新材料和学生已有的经验知识相结合,引导学生进行新知建构。教授的新材料应该在接下来的停滞期被练习或反复,这样可以帮助学生对知识进行组织以便进一步加工和整理。而复习小结应该在黄金时间2(如图2所示)进行,这一阶段是学生第二个黄金记忆阶段,是学生对知识理解和掌握的重要时段。这一阶段是学生将意义赋予新知识,做出决策,确定如何将该部分知识转为长时记忆的最关键阶段。若在该阶段进行复习小结,需要增加小结内容设置的精确度。[30]关于练习内容的选择,教师需要关注学习的内容保持在学生当前年龄组的记忆容量限制内,并且需要给学生提供快速而精准的反馈。

3.教学内容的可视化与整体性

学习涉及大脑神经元连接、突触连接等的变化,当知识内容的承载体由静态单一的文字符号变成生动、形象、视听、动觉的信息时,这些鲜明的刺激能激活更多的脑区,进而形成更高级的神经环路,在神经元不断地连接、迁移和整合下,有效发挥脑区的功能,促进知识的生成、管理与提取。[31]教学内容的可视化可以提高学习的有效性,满足不同学习能力的学生的需求,同时可以引导学生绘制知识框架图,整理碎片式的知识点,形成知识网络,促进知识的整体化学习。

教学内容的整体性强调的是从知识内在逻辑、学生思维特点等方面对教学内容进行综合性考虑,强调知识内容的关联性、层次性和结构化,根据学生对知识的理解,构建整体性知识体系。由于学习是一个不断发展和积累的过程,教师也应当注意教学内容的整体性。在学生明确一个单元的学习内容和学习目标后,教师可通过视觉呈现方式展示所教内容的整体结构图,让学生建立起知识相互联系的整体性观念;[32]让学生了解接下来的学习活动是如何与内容相关联的,同时创设各种学习情境,为学生创造深刻的学习体验,从而使学生对所学单元的知识理解更透彻及对内容之间的关系更加清晰。

(三)过程多样化

每个人的长短时记忆是不同的,这就预示了学习过程的差异化,要求教师关注教学过程和学生获得知识的过程。教师需要不断地评估教学策略与个体大脑学习模式的一致性,并不断地更新与调整教学过程。学科学习涉及从具体到表征再到抽象的过程,当学生能够将操作与概念相联系去解决真实情景中的问题时,学习将会变得更加容易。

1.教学方法差异化

课堂观察和研究表明,当教师使用包含多种设计和方法的教学活动去吸引部分方面有优势的学生时,能够激励更多的学生使他们在课堂上有学习的获得感,教师可以满足更大范围的学生需要。通过不同方法教授课程可以使得课程更有趣,也能更好地激发学生的学习兴趣。[33]教师采取差异化教学时,往往倾向于根据自己的学习方式进行教学,教师需要考虑与学生学习风格相匹配的教学方法,这样才能优化学习效果。

教师需要根据学生不同的水平、学习兴趣和学习方式,不断探索课程的差异化教学策略,满足学生的个性化学习需求,激发学生的学习兴趣,以达到促进全体学生在原有水平上发展的目的。当然,教师是差异化教学策略的实施者,差异化教学预示着教学过程差异化,即要求教师采用不同的方法使学生获得学习材料。比如,教师在让学生预习导数知识时,可以让学生通过访谈学长获得信息,也可以让学生通过查询数学史获得信息,还可以让学生通过网络搜索信息。

2.学习风格多样化

学习风格是指学生在学习情景中的学习方式和偏好,是遗传因素和环境因素共同作用的产物。随着学生的成长,其学习风格会逐渐成熟并巩固。当然,学习风格是由若干变量组成的,这些变量包括感觉偏好、大脑半球偏好、智力偏好、参与偏好、直觉偏好等。[34]因为每个人的学习风格不是一成不变的,所以影响学习风格的变量组合也会有所变化。影响学习风格的变量组合有很多种,教师如何在课堂上尽可能地满足这些可能性?如何缩小可能性的范围?这些都是实施差异化教学需要思考的问题。这也提醒教师,学生有不同的优势和弱点及不同的兴趣,因而他们以不同的方式参与学习也是必然的。教师可以通过学习风格分析工具了解学生在学习新知识和难点知识时的偏好,进而根据不同的学习风格实施个性化教学设计,使自己的教学风格与学生的学习风格相契合,这有助于激发教学创造性和学生的学习兴趣,让学生的学习变得更加积极和主动,从而促进不同层次学生学习效率的提升。

(四)成果丰富化

由于个体差异性,学习科学面临的一个挑战是如何提供一个合理的理论框架将学习理论与评价任务联结起来。评价学生学习的目的是测量他们推理、理解、解决复杂问题的能力,以便更顺畅地识别特定领域的问题类型。所以,评价任务必须包括内容知识和过程技能的多种可能的组合。评价的关键是评价必须提供反馈和回溯的机会,且被评价的内容必须和学习目标相一致。[35]在教学过程中,教师需要将评价作为改进教与学的反馈信息的重要来源。在此过程中,学生的思维要能被观察(通过讨论、做实验、论文等),并且需要将结果反馈给学生。比如,若学习的目标是理解,则不仅要评价对过程和事实的记忆,同时也需要反馈理解的达成情况,教师可以设计多项选择或者写小论文的形式来进行考查。作为教学的一部分,评价贯穿教学始终,需要具有系统性,设计恰当的评价也是帮助教师实现反思教学实践的需要。

教学差异化需要关注教学成果丰富化,即学生展示学习效果的方式需要差异化。当教师在学科教学上表现得很娴熟和自信,使用了有效的教学策略,创设了以发现和探索为中心的课堂,并通过有意义和公平的方式评价学生时,学生的学习效果便能得到优化。所以,教师如何采用有意义和公平的方式评价学生的成果,这是需要关注的。比如,为了检查学生是否学会了导数的应用,教师可以让学生自己编写关于利用导数求曲线斜率的问题,让同桌去解答,并作讲解;也可以让学生通过运用思维导图的形式整理导数知识,去了解学生对该知识的掌握情况。教师在评价学生的表现和提供反馈方面受到时间的限制,但技术可以给评价本身带来新发展,为评价差异化的实施提供更多的可能。

当然,差异化教学的有效实施是一个动态发展的过程,学生在不同的时期会有特定时期的鲜明特征和不尽相同的需求。在学科教学中,教师要关注目标差异化,主动缩小与学生的时代差距;将脑科学、认知科学与教学结合,关注内容差异化;从不同学习风格的视角转换教学语言,促使过程差异化;通过有意义和公平的方式评价学生,使学生的学习效果得到差异化展示和评价。我们将在差异化教学道路上持续探索,以促进学生的能力得到更大的发展。

参考文献

[1] 陈仕向."差异化"教学是课改的常规要求[J].中国教育学刊,2015(2):105-106.

[2] 吴昕仪.基于差异化理念的高中物理教学策略探究[D].扬州:扬州大学,2020.

[3][12][14][16][21][23][24][25][26][30][33][34] 戴维·A.苏泽.人脑如何学数学[M].赵晖,等译.上海:上海教育出版社,2016.

[4] 李春英,聂丹,张蕾.2010—2019年国内差异化教学的研究热点综述[J].教育观察,2020,9(41):132-134.

[5] 王忠义.重点高中数学差异教学理论与实践[D].济南:山东师范大学,2003.

[6] 曾继耘.关于差异教学若干理论问题的思考[J].教育研究,2007(8):69-73,79.

[7][15][35] 约翰·D.布兰思福特,等.人是如何学习的:大脑、心理、经验及学校(扩展版)[M].程可拉,等译.上海:华东师范大学出版社,2013.

[8][11][13][20] 张玉孔,郎启娥,胡航,等.从连接到贯通:基于脑科学的数学深度学习与教学[J].现代教育技术,2019,29(10):34-40.

[9][17][18][24] 玛利亚·鲁宾逊.0~8岁儿童的脑、认知发展与教育[M].李燕芳,等译.上海:上海教育出版社,2013.

[10] 邢红军,童大振,龚文慧.脑科学与教育研究:还原论或整体论[J].中国教育科学,2019,2(3):85-92.

[19] 曲中林.知识提取与课堂教学实效的相关研究分析[J].教师教育研究,2005(6):32-36.

[27] 郭俊彬,张二虎.个体化目标结构下小学生学业成绩影响因素的研究[J].教育理论与实践,2006(2):29-31.

[28] 李海霞.差异教学与教学的差异化[J].锦州医学院学报(社会科学版),2005(4):54-56.

[29][32] 张家军,张佳丽.基于脑科学的课堂教学设计研究[J].教育理论与实践,2019,39(22):56-59.

[31] 李志厚,侯栎欣.知识可视化的理论与实践探索——基于认知神经科学视角[J].教育理论与实践,2020,40(10):13-17.

The Conceptual Construction of Differentiated Teaching from the Perspective of Cognitive Neuroscience

Li Yaqiong[1,2], Xu Wenbin[2], Lu Shiqi[2]

(1.School of Mathematical Sciences, Jiangsu Second Normal University, Nanjing 211222, China; 2.Institute of Curriculum and Teaching, Nanjing Normal University, Nanjing 210097, China)

Abstract: During the two decades of basic education reform, the theoretical exploration and practical research of differentiated teaching have provided a certain theoretical basis and strategic guidance for differentiated teaching. In the teaching under the modern education system, the individual differences of students cannot be fully valued. It is difficult for teachers to integrate the teaching content according to the characteristics of the students, adjust the teaching process in a timely manner, and objectively analyze the teaching results, so that they cannot effectively conduct differentiated guidance and evaluation. Combining the real puzzles of differentiated teaching and the enlightenment of cognitive neuroscience to teach: mode and connection, the holistic nature of the differentiated teaching; the brain and the working memory and the long-term memory, the appropriateness of the selection of teaching content; primary-proximate effect, rhythm of knowledge presentation; brain imaging and gender, gender differences in teaching. Based on this, we try to construct the concept of differentiated teaching from four dimensions of target individualization, content differentiation, process diversification, and achievement enrichment.

Key words: cognitive neuroscience; differentiated teaching; knowledge extraction; goal consistency; concept construction

"身不由己"的课堂教学互动

常亚慧　高明苏

(陕西师范大学　教育学部,西安　710062)

▎摘要　随着教育信息化进程不断推进,技术附身于本就具有全景敞视特征的学校场域,更新教育对个体的规训形态,进而引发课堂教学互动领域变革。本文以福柯的全景敞视主义为理论视角,结合现阶段智慧课堂发展特征,勾勒教学主体在该场域内的互动图景并剖析其背后的新型权力运作逻辑。技术主导的智慧课堂形塑出高效性互动景观,学生为应对泛在监督而呈现出表演式互动行为,支撑互动的相关他人信息在数字区隔间难以有效传递,利益相关者在场域外无法获知机构运行全貌,"人"的主体地位面临因技术理性越位而逐渐式微的风险。

▎关键词　智慧课堂;师生互动;课堂教学;全景敞视;教育公平

课堂是学校开展教学活动的主要场所。[1]在课堂场域内,物理空间与社会空间交互重叠,钟表时间与社会时间贯穿交错,身处其中的教师与学生正是在此多重复杂的时空中彼此互动、相互交往,共同生成丰富多维的课堂教学生活。然而,随着教育信息化进程持续推进,海量信息技术成果涌入学校场域,传统课堂时空发生重构,尤其是智慧课堂通过构建全面信息感知、线上线下联动、大数据集成分析的智能服务系统,革新内部管控与对外开放方式,重组课堂教学主体关系,形塑出课堂教学互动的新样态与新结构,师生互动方式与角色关系也因此面临着重整。

一、问题的提出

课堂作为学校教育生活的微观场域,是教师与学生围绕各种教学要素发生互动关系的"前台"。信息技术的深度介入为课堂创建了全新的运作方式,它将在原有特定时空中存在的课堂教学转化为以数据运营支撑的瞬间时空交错互动。智慧课堂是新一代信息技术支持下的智能、高效的课堂,[2]计算机、全息投影、智能白板等信息化设备和智能空间技术被广泛应用于教室场景。[3]教室在原有空间的基础上延伸到网络虚拟环境,以形成智慧学习空间。[4]相较于传统课堂,智慧课堂因技术因素的融入而兼具物理、社会、信息三维空间特征,借由多样化智能终端与数字信息技术实现高效捕捉、传

基金项目:中国基础教育质量检测中心重大培育项目"中小学班主任胜任力模型及评估工具研究"(1205020024)。
作者信息:常亚慧,博士,陕西师范大学教育学部教授,主要研究领域为课程与教学论、教育社会学;高明苏,陕西师范大学教育学部硕士研究生,主要研究领域为课程与教学论。

输与处理教学活动数据信息,大幅提升课堂教学效率,节约教学管理所需要的时间成本。智慧课堂教学过程是一个借助信息化工具实现教与学融合、交互作用与影响的动态过程,核心标志是具有立体化的互动交流能力。[5]此教学过程中不仅包括教师(teacher)与学生(student)两种传统的社会角色,还生成了信息化虚拟媒介(media)这一新型角色类型,因此智慧课堂内存在特有的"STM"三角模型,[6]三种角色在智慧课堂场域内彼此关联进而形成多维互动网络。智慧课堂中不仅存在传统的师生互动、生生互动类型,并且在此基础上衍生出新型媒介角色参与到教学全流程中的新型课堂互动和师生交往方式,实现了育人功能从宏观设计到微观运作的总体教育生态运行,达成了教学生活与学习质量的无缝对接:智慧课堂所配备的多样化智能终端为师生在教学活动中实现多维全向互动提供了硬件环境支持,[7]教学正式开始之前,师生便可与媒介角色进行"预互动",便捷开展备课及预习活动;课堂教学实施过程中搭载实时感知和人工智能技术的教室系统,可依据捕获的即时信息向教师反馈优化建议,帮助参与者及时调整非言语行为,改善现场互动效果;[8]教学活动结束后,智慧课堂可依托大数据技术对师生在教学活动中产生的行为数据进行回顾与挖掘,真实还原过往互动场景,为后期设计与改进课堂互动提供依据。[9]技术在教学全流程中重塑课堂互动样态并深刻影响其发展走向。伴随着技术工具性要素嵌入教学活动的程度日益加深,课堂教学领域出现工具理性越位倾向,技术表面上服务于人的发展,但实际上人却面临着被技术逐渐控制的潜在风险。[10]在工具应用过程中,实践主体易沉湎于历时便利性差异感受,忽略自身技能发展已因工具替代表达出现阻滞状况,更为棘手的是主体内部能力发展受抑又会加剧其对于外部工具的依赖,甚至出现工具被剥离时个体难以自主行动的窘境。

信息化背景下,数字智能技术在为师生互动的纵深拓展提供外部支持条件的同时,也引发了全景数据作为新型权力异化与控制教育活动的问题,[11]教学互动的主体性要素在技术主导的课堂场域内逐渐式微:当脑机接口技术(BCI)应用于教育教学领域时,学生学习与生活信息被全天候地收集,[12]新型具身感知设备对于个体数据的捕获程度已渐渗透至毛细血管,学生的个人隐私难以得到保护;学生所产生的包括私人隐私数据在内的大量信息被采集后供教育领域的人工智能系统使用,[13]这种恣意使用常以"为了学生"粉饰,默认已得到学生"准许",数据应用权限之门大敞;智慧课堂所连接的物联网可根据数据流追踪用户的行动、习惯以及偏好等,[14]学生逐渐习惯接受"量身定制"的教学服务,主体对于技术的依赖程度不断加深;依托大数据技术的教育测评定量衡量人的价值,这会加剧教育的功利化和工具化,[15]学生内含的多元主体价值被剪裁,教学主体的动机与行为受制于数字权威。技术为学生塑造出"数据身体",并通过数据捕捉、数据使用、数据追踪、数据评价等手段具体实施规训,但这一权力运作过程常隐匿于技术"后台",学生置身于新型全景敞视场域之中难以自察,主体权利可能被隐蔽式剥夺。[16]福柯认为,学校具有社会规训功能,是全景敞视建筑的一种特定延伸。[17]全景敞视建筑中心为一座可以俯瞰四周的瞭望塔,环绕周围的是内部被物理墙壁区隔的宏大环形建筑,人物被置于网格化空间内难以互动,但其行为表征可被瞭望塔中的监督者透过房间上的窗户随时监视。[18]早在西方中世纪时期,教会的模范大学已提供教育规训形式的草样。[19]伴随着教育的发展与社会的进步,学校的办学形式和社会功能虽发生巨大转变,但其作为实现权力渗透的基层社会机构,自身仍具有典型的规训特征。[20]课堂作为学校内部的微观场域,是教学活动发生的主要社会场景,更是全景敞视建筑机制运作的基本单元,监督者通过对课堂内教学主体及衍生行为进行监督与调控,以实现学校作为规训机构的有效运行。在教育信息化不断推进的进程中,技术为教学管理带来了显著的工具化便利,但与此同时也出现了教学活动逐渐受工具理性支配,致使学生受规训程度加深,进而造成学生主体性受限的问题。[21]

课堂教学革命与发展进程中倘若将技术只视作实现有效规训的工具性手段,则技术与课堂教学结合程度越紧密,程式化技术系统对学生主体性的规训程度就越强,学生被物化为数据集合的可能性就越大。因此,在新型数据化全景敞视建筑内部,明晰技术要素对课堂互动的影响并合理规避数字规训潜在风险,是践行"以人为本"教育理念的必然之举,也是真正实现学生全面发展的必由之路。本文尝试以全景敞视建筑结构特征为理论架构分析智慧课堂场域内教学互动的本质,发掘数字权力规训下课堂互动中学生主体性缺失的结构性原因,以图在智慧课堂中实现教学主体间的"智慧互动"与高质量的社会性交往。

二、技术俯瞰下的课堂互动困境

智能化服务系统是智慧课堂的"技术内核",由智能云服务、教室智能平台与智能终端工具等部分形成其主体技术架构。[22]该系统附着于原本便具有全景敞视特征的课堂场域,并凭借其自身虚拟性、高效性、智能性特征,更新全景敞视建筑存在形态:教室空间内遍布的具身化终端通过发挥对课堂场域内的师生互动行为的感知功能,虚化了原有宏大的环形建筑;终端所收集的教学数据沿信息通路上传并最终汇集于智能平台与云端——信息技术所建构的"新型瞭望塔";人工智能则化身"仿生监督者",在"新型瞭望塔"内凭借汇总数据优势"俯瞰"课堂教学活动,遵循技术理性建构课堂场域内学生角色的理想行为模式并对个体进行规训。

(一)技术形塑的高效性互动景观

智慧课堂作为教育信息化背景下全景敞视建筑的新型变式,其运行生态及所达成的教学成效受外部社会利益相关者监督。以信息技术高度发达为特征的后现代社会痴迷于"效率",且这种效率越来越多地"根据投入/产出比率来衡量"[23],这致使学生学业成绩、教学数据传输及处理速率等量化绩效数据逐渐成为现阶段衡量智慧课堂教学活动有效性的主要依据。为迎合工具理性主导的社会期待,智慧课堂智能服务系统在开发和运行过程中多着眼于利用工具手段提升课堂总体教学及管理效率,追求优异成绩产出,形塑高效性景观,该景观通过技术主体建构程式化教学流程得以实现。"仿生监督者"依靠先进技术凝聚大量文化资本,与学生个体相比较具有绝对优势,悬殊的资本差致使两者处于技术主导下"人机互动"倾斜天平的两端。"仿生监督者"沿着"机—人"方向信息通路高速传达蕴含数字权威的符号信息,引导学生聚焦给定的指导性建议并据此调节自身行为,以此实现"高效课堂"目标。新兴信息技术促进了权力专业化,虚拟媒介角色替代教师与学生说话,学生话语难以在工具理性导向下发挥作用。

教学互动的关键在于各主体间能够通过有效渠道获取相关他人信息及姿态并据此积极调节自身行为,权威性技术主体与单向数据传输渠道严重制约了课堂的灵活性。教师与学生惯于凝视"非人"主体姿态而行动,但越是凝视,其能看到的就越少,越是接受与承认自己处于需求的主导图像中,越是不能理解自己的存在和自己的欲望。[24]"仿生监督者"作为"非人"主体高度凝聚技术权威,但其"智慧"特征多指涉工具理性,智能服务系统将课堂互动以一种线性和单向的方式模式化,多考虑到学生接收信息的效率,而对逆向过程缺乏必要关注。基于单一理性假定所形成的单向互动建构模型,即技术主体通过塑造信息接收者以标准化知识接受过程代替学习群体共有的知识生成过程,将课堂教学重新带回"智能"表象下重视知识传递的窠臼。技术主导下人机单向互动现象的产生,直接原因在于对学生主观能动性的忽视,深层根源则在于单一理性假定对于复杂教学现实的过度简化。"仿生监督者"逐渐侵吞他人言语,场域内个体主动表达意愿消退,自身问题意识与问题解决能力钝化。信息技术作为辅助教学的工具已不仅仅是由人制作出来的产品,同时也深刻影响到了人们的互动行为,失衡的人机互动方式逐渐削弱教师与学生在课堂中的主体地位,课堂中的"人"面临沦为技术主体附庸的风险。

(二)应付监视的表现性互动姿态

智慧课堂具有高度自动化特征,智能系统可在预设程式框架内常态化运行,这是"仿生监督者"能够维持高管理效率、避免消极人为因素干扰教学秩序的优势所在。边沁曾建议在全景敞视建筑中心瞭望塔的窗户上安装上软百叶窗以提升监督者的不可见性,这样便可在建筑内部形成一种不对等、不平衡的权力机制;即使瞭望塔中无人监督,身处环形建筑内的成员也无从得知,整个规训系统依然能够顺利运行。[25]信息技术的发展更新了边沁的提议:在智慧课堂场域内,即使学校管理者、教师等传统意义上的监督者实然缺位,技术形塑的"仿生监督者"依然能够应用机器学习和深度算法,智能推荐学习资源,智能调节终端环境,实现课堂智慧管控。[26]监督者逐渐由生物人转变为"赛博人"继而抽象成一种社会角色,规训权力不再固着于特定个人,而是呈现于泛在关系之中,表现在制度安排之上。技术进步为监督者本体与角色分离创造了客观条件,全景敞视建筑内逐渐生长出一种新型景观,即通过塑造持续性在场意象强化规训权力渗透。学生"受到的监督者的不断观察既太多了,又太少了"[27],个体虽无法明确监督者的具体状况,却逐渐明晰自身已常态化暴露于全景敞视环境之中,因此俯瞰与凝视成为制度运行常态。

具身感知终端对课堂互动行为数据进行的全景采集,虽有利于还原课堂时空内师生活动轨迹,追踪教学成效生成路径,但同时也诱发教学主体行为表达受限、互动积极性受抑等问题。课堂对于学生而言极为特殊,该区域不仅是个体扮演学生角色的主要"舞台",而且该区域会在不同的时间与含义维度下交替成为"前台"与"后台",[28]但受"仿生监督者"持续性在场的影响,学生角色的"后台"逐渐被"前台"所吞噬。沉浸于具身感知设备所创设的绵延监控时间之中,个体参与课堂互动时极易面临"后台困境"(backstage difficulties)[29]并表现出"假装作为"(make-work)[30]。"表演者在后台会相对随便、亲近、放松;而在表演时则会谨小慎微"[31],学生在缺失"后台"休憩的情况下,行为表达承受高强度压力,自主行动空间被严重压缩,个体与规训机制之间的张力逐渐增加。学生长期置身于具有全景敞视特征的"舞台",为避免自身的非期待行为表达被"仿生监督者"察觉而产生负面后果,会惯性呈现"他我"状态,有意内隐部分本应外显的互动行为表达或被动遵循理想角色期待"表演"学习行为,这虽有利于维护教学纪律,但这种"有序"多归功于个体被迫"表演"。诚然,学生角色作为个体所扮演的重要社会角色,受外部建构的行为模式与角色要求规制,但个体积极的饰演动机仍是角色成功的关键,课堂互动的真实性恰恰彰显于教学主体姿态的真实性表达。教学互动涉及多主体参与,并具有偶发性与复杂性特征,"仿生监督者"在智慧课堂场域内所实施的泛在监督迫使教学化约为简单的规范性活动,教学互动的真实性严重受损。

三、数字区隔间的课堂互动僵局

全景敞视建筑通过分化环形建筑内部成员的可见性特征以实现群体管控,这是规训系统实现权力细致运作的重要手段:瞭望塔常态化俯瞰环形建筑,学生对于"仿生监督者"而言具有全见性,其行为表达被全景捕捉;环形建筑内部具有横向的不可见性,[32]隐形数据壁垒因精细化管控学生数据信息而形成,"数字化"墙壁阻碍个体间信息流动;全景敞视建筑作为微观系统与外部社会保持有限开放性,外部巡视者无法在围墙外直接获知内部成员情况,学生在课堂场域内产生的相关数据被"仿生监督者"剪裁后呈现给利益相关者。

(一)人为切割的限制性互动范畴

智慧课堂为学生摆脱传统教学时空限制的同时,又将其置于数字规训所生产出的新型信息区隔之中。在严密的信息分类管理模式下,智能端所获取的互动行为信息数据难以在学生群体内部自由流动,学生更不能随意获取他人的数据信息。身处网格化空间内的个体无法串通或共谋,"如果他们是学生,就不会有抄袭、喧闹、闲聊和荒废时间的现象"[33]。环形建筑内每个房间之间都有密不透风的墙壁,个体身处其中只能独立活动,个体间合作与沟通的机会被剥夺。技术虽然为智慧课堂中的学生塑造出了"数据身体",[34]但"数据身体"依然被固定于"座位"之上:身份认证中心会集中管理和控制成员的访问权限,保证其电子身份的唯一性,[35]不同学生之间的信息流被加以区分并自动整理记录归档,以实现对教学互动行为信息——"数据身体"的精细化管控。从显性物理墙壁到隐形数字区隔,全景敞视建筑所选择的技术工具都是其具象管控手段,以维持"孤独人群"的隔离状态。

在有限数据访问权限规约下,智能服务系统所提供的以个体"靶向"数据为主的符号信息成为学生调节自身姿态与行为的主要依据,相关他人的"数据身体"被模糊化处理。信息的选择性呈现虽有利于学生专注于自身特征,避免被繁杂的信息流干扰,但这种"专注"是个体身处数字区隔中的被动之举,并不是主体综合运用信息能力的体现。身处区隔化信息空间内,学生产生自身可支配信息匮乏的问题,"仿生监督者"传达给学生经筛选后的既定学习评价与建议,个体处于信息传递末端难以获知群体特征全貌,相关他人产生的数字化行为表征符号"隐"于人工区隔之后。智能服务系统中内嵌的作业纠错系统同样也是学生信息细致化管控的产物,学生上传作业后即可快捷地获取标准答案与针对性错题解析,无须与他人发生互动行为即可完成改正,常存在于传统课堂中因纠错所引发的师生、生生互动失去了原有动机。全景敞视机构通过人为制造区隔能够有效避免内部成员因共谋而产生负面群体效应,这是权力渗透至基本单元以实现网格化规训的具体手段。然而,群体内集体交往行为具有双向功能取向,全景敞视建筑在强制分隔物理空间规避集体行为风险的同时也引发主体间互动关系的断裂。受制于学习行为数据的横向不可见性,学生个体间合作与竞争行为均缺乏有效信息支撑,群体协同发展的内在动力不足,良性积极的课堂互动情境难以形成。

(二)权力剪裁的片面性互动信息

智慧课堂借助物联网等现代信息传输手段增强了教学活动的开放性特征,为学校与外部社会更加便捷高效地进行物质、信息交互提供了技术支持,家庭、社区都可以借助信息媒介参与到课堂教学之中,家、校、社联动格局逐步形成。智能服务系统负责将学生的考勤情况、课堂表现、学业成绩等信息数据化并传输至家长智能终端,家长不用入校便可了解学生的在校情况。学校外部各异的社会景观借由媒体投射至课堂场域,总体社会微缩呈现于学生面前。全景敞视机构的开放性特征旨在塑造理想的人工景观,满足外部社会成员的监督要求,以维持其自身的长效运行。"任何全景敞视机构,即便是像罪犯教养所那样严格地封闭,都可以毫无困难地接受这种无规律的、经常性的巡视……任何社会成员都有权来亲眼看看学校……的运作情况。"[36]全景敞视建筑作为嵌入社会大系统之中的微观系统,犹如发动机内部的齿轮,在促进总体社会正常运行的同时,借助社会大系统的支持和保障机制维持自身内部系统的稳定性。

全景敞视建筑对外开放具有选择性呈现特征,技术介入也并非旨在推倒外部"围墙",利益相关者满足于接收丰富化符号表征的同时却易忽视自身目光已被工具理性所牵引。即时通信工具在促进课堂内外沟通便利的同时,甚至将规训场所由校内拓殖至校外。[37]常态下家长离身于智慧课堂这一真实场域,也并未与师生在同一时空维度内发生直接互动,而是依据智慧课堂所呈现的数据化信息作为表征符号在数字时空内进行虚拟互动,外部利益相关者难以在外部真正了解机构运行的实然情况。诚然,家长所能获取的智慧课堂相关教学信息较传统课堂大幅增加,但在工具理性所定义的情境中,其在终端被动获取的信息仍为技术主导下经智能系统筛选后的数据片段,课堂教学本应绵延的信息流被机械剪裁。外部利益相关者难以主观选择并获取内部成员的行为数据类型,也无法得知已呈现结果背后的复杂成因。此外,受既定目标制约,社会场景在课堂教学中的呈现多旨在支撑有限课程内容,介入深度及广度受限于既定的教学设计框架。在智慧课堂中,学生感受到的多为关涉教学内容的局部虚拟场景,跨时空互动难免浅尝辄止,生成性欠佳。

智慧课堂的开放性依然受限于数字规训与技术权威,大量有益于家、校、社互动的信息流囿于全景敞视建筑内部,智慧课堂外围信息区隔依然存在。全景敞视建筑不仅是一种存在于理想中的建筑学模型,更是现实权力微观运作机制的规划蓝图。当信息技术深刻嵌入课堂场域后,智慧课堂成为全景敞视建筑的新型变式。以全景敞视视角审视智慧课堂,不仅要深挖教学活动背后的数字权力规训及运行机制,也要正视全景敞视建筑所阐发的社会功能。把握智慧课堂的新型特征,有利于洞察数字规训下课堂互动中存在的现实问题,合理规避互动主体性缺失风险,加快推进智慧课堂建设与发展进程。

四、构建主体性在场的智慧课堂

智慧课堂场域内新型媒介要素的强势介入在重塑教学互动的同时,引发人的主体性缺席隐忧,正视信息化背景下全景敞视机构的新特征是合理发挥规训机制"维序"功能,有效规避"技术主宰"风险的必由之路。对于学生而言,适应与媒介要素共同在场并提升多维互动能力是维持其主体性在场的必要条件。智慧课堂建设过程中,教育者需要以智能化服务作为教学支架,关注学生信息处理能力与社会交往能力的培养,积极协调多元主体涉入信息化场域,以保证全景敞视机构在总体社会规约下良性运行。

(一)还原课堂真实互动样态

教育是有目的地培养人的社会活动,教育者需要重点关注课堂育人的本质特征,正视人工智能所蕴含工具理性的有限性,避免因过分追求课堂教学的"高效率",而对学生所固有的个体差异性进行模糊化处理。"非人"主体难以充分关涉人的价值,教育者需"在场"注入"人的智慧",灵活应对课堂教学中存在的复杂性问题,给予学生所需的人文关怀与情感关照。打造"高效学习"外衣下技术权威景观无助于实现智慧课堂的良性发展,满足学生主体的真实需要应成为智能服务系统优化与改进的前进方向。教育者需时刻警惕因技术系统具有程式化运行特征而连带出现的教学流程及监督机制固化倾向,在灵活运用信息技术手段向学生传递数据分析结果的同时,更需要建立常态化学习反馈机制,及时接收学生的现实诉求与优化建议,通过提升人机双向互动的流畅度来促进智慧课堂发展。在信息社会,教育理念从着眼于"社会规限"转向致力于"人的解放",教育活动反对学生盲从式地接受,强调反思和建构。[38]因此,在教学活动中,教师需要引导学生逐渐适应信息化课堂场景,积极借助新媒介参与多维互动,感受课堂智能化所带来的教学便利,主动表达自身学习感受,增强学生融入智慧课堂建设与运行中的获得感。

(二)释放学生自主互动张力

智能服务系统虽有助于教师与学校管理者通过数据化信息掌握实时课堂动态,但在实际运行的过程中仍需避免出现因"仿生监督者"过度压缩学生角色"后台",从而导致个体消极情绪积累进而诱发课堂越矩行为的状况。在课堂场域内有意为学生搭建相对隐蔽的"后台",既是尊重个体隐私权的必然要求,也有助于角色扮演者在休憩中展露"本我",缓解焦虑感和紧张感,为自主行动积蓄动能。因此,在学生课堂行为数据的采集、传输、分析、追踪过程中,教育者需谨遵教育伦理,充分关注人的价值和需求,合理发挥技术工具效能,充分考量具身感知终端空间布局与运行时长的合理性,避免"事无巨细"地搜集学生相关信息,"毫无保留"地上传课堂教学数据。此外,扮演已获确认的社会角色并维持特定的"前台"是个体"社会自我"发展的重要阶段,学生需要自觉提升自身在开放式社会场景中依照角色行为规范行动的意识与能力。在教育教学过程中,教育者也要帮助学生认识到主动参与信息化教学互动的必要性,并习得在面对相关他人时所需呈现的适切"前台"。在信息化社会结构中,教育者需要为学生释放自主空间,促进其参与高质量教学互动和社会性互动,以实现学生全面发展为构建智慧课堂互动之旨归。

(三)建立群体正向互动联结

智慧课堂涉及"师—生—机"多维互动样态,学生对相关他人行为数据的无知与缺失会直接制约其自身互动水平进而影响教学效果,打破智慧课堂内的"隐形壁垒"有助于学生在信息空间内合理利用数据化符号,调节自身学习策略,实现群体内良性互动。学生群体拥有独特的互动方式与文化特质,[39]为群体内互动提供必要的学习数据支持是实现智慧课堂教学有效互动的必然要求,教育者应在保证数据安全的前提下提升智慧课堂内部学生学习信息的开放性,让信息的流动带动学生的互动。在为学生提供充足有效的信息符号的基础上,教育者还需关注信息化背景下学生的社会交往能力水平,引导学生依据他者姿态与角色要求理性考量自身行为表达方式是否适切,帮助学生由被动的信息接收者转变为积极的信息分享者、使用者、获益者。教学是人类的一种存在方式、生活方式,[40]技术开发者需要致力于将技术形塑出的网格化数据空间还原为日常人际交往场景,让课堂教学真正成为学生融入社会生活的重要推手,[41]在工具理性与人文关怀双重指导下,实现智慧课堂数据共享互通。

(四)提升对外开放互动水平

智慧课堂的对外开放特征是维护学生自身权利的重要保障,建立课堂内外常态化互动交流机制是促进智慧课堂可持续发展的重要路径。智慧课堂信息化服务系统在规训内部成员的同时,也需加强对外部社会相关利益者的有效监督。智慧课堂的建设与运行倘若单纯依靠技术自动升级与教育工作者自检,那么全景敞视机构的评价和改进机制极易陷入故步自封的发展困局,难以全面审视与评价智慧课堂所达成的育人成果。智慧课堂不仅要在内部促进教学主体健康学习和生活,更需要满足社会对高素质人才的培养需要,持续推动家、校、社互动向纵深发展,在加强多方线上交流沟通的同时,鼓励主体具身参与良性线下互动。智慧课堂需要积极与外界进行能量、信息、物质传递以彰显其社会价值,全景敞视机构自身的稳定性和民主性在广泛社会成员的监督与协助下更易得到保证。因此,教育者需要广泛接纳并理性考量利益相关者的意见与建议,在社会各方力量协同下共同发挥智慧课堂教学的学校育人功能与总体社会整合功能。

结语

信息技术虽然赋予课堂教学全新的样态,但是教学互动的主体性表达仍是制约教学目标能否达成的关键性因素。针对智慧课堂的分析与研究只沿信息技术层面深入,虽有益于加快新技术在教育领域的推广与使用,却难以真正实现教学与信息技术的深度融合及"师—生—机"良性互动的社会期待。现阶段,智慧课堂在享受技术红利以实现教学外部支持因素高效化的同时,出现了数字规训下的新型互动问题:学生置身于物理、社会、信息三重空间内,沉浸在技术加持的流动社会时间中,互动行为表达因泛在行为感知与人为数据区隔而受限,技术主导下教学互动过程中学生主体性缺失隐忧始终伴随。在智慧课堂发展进程中,我们需警惕全景敞视主义自身固有的规训特征及信息技术高速发展所带来的物化倾向,避免过分关注信息工具的便利性而忽视师生主体行动的社会意义。在智慧课堂建设过程中,教育者需要释放学生自主互动空间,疏通人机双向互动路径,在打破内部数据壁垒的同时,增强其对外开放特征,始终将人的主体性置于课堂革命的核心位置。更为重要的是,智慧课堂要在充分尊重教学主体权利与需求的前提下,以人的智慧和主体性为旨归,在新时代借由实现"智慧互动"的现代化课堂达成更高质量的课堂教学公平。

参考文献

[1] 王鉴.课堂研究引论[J].教育研究,2003(6):79-84.

[2] 刘邦奇.智慧课堂(第2版)[M].北京:北京师范大学出版,2019:46.

[3] 陈卫东,叶新东,张际平.智能教室研究现状与未来展望[J].远程教育杂志,2011(4):39-45.

[4] 祝智庭.智慧教育新发展:从翻转课堂到智慧课堂及智慧学习空间[J].开放教育研究,2016,22(1):18-26,49.

[5] 刘邦奇."互联网+"时代智慧课堂教学设计与实施策略研究[J].中国电化教育,2016(10):51-56,73.

[6][9] 刘邦奇,李鑫.基于智慧课堂的教育大数据分析与应用研究[J].远程教育杂志,2018(3):84-93.

[7]晋欣泉,田雪松,杨现民,等.大数据支持下的智慧课堂构建与课例分析[J].现代教育技术,2018,28(6):39-45.

[8]Kim,Y.,Soyata,T.,& Behnagh,R.F.Towards Emotionally-Aware AI Smart Classroom:Current Issues and Directions for Engineering and Education[J].IEEE Access,vol.6(2018):5308-5331.

[10]张宏.工具理性与价值理性的整合——教育技术发展的现实思考[J].教育研究,2016(11):28-32,53.

[11]张家军,陈苗.回归育人价值:数字全景敞视下教育规训隐忧的消解路径[J].现代远程教育研究,2021,33(4):33-42.

[12]朱洪洋.学习幻肢与神经全景敞视:脑机接口技术应用于教育的主要伦理挑战[J].电化教育研究,2020,41(5):39-44.

[13]唐汉卫.人工智能时代教育将如何存在[J].教育研究,2018(11):18-24.

[14]严大虎,陈明选.物联网在智慧校园中的应用[J].现代教育技术,2011,21(6):123-125.

[15]金生鈜.大数据教育测评的规训隐忧——对教育工具化的哲学审视[J].教育研究,2019(8):33-41.

[16]刘金松.人工智能时代学生主体性的相关问题探讨[J].现代教育技术,2021,31(1):5-11.

[17][18][19][25][27][32][33][36]米歇尔·福柯.规训与惩罚:监狱的诞生[M].刘北成,杨远婴,译.北京:生活·读书·新知三联书店,2003:231、224、235、226、226、225、225、232-233.

[20]徐金海.学校教育中的规训与惩罚——基于福柯规训权力理论的视角[J].教育导刊,2010(7):12-15.

[21]王小红,杜学元.学校规训教育与人的异化——福柯规训理论透视[J].教育研究与实验,2011(5):22-24,96.

[22][26]吴晓如,刘邦奇,袁婷婷.新一代智慧课堂:概念、平台及体系架构[J].中国电化教育,2019(3):81-88.

[23]Lyotard,J.The Postmodern Condition:A Report on Knowledge[M].Manchester University Press,1984:88.

[24]居伊·德波.景观社会[M].张新木,译.南京:南京大学出版社,2017:13.

[28][29][30][31]欧文·戈夫曼.日常生活中的自我呈现[M].冯钢,译.北京:北京大学出版社,2008:107、102、95、111.

[34]Brey P.,Soraker J.H.A Précis of Philosophy of Computing and IT[M].American Philosophical Association,2009:1341-1408.

[35]赵向军.智慧教育系统理论、方法与实践[M].北京:科学出版社,2017:196.

[37]周晓露,徐晓军.教育规训的内隐化和扩大化[J].教育研究与实验,2013(4):20-24.

[38]吴康宁.转型:信息时代学校教育的选择[J].人民教育,2007(20):2-4.

[39]常亚慧,万晓霞.契约与私交:合作学习的关系逻辑[J].全球教育展望,2021(6):67-77.

[40] 徐继存.追寻教学意义 重塑教学生活[J].教育科学研究,2002(11):23-24.

[41] 徐继存.教学思考的张力[J].教育研究,2021(9):50-57.

Involuntary Teaching Interaction

CHang Yahui, Gao Mingsu

(School of Education, Shanxi Normal University, Xi'an 710062, China)

Abstract: As the process of education informatization continues to advance, technology has attached itself to the school field, which is already characterized by a panoramic view, to update its form of regulation of individuals, thus triggering changes in the field of classroom teaching interaction. This paper takes Foucault's panopticism as a theoretical perspective and combines it with the characteristics of the current stage of smart classroom development to outline the interaction of teaching subjects in this field and analyzes the new logic of power operation behind it. The technology-led smart classroom creates an efficient interactive landscape, where students display expressive interactive behaviors in response to pervasive supervision, where interactive information is not effectively transmitted between digital compartments, where stakeholders are unable to get a full picture of the operation of the institution outside the classroom field, and where the status of the "human" subject is gradually diminished due to the transgression of technological rationality.

Key words: smart classroom; teacher-student interaction; classroom instruction; panopticism; educational equity

论循证教学主体间命运共同体的构建

崔友兴

（海南师范大学　初等教育学院/海南省基础教育课程与教学研究基地，海口　571158）

摘要 循证教学是教师主体基于证据的教学实践，它有助于克服政策规定型教学、经验主导型教学、主观决断型教学和模仿跟风型教学的弊病。循证教学主体间命运共同体是指循证教学多元主体基于教学共识和旨趣所形成的主体间利益攸关与命运相连的集合体。在循证教学主体间命运共同体中，教师、学生、学校教学管理者、教育教学研究专家与家长等不同主体扮演着不同的角色，发挥着不同的功能。循证教学主体间命运共同体的建立需要在共同愿景的引导下，从共识形成、方式优化、制度创新与条件保障等方面多措并举。

关键词 循证教学；命运共同体；多元主体

循证理念于20世纪90年代出现在医学领域，随后扩展和渗透到社会科学领域，形成了一场"循证实践运动"。"循证教学是指基于证据的教学，是教师主体基于经验、智慧与证据引导学生学习，并在师生交往互动中促进学生掌握知识、习得技能、锤炼思维和提高品行的实践活动。"[1]循证教学强调遵循证据进行实践，主张教学应有据可依、有迹可循、依证实践，体现了教学的科学品性和理性精神。在一定程度上，循证教学有助于克服政策规定型教学、经验主导型教学、主观决断型教学和模仿跟风型教学的弊病。政策规定型教学是指教学变革不是由学校教学实践中的问题引起，而是政策所致，尤其是由上级教育管理部门逐级下发的政策文件所引发，这种教学变革较为被动，存在着偏离教学实际的问题，滋生了教学变革"上有政策、下有对策"的窘境。经验主导型教学强调教学实践的依据在于教师的教学经验，然而产生于实践的经验往往是指向过去的，缺乏前瞻性，一旦面临新的情境、新的问题，仅仅依赖于经验进行实践则难以奏效，致使教学变革难以应对新挑战、新问题与新情境。主观决断型教学主要体现为教师在教学实践中基于自我的专业、权威和主张进行教学决策和实践，其局限在于过分夸大教师的主体作用，忽略了教学发展实际和教学对象的需求，以及教学情境的现实制约，脱离了教学实践。模仿跟风型教学则是指教学变革缺乏对自身需求与实际的分析，一味地模仿他者教学经验、教学模式，盲目跟风，随波逐流，缺乏自我立场和批判、审慎的思考，导致教师主

基金项目：教育部哲学社会科学研究后期资助项目"循证教学的理论建构研究"（22JHQ088）。

作者简介：崔友兴，海南师范大学初等教育学院副教授、硕士生导师，海南省基础教育课程与教学研究基地研究人员，主要从事课程与教学论、教师教育研究。

体的教学实践抛弃立场、丧失特色与失去自我。[2]突破政策规定型教学、经验主导型教学、主观决断型教学和模仿跟风型教学的局限,需要教学主体形塑循证教学理念,推动循证教学实践。

教学是师生之间以人类文化为介体,在特定的时空环境中,通过多重交往互动促进学生主体建构的活动。在教育教学实践中,教学主体是推动教学实施与运行的关键力量,是教学活动的发起者、维持者和促进者。教学主体的素养以及教学主体之间的关系在很大程度上影响着教学活动的运行及其质量。教学主体是循证教学有序运行的关键,是确保循证教学质量的前提。在循证教学实践中,教学主体除了教师之外,还包括学校教学管理者、学生、教育教学研究专家以及家长。循证教学的有效开展不仅需要各个教学主体提升教育教学素养和综合素质,而且更离不开教学主体之间的协同协作。因此,多元主体之间形成共识、协同协作、整合力量,进而构建循证教学主体间命运共同体是推动循证教学有效运行的重要保障。基于此,厘清循证教学主体间命运共同体的意蕴,探讨循证教学多元主体的角色与功能,进而构建具有实质意义的循证教学主体间命运共同体,对循证教学的有序运行和发展具有一定的理论意义和实践价值。

一、循证教学主体间命运共同体的意蕴

(一)教学主体释义

在胡塞尔(Edmund Gustav Albrecht Husserl)的现象学理论中,我、你、他或者我们、你们、他们不仅相对于自然物质世界都是主体,而且无论作为认识者还是认识对象都是主体,你和他虽然是对象,但也是主体。我与你、我与他、他与你或者我们与你们、我们与他们、你们与他们的关系都是主体与主体的关系。[3]马克思主义理论指出:"世界上不存在没有自然性的社会人和思维人,也不存在没有社会性和思维性的自然人。在认识和实践过程中,人作为认识和实践者永远是主体,认识和实践对象的物永远是客体……把作为认识和实践者的人和作为认识和实践对象的人都看作是主体,特别是把对象人也看作是'被思考和被感知的社会的自为的主体存在',是正在认识和实践着的主体。"[4]据此,"主体是具有主观精神的客观存在,客体是不具有主观精神的客观存在。自然物和社会物都不具有主观精神,因此都是客体。人无论是认识和实践者还是认识和实践对象都具有主观精神,因此都是主体。"[5]雅斯贝尔斯(Karl Jaspers)认为,教育是人对人的主体间灵肉交流活动,是人与人精神相契合和我与你的对话。[6]基于此,教学主体是指教学活动中的人,是推动教学活动有序运行的主体力量。从广义的角度而言,教学主体关涉教学活动的利益相关者,包括学校教学管理者、教师、学生、家长以及教学研究者等。从狭义的角度来看,教学主体主要是指教学活动中的教师与学生,教师是教的主体,学生是学的主体。教学主体是循证教学从理念走向现实、从预设走向实践的决定性因素,不仅决定着循证教学的有效运行,还影响着循证教学的质量和成效。

(二)循证教学主体间命运共同体解读

从马克思主义认识论的角度而言,认识的主体是人,认识的客体是客观事物,认识的过程是作为主体的人对客观事物的感知、分析、理解和掌握的过程。循证教学的主体是循证教学活动中的利益相关者,是循证教学实践的推动者,包括直接相关者和间接相关者。前者如教师和学生;后者如学校教学管理者、教育教学研究专家与家长等。命运是现实存在的,"它可以作为一种文化范式,指导个人或家庭命运,选择和创造生活的方向;也可以指社会和国家命运,努力寻求发展机会,或指国家间面对共同危机,化危为机的战略共识和全世界联合行动"。"共同体"(community)是外来语,在社会学领域表述为社区,在政治学领域译为共同体,在生态学中则译为群落。[7]据此,循证教学主体间命运共同体是指循证教学多元主体基于教学共识和旨趣所形成的主体间利益攸关与命运相连的集合体。其构建和运行的关键在于观念的统一、共识的形成和行动的执行。首先,观念的统一是循证教学主体间命运共同体的核心理念,在一定程度上,观念制导行动,有什么样的观念才有可能生发出相应的行为,并采取相应的行动。在循证教学实践中,不同主体之间由于其"前见""前设"和"前有"的差异,必然形成了不同的教学观念,但其在促进学生发展方面分歧较小,在不断的交流与商议过程中能够实现观念的统一。其次,共识的形成是观念统一的具体化。多元主体之间在循证教学的相关事务上达成共识,这是实现主体间协同协作的纽带或者桥梁。共识的形成是不同主体之间反复博弈的结果,在一定程度上,是利益相关者之间的协调与平衡。多元主体之间循证教学共识的形成有助于将观念转化为现实,并促进行动的落实,进而形成具有实质意义的循证教学主体间命运共同体。最后,行动的执行是主体力量的体现,是循证教学主体的行动实践,是推动循证教学运行的过程。在循证教学实践中,多元主体基于共识,各司其职,落实行动,并在实践中协同协作,才能确保循证教学达到预期的目标,促进师生的健康发展和意义生成。

在马克思主义理论看来,"共同体是具有共同价值取向的人的联结,其内涵是在共同体里每个人都能实现自由全面的发展"[8]。循证教学主体间命运共同体的实质在于多元主体形成共同的价值取向或者共识,同时,每一个主体在共同体内既是具有特定组织身份的人,也是相对独立自主的人,并在共同体内实现自由全面发展。在循证教学实践中,主体协作的实质是多元主体在多重互动交流过程中逐渐形成教学共识,构建具有实质意义的共同体。只有在共同体内,多元主体才会从形式化的联合走向实质意义上的合作,才会从被动的参与走向主动的介入。在一定程度上,循证教学主体间命运共同体是一种利益共同体、价值共同体和责任共同体的统一。首先,循证教学主体间命运共同体是一种利益共同体,多元主体之间"一荣俱荣、一损俱损",即循证教学关乎着学校教学管理者、教师、学生与家长的切身利益。其次,循证教学主体间命运共同体是一种价值共同体,多元主体之间形成共通的价值观念和认同理念,并达成循证教学的共识。同时,不同主体在共同的价值理念下推动循证教学实践,促进教学价值的实现。最后,循证教学主体间命运共同体是一种责任共同体,多元主体各司其职、各尽其能、共担责任。在循证教学活动中，不同主体之间协同协作，不仅扮演好各自角色，履行角色任务，而且具有担当精神，自觉地承担角色责任和非角色责任。

二、循证教学主体间命运共同体内多元主体的角色与功能

"教育系统具有多元构成性，不应当是各个组织之间机械叠加，而应该是有机联合的整体。只有实现研究者、教育者、受教育者、管理者的有效协调和整合，才有可能促使各利益相关者形成合力。"[9]循证教学主体间命运共同体涉及教师、学生、学校教学管理者、教育教学研究专家、家长，这是推动循证教学有序运行的主体力量。在循证教学实践中，不同主体扮演着不同的角色，发挥着不同的功能，并在相互协作中共同推动着循证教学的运行。

（一）教师——循证教学的践行者

教师是循证教学的践行者，是证据的应用者，同时在一定程度上也是证据的生产者和验证者。教师基于研究者提供的证据，结合自身经验，发挥专业智慧进行教学实践。在循证教学活动中，教师主体扮演着多重角色，但其核心角色是教学的践行者。教学是学校教育培养人才的主渠道，教师承担好教学工作，才能更好地促进人才培养，发挥自身的功能和价值。具体而言，在循证教学实践中，教师要扮演好教学践行者的角色，发挥积极的功能。首先，教师需要形成合理的循证教学理念和价值观，以学生的发展，尤其是学生的科学精神、理性品质等为重点的核心素养的培育为教学理念和价值导向；同时，在推动学生发展的过程中促进自身的专业成长和价值实现。其次，教师需要形成证据意识，走出经验主导、主观决断和模仿跟风的误区，在教学实践中，始终基于证据进行思考、决策和实践；同时，在日常教学生活中，要注意搜集教育教学研究专家生产的教学证据，并在自身的教学实践中不断检验和验证，逐渐构建适合自身教学的证据库。再次，教师在循证教学活动中要形成反思的习惯，对教学活动、教学结果、教学证据，以及自身的教学素养等进行系统深入的反思，在反思中增进对循证教学的理解，并不断提高自身的专业素养。最后，循证教学活动是多元主体协同协作推动的教学实践，教师主体需要形成共同体意识，积极与同事、校长、教育教学研究专家以及家长等进行沟通交流，形成共识，不断形成和扩大推动循证教学运行的主体力量。

（二）学生——循证教学的参与者

学生既是循证教学的参与者，也是循证教学成效的体现者，是循证教学证据的重要来源和反馈者。学生的发展是循证教学的目的所在，学生只有充分参与到循证教学活动中，其主体性和能动性才能得以发挥和实现。据此，在循证教学活动中，学生主要扮演积极参与者的角色，其角色功能的实现则表现为循证教学的有效运行、教学质量的提升以及学生核心素养的形成。学生积极参与者角色的体现及其功能的发挥需要在教学活动中才能实现，学生的参与不仅仅是认知的参与、心智的活动，

更是身体的涉入。具身认知理论认为,认知是身体的认知,心智是身体的心智,认知和心智都与身体密切相关。身体的构造、神经的结构、感官和运动系统的活动方式决定着个体认识世界的方式。个体的身体运动、活动经验以及所处的环境制约着认知的过程和结果。身体的特性决定着认知过程和认知方式,身体影响和塑造着认知。在认知过程中,身体提供了认知的内容。"人们基于身体的主观体验奠定了认识或者思维的对象,身体以及身体与客观世界的互动提供了认识世界的最原始的概念。"[10]总之,具身认知理论强调,心智、身体和环境是密切联系的统一整体,身体不仅决定着认知的方式和过程,而且制约着认知的效果和质量。因此,在循证教学实践中,学生学习的过程是学生主体在与环境的多重互动过程中促进认知结构不断建立和完善的过程。在该过程中,身体发挥着重要的联结作用,它是联结主体的心智、大脑与环境的中介,身体的感知和体验在很大程度上决定了主体的认知及其效果。在循证教学活动中,学生积极参与者角色的体现和功能的实现,离不开循证教学的活动机制,只有在活动中,学生的参与才能实现,身体的感知和体验才能获得,进而促进学生认知图式的建构。

(三)学校教学管理者——循证教学的治理主体

学校教学管理者是循证教学实践的治理者,对循证教学实践发挥着领导和协调的作用,同时对循证教学的成效及其证据的有效性进行监测、评估和管理。在循证教学活动中,学校教学管理者对循证教学实践提供支持性条件,对循证教学过程进行监控,对循证教学效果进行测评,并提出建设性的反馈意见。当然,学校教学管理者对循证教学活动的治理(领导、管理与监控)更多是以一种间接的方式进行的,而非直接的介入和干预。学校教学管理者的治理角色主要体现在两个方面:一是对循证教学实践及其变革的方向引领和宏观指导,其实质是对学校教学变革的引领,提升循证教学质量;二是对循证教学活动中不同主体之间的分歧、冲突和矛盾等进行合理的协调,减少循证教学活动的阻力,增强循证教学实践的主体力量。学校教学管理者治理功能的发挥需要其转变理念和方式,从管理理念走向治理理念,并在实践中转变思维方式。管理更多体现为"金字塔形"的自上而下的政策传达和命令执行,是单向的运行方式。"治理是各种公共的或私人的个人和机构管理其共同事务的诸多方式的总和。它是使相互冲突的或不同的利益得以调和并且采取联合行动的持续的过程。它既包括有权迫使人们服从的正式制度和规则,也包括各种人们同意或认为符合其利益的非正式的制度安排。"[11]治理更多体现为"橄榄形"的扁平结构,是以公共利益最大化为目标,多元主体协作参与,通过协商、审议、合作等方式协同应对和处理各项事务的动态过程。[12]学校教学管理者对循证教学的引领需要从管理走向治理,即通过循证教学多元主体"共治"、教师"自治"和教育教学研究专家"他治",从而实现循证教学"善治"。因此,在循证教学实践中,学校教学管理者始终要秉持治理理念,推进学校教学治理体系和治理能力现代化。

(四)教育教学研究专家——循证教学的研究者

教育教学研究专家是循证教学的研究者和证据的生产者,其基于自身的专业素养,在对教学及其问题进行系统深入研究的基础上,生产出高级别的证据,为教学实践者提供证据支持。在循证教学实践中,教育教学研究专家扮演着研究者的角色,其角色的体现和功能的发挥需要其不断加强教学研究,对循证教学活动所涉及的要素以及推动循证教学运行的因素等进行系统深入的探讨。首先,研究者需要加强理论研究,从多个视角(哲学、心理学、社会学、人类学等)对相关要素与因素(包括教师、学生、教学内容、教学方式、教学环境等核心构成要素,以及与教学活动密切相关的社会政治、经济与文化等)进行探讨,深入剖析教学内部各要素之间的关系以及教学与外部因素的关系,进而把握教学定位,为循证教学的运行提供证据和理论指导。其次,研究者除了实施基于文献等的基础性研究之外,还应开展与教育教学实践相结合的实证研究,明确教育教学发展的现状与需求,创造出更具可行性和实效性的研究证据。这既需要研究者将相关理论研究获得的证据通过实验实证进行甄别,从而形成高级别的教学证据,也需要研究者积极开展实证研究,通过调查分析、比较研究与实验研究等方法生产有效的教学证据。最后,教育教学活动始终处于发展变化之中,教学研究亦是如此,研究者需要秉持域外视角和前沿思维,及时捕捉教育教学研究的前沿信息和最新研究成果,调整和补充证据,尤其是要基于循证教学实践所需及其成效合理地运用域外教学证据,并在教学实践中不断修正、完善和丰富教学证据库。

(五)家长——循证教学的支持者

家长是循证教学实践的重要支持力量。随着家校合作的深化,家长已然成为学校教学变革的重要影响因素,在一定程度上也在提供循证教学的证据,评估循证教学的成效。在循证教学实践中,家长扮演着支持者的角色,为学生的学习以及循证教学的有序运行提供支持,其功能在于通过深度的家校合作,实现家校共育,促进学生持续健康的发展。众所周知,学生的培养主体已经从"三位一体"(学校、社会、家庭)走向了"四位一体"(学校、社会、家庭、政府),形成健全的学生培养体系是确保人才培养实效的保障。家庭作为孩子的出生地,以及孩子成长和发展的重要场所,对孩子产生着举足轻重的影响。除了家庭本身提供的物质环境和条件之外,家庭的文化资本,尤其是家长的素养、受教育程度、教育方式等与孩子的思想、观念、思维方式和行为习惯等都有着密切的关系。因此,在循证教学中,家长支持功能的发挥,一方面需要家长形塑积极的教育观念,不断提升自身素养,转变教育方式,成为孩子正确思想的引路人、良好行为习惯的示范者,以及日常生活中的榜样,从而潜移默化地对孩子产生积极的影响;另一方面需要家长积极与教师沟通、交流与合作,将孩子的成长经历、日常表现和行为习惯等及时向教师反映,为教师实施循证教学提供证据。此外,家长还可以根据自身的专长合理地参与循证教学活动,为循证教学的有效运行提供支持力量。

三、循证教学主体间命运共同体的构建

循证教学的有序运行,需要多元主体之间的协同协作。构建循证教学主体间命运共同体是多元主体协同协作走向深入,并提升教学实效的保障。循证教学主体间命运共同体的构建需要以学生发展为共同的价值取向,以立足多元主体的整体利益、平等互重、多元主体参与为原则。同时,在共同愿景的引导下,从共识形成、方式优化、制度创新与条件保障等方面切入,方能构建具有实质意义的命运共同体。

(一)循证教学主体间命运共同体构建的原则

循证教学主体间命运共同体的构建是不同主体在悬置既有观念、搁置个体利益的基础上,通过协同商议,进而达成共识,形成具有实质意义和命运相关的教学共同体的过程。一般而言,循证教学主体间命运共同体的构建需要基于如下原则:

一是立足多元主体的整体利益。循证教学主体间命运共同体是一种利益共同体、价值共同体和责任共同体。立足多元主体的整体利益,促进共同体利益的最优化和最大化,才能凝聚共识,形成不同主体之间的共通价值,并促进不同主体履行责任担当。这就需要不同的教学主体能够将个人利益置于整体利益之下,始终以循证教学主体间命运共同体的整体利益作为思考、决策和实践的出发点和归宿点。也就是说,在教学过程中,不同的教学主体需要将学生的学习与发展,以及循证教学的有序运行作为共同的利益诉求,尤其是把学生的健康发展和意义生成作为循证教学的逻辑起点,并始终把作为人的学生作为教学决策与实践的基点;同时,也需要在确保共同体整体利益的前提下,促进多元主体利益的获得与价值的实现,全方位助力循证教学的有效运行。

二是平等互重。在人类社会发展过程中,"'平等互重'的交往实践立场既坚持世界各国共同发展、共同繁荣,又充分尊重不同民族国家的发展意愿和对自身独特发展道路的探索。人类命运共同体主张存异求同,主张统一性兼顾多元性,倡导同心同向、共善联合、结伴同行,因而能够引领世界各国用冷静公正的方式应对冲突,摒弃冷战和暴力,同时,有助于扼制西方发达国家形构'先进—落后''中心—边缘'等两极对立的全球空间结构,进而维护全球空间正义"[13]。据此,循证教学主体间命运共同体的构建需要秉持平等互重的原则,研究者、学校教学管理者、教师、学生与家长等不同主体之间尽管在学识、经历、职位与视野等方面存在差异,但其地位和人格绝对平等。因此,在涉及教学相关事宜时,不同主体需要相互尊重,聆听不同的声音,通过协同协商,形成共识和方案。

三是多元主体参与。尽管循证教学活动的直接参与者是教师和学生,学校教学管理者、教育教学研究专家与家长等更多是间接参与者,但是他们都是循证教学活动有序运行不可或缺的主体性力量。在学生的成长和发展过程中,不同主体扮演着不同的角色,发挥着不同的功能,只有多元主体积极参与、协同协作,才能提升循证教学的主体合力。这就需要不同主体能够真实地参与到循证教学活动中,并基于证据推动循证教学实践。同时,在关涉循证教学运行中的相关事务时,不同主体能够

悬置"前见""前设"和"前有",促进视域融合,在共同商议和协同协作中,化解冲突,形成共识,增强合力,切实构建起循证教学主体间命运共同体。

(二)循证教学主体间命运共同体构建的路径

循证教学主体间命运共同体的构建是形成循证教学主体合力的保障,也是推动循证教学有序运行的基础。基于立足多元主体的整体利益、平等互重和多元主体参与的原则,我们可以从价值共识的形成、治理方式的优化、运行制度的创新与支持条件的保障等方面多措并举,推动循证教学主体间命运共同体的构建。

1.价值共识的形成是循证教学主体间命运共同体构建的思想基础

价值共识是多元主体在循证教学价值方面形成的共同观念、看法和取向,它是协调主体行动的前提。在实践中,循证教学的价值主要表现为本体论价值、认识论价值和方法论价值。本体论价值涉及对教学本质的澄清,以及教学之于学生、教师与社会的功能。认识论价值包括对教学运行的过程逻辑与内在机理的揭示,以及对教学活动的深度剖析。方法论价值则涉及从不同的视角探寻教学过程的实质,并基于证据提升教学成效。总体而言,循证教学的核心价值在于促进学生的成长与发展,以及师生在积极健康的发展中实现生命自觉和意义生成。同时,在循证教学多重价值的实现过程中,不同主体的价值及其利益也得到了实现。形成价值共识一方面需要不同主体了解循证教学,熟悉循证教学的多重价值,意识到循证教学之于学生成长与发展的积极作用,形成合理的价值认知和价值认同;另一方面需要不同主体正确面对和处理在循证教学方面的价值冲突,秉持求同存异的原则和立场,在不断的沟通、交流和协商中逐渐形成循证教学的价值共识。此外,多元主体间除了形成合理的价值认知、产生价值认同之外,还需要在循证教学实践中不断强化价值共识,才能将循证教学价值的共识从理念转化为行动,并在实践中进一步深化和升华。

2.治理方式的优化是循证教学主体间命运共同体构建的重要方略

治理方式是指多元主体在应对和处理循证教学问题时所采取的方式方法和策略的总和,它在很大程度上反映了主体的价值取向、情感态度和行动策略。循证教学主体间命运共同体的实质是多元主体在循证教学愿景及其价值共识的基础上形成的互助互动的联合。循证教学主体间命运共同体构建的过程就是多元主体在循证教学活动中相互沟通、交流与合作,并协同促进循证教学问题解决的过程。在这个过程中,多元主体逐渐形成价值共识、情感认同和共同愿景,进而建立循证教学主体间命运共同体。治理方式的优化是循证教学主体间命运共同体构建的重要方略,这既是由循证教学主体间命运共同体的性质决定的,同时又是循证教学主体间命运共同体功能发挥的保障。一方面,循证教学主体间命运共同体不是正式的、官方的组织,而是一种非正式的、异质化的与自发形成的不同主体的联合。据此,循证教学主体间命运共同体的建立不能采用常规的组织建立的方式,而是要基于共同体的特殊性质,优化方式,加强多元主体之间的联结,形成一种以愿景、共识和命运为纽带的共同体。另一方面,循证教学主体间命运共同体功能的发挥离不开多元主体的协同与协作,这就需要优化治理方式,充分调动不同主体的力量,形成循证教学实践的整体合力。据此,优化循证教学治理方式,构建循证教学主体间命运共同体,需要不同主体转变理念,从管理理念走向治理理念,从自上而下的管理方式走向多向互动的治理方式。不同主体基于自身的专业素养及文化权威参与循证教学治理,在治理过程中通过民主商议、公正表决、协同协作等方式推动循证教学实践。

3.运行制度的创新是循证教学主体间命运共同体构建和有序运行的保障

"所谓制度,是由具有约束力的规则体系组成的,调整人们之间互动与合作关系的行为规则或规范。"[14]从广义的角度而言,"制度既包括正式的、理性化的、系统化的、见诸于文字的行为规范,如法律;也包括非正式的、非理性化的、非系统化的、不成文的行为规范,如道德、观念、习惯、风俗等。"[15]"从发生学的角度看,制度有两种功能:满足人的需要与限制人的需要。"[16]这便形成了制度发展的悖论,在满足人的需要的同时,又要限制人的需要,即制度既要力图确保和满足人的合理需要,又要充分制约和限制人的不合理需要,旨在通过限制人的不合理需要来满足人的合理需要,在满足与限制之间形成一定的张力,促进人的发展的合理化。循证教学主体间命运共同体的构建和运行从随意性走向规范性、从松散性走向整体性、从碎片化走向一体化离不开制度的保障。制度创新是指通过对制度的优化为循证教学主体间命运共同体的构建和运行提供保障,使循证教学主体间命运共同体的构成、决策与运作等更加规范合理。为此,促进制度创新,一方面需要多元主体在协同商议的基础上,经过反复研讨和论证,形成不同主体认可的制度规范,并在实践中不断完善、优化和创新;另一方面,制度一旦形成,就要发挥其功能,这就需要多元主体维护制度的权威,根据制度规范行事,履行各自职责,并在循证教学主体间命运共同体运行和循证教学实践过程中不断促进制度创新。

4.支持条件的保障是循证教学主体间命运共同体有序运行的重要支撑

支持条件是指特定时空场域及其形成的心理氛围与精神环境对置身其中的多元主体的积极推动作用。从物理意义的维度来说,循证教学主体间命运共同体运行的时空是一种技术性的时间和直观性的空间,是多元主体置身于其中的时间之流和空间格局。时间通常表现为钟表刻度的形式,以及昨天、今天和明天的无限循环,表征着主体或者事件的过去、当下和未来。空间则一般以长、宽、高的形式,表现为具体的外形布局。物理意义上的时空对循证教学主体间命运共同体的运行发挥着直接承载性的功能,它使多元主体的存在和发展具备了可能,为共同体的建立和运行创造了条件。从心理意义的维度而言,循证教学主体间命运共同体运行的时空是多元主体的内在知觉,是不同主体之间多重互动所形成的特定关系和氛围作用于主体后所形成的个性化体验,是内置于主体的时空。心理意义上的时空对主体的存在和发展,以及循证教学主体间命运共同体的运行发挥着潜移默化的作用。多元主体对时空的体验,如时间的连续性和断裂性、持久性和暂存性,空间的开放性与封闭性、流动性与僵化性等影响着多元主体的认知与行动,对循证教学主体间命运共同体的运行发挥着间接的承载性作用。另外,在物理时空和心理时空中形成的精神环境也是影响主体感知、体验和实践的重要因素,更是循证教学主体间命运共同体的凝聚力与向心力形成的关键因素。据此,发挥时空系统的承载功能,一方面,需要为多元主体提供充足的时间和空间,使循证教学主体间命运共同体内部成员的交流、协商与合作等成为可能,同时,也促进循证教学主体间命运共同体内部与外界之间实现信息与能量的交换;另一方面,需要创设良好的环境,形成自由、开放、共享与互动的心理时空,为循证教学主体间命运共同体的运行提供积极的心理支持系统。此外,还要注重积极向上的精神环境的营造,彰显循证教学主体间命运共同体的精神气象,升华多元主体的精神品质。

参考文献

[1] 崔友兴.循证教学的过程逻辑与运行机制[J].课程·教材·教法,2021(1):64-71.

[2] 李卓君,崔友兴.走向循证:大数据时代学校教学变革审视[J].当代教育科学,2020(9):77-82.

[3][4][5] 郝文武.师生主体间性建构的哲学基础和实践策略[J].北京师范大学学报(社会科学版),2005(4):15-21.

[6] 雅斯贝尔斯.什么是教育[M].邹进,译.北京:生活·读书·新知三联书店,1991:2-3.

[7] 迟学芳.走向生态文明:人类命运共同体和生命共同体的历史和逻辑建构[J].自然辩证法研究,2020(9):107-112.

[8] 查正权.马克思共同体概念的澄明[N].中国社会科学报,2020-07-22.

[9] 袁利平,温双.基于循证实践框架的核心素养生成[J].陕西师范大学学报(哲学社会科学版),2018(4):157-166.

[10] Gibbs, R. Embodiment and Cognitive Science[M]. Cambridge: Cambridge University Press, 2006:78.

[11] 俞可平.治理和善治:一种新的政治分析框架[J].南京社会科学,2001(9):40-44.

[12] 李森,崔友兴.新型城镇化进程中乡村教育治理的困境与突破[J].西南大学学报(社会科学版),2016(2):82-89.

[13] 李维意.论人类命运共同体的价值立场、治理理念和构建方略[J].广西社会科学,2020(4):19-23.

[14] 周光辉.当代中国决策体制的形成与变革[J].中国社会科学,2011(3):101-120,222.

[15] 杜时忠.制度德性与制度德育[J].高教探索,2002(4):11-13.

[16] 程福财.论制度的功能演变与制度变迁[J].上海大学学报(社会科学版),2001(1):53-56.

The Research on the Construction of the Community of Destiny Among the Subjects of Evidence-based Teaching

Cui Youxing

(College of Elementary Education, Hainan Normal University; Basic Education Curriculum and Instruction Research Center of Hainan Province, Haikou 571158, China)

Abstract: Evidence-based teaching is an evidence-based teaching practice for teachers, which is helpful to overcome the disadvantages of policy-based teaching, experience-oriented teaching, subjective decision-making teaching and imitation-following teaching. The community of destiny among the subjects of evidence-based teaching refers to the interest connected and destiny intertwined community which is founded by multi-subjects of evidence-based teaching based on teaching consensus and interest. In the community of destiny the subjects of evidence-based teaching, teachers, students, school administrators, educational and teaching research experts and parents play different roles and functions. In order to construct a community of destiny with substantial significance, the establishment of the community of destiny among the evidence-based teaching subjects should be guided by the common vision, and multiple measures should be taken from the aspects of consensus formation, mode optimization, system innovation and condition guarantee.

Key words: evidence-based teaching; community of destiny; multi-subject

栏目 4 未来教育技术

智能导学系统(ITS)演化逻辑及进化趋势探析

罗江华[1,2] **冯 瑞**[2]

(1.西南大学 教育学部,重庆 400715;2.西南大学 西南民族教育与心理研究中心,重庆 400715)

摘要 解析教育新基建的自适应属性及其教育应用的规律,是高质量教育支撑体系建设的重要环节。智能导学系统(ITS)作为个性化教育服务系统,在教育新基建的部署中有举足轻重的地位。从国内外典型案例的发展来看,ITS呈现关注学习者样态、突出个性化资源推荐服务的价值主张;其技术实现重视大数据、高维空间、复杂算法模型等特点;其教育应用呈现适用性资源推荐、高阶思维发展、伴随式检测等趋势。从教育新基建部署工作的紧迫性和高质量教育支撑体系建设的需求来看,ITS面临自适应学习需求持续增长、人机协同过程不断涌现伦理问题等挑战。

关键词 智能导学系统;ITS;自适应学习;人机协同;教育新基建

一、引言

围绕人工智能技术推进的信息化工作是高质量教育的条件,更是建设高适应性、多方协同和关注学习者样态的高质量教育支撑体系的关键。[1]充分体现人工智能技术成熟度和个性化教育应用落地的智能导学系统(intelligent tutoring system,ITS),作为教育新基建的核心组成部分,成为释放支撑效力的重要影响因素。

从需求来看,依据学生认知特征、需求和能力定制学习内容、教学方式,并以适合的教学资源提供灵活支持,是个性化教育应用落地的标志;[2]ITS在模仿教师功能的进程中,渐渐把学生特征分析、教学资源定制能力提升作为重心。一般来说,ITS主要由学生模块、领域模块、教学模块和界面模块四部分构成。学生模块存储学生学习进度、知识、偏好、学习风格等数据以及对学生学习状态进行分析;领域模块存储学习内容、知识库和教学资源;[3]教学模块设计学习策略和进行教学设计;[4]界面模块是学生与系统进行交互的界面。[5]

基金项目:国家社会科学基金2021年度教育学重点项目"以新基建支撑高质量教育体系建设研究"(ACA210010)。
作者简介:罗江华,博士,西南大学教育学部教授,西南大学西南民族教育与心理研究中心研究员,博士生导师,研究方向为教育技术基本理论与实践;冯瑞,西南大学西南民族教育与心理研究中心博士研究生,研究方向为自适应学习系统、学科知识图谱。

从技术实现层面来看,ITS越来越重视人机交互和机器学习,强调机器模拟人类教师的功能。[6]但是,ITS是否已经成为有效的个性化学习工具?[7]ITS的教师角色模拟能力越来越强,其技术进化和教育应用的逻辑是如何产生和演化的呢?本研究应用案例分析法,分别选择国外的Cognitive Tutor Authoring Tools(CTAT)、AutoTutor和Knewton,以及国内的松鼠AI和雷达数学为ITS案例,并从技术支持、学习流程两个方面对案例进行分析,从技术进化逻辑、教育应用逻辑两个方面总结ITS的进化趋势,并结合教育新基建分析ITS面临的挑战。

二、ITS的典型案例

(一)国外的三大平台

CTAT项目于2002年由卡内基梅隆大学主导设计和开发,直接目的是为学生提供认知导学服务并降低教师使用导学系统的技术门槛,根本目的是促进学生问题解决能力的发展。CTAT主要依靠案例追踪功能,[8]即系统会通过对比路径的形式检测学生问题解决过程并对结果进行评价,进而为学生提供个性化的指导,培养学生的问题解决能力。CTAT通过开放多个程序接口的方法让教师能够根据需要自主对系统模块进行组合,这一特性让教师无须掌握相关的编程基础也能为学生提供导学服务,以此来降低系统对教师技术能力的依赖,但问题编制、问题解决路径图的设计、路径图中的提示语等内容设计仍需要教师的人力支持。CTAT的运行流程为:系统首先从学生模块获取学生的知识序列;其次从领域模块抽取相应的问题通过界面模块反馈给学生;最后利用贝叶斯知识追踪器算法对学生的学习结果进行记录,保障教学模块中问题呈现、自主探究、结果评价的学习流程的开展(如图1所示)。

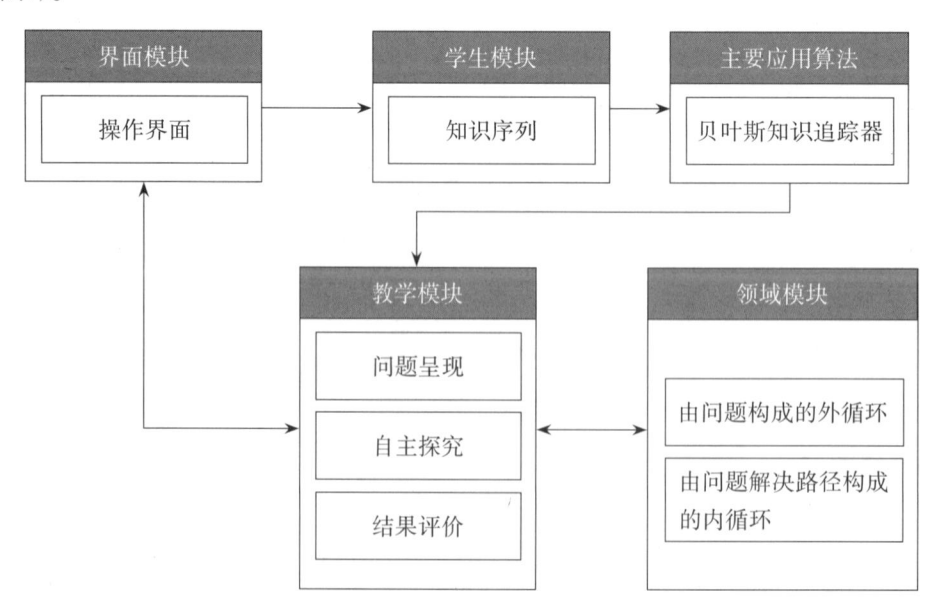

图1 CTAT的运行流程

技术支持方面，CTAT主要应用了贝叶斯知识追踪器算法，将问题设计为有联系的问题序列，并利用概率形式表示学生对知识点的掌握程度，使其拥有了以学习导航、诊断为核心的导学功能。学习流程方面，CTAT以问题呈现、自主探究、结果评价为过程。问题呈现是系统从由不同问题构成的外循环问题序列中抽取预先设计好的问题，反馈给学生；自主探究是学生对问题进行作答，设计问题的解决路径；结果评价是系统利用教师预先设计好的由问题解决路径构成的内循环路径图，与学生设计的问题解决路径相对比，对学生作答结果进行评价并将教师预先设计的提示内容反馈给学生。系统在整个学习过程中主要模拟教师学习指导者和评价者的角色。

AutoTutor最早是由孟菲斯大学于2004年启动的项目，它以解释的建构主义为理论基础，利用指导学生学习的形式促进学生知识建构，通过模拟教师角色与功能在与学生交互过程中为学生提供支持，促进学生学习。AutoTutor初期由于技术等多方面限制，只能以非常僵化和脚本化的语言进行交互；[9]之后，人工智能技术和机器学习发展让系统拥有了自适应能力，系统能够根据学生的学习状态指明学生下一步要做什么，以及在说教式指导、协作式对话过程中提供个性化的学习支持。AutoTutor的运行流程为：系统首先从学生模块获取知识序列，并从领域模块抽取相应的问题序列，利用界面模块呈现给学生；然后利用循环神经网络(RNN)、多层感知机(MLP)算法对学生的学习过程进行检测，保障问题呈现、问题回答等环节构成的学习流程的开展(如图2所示)。

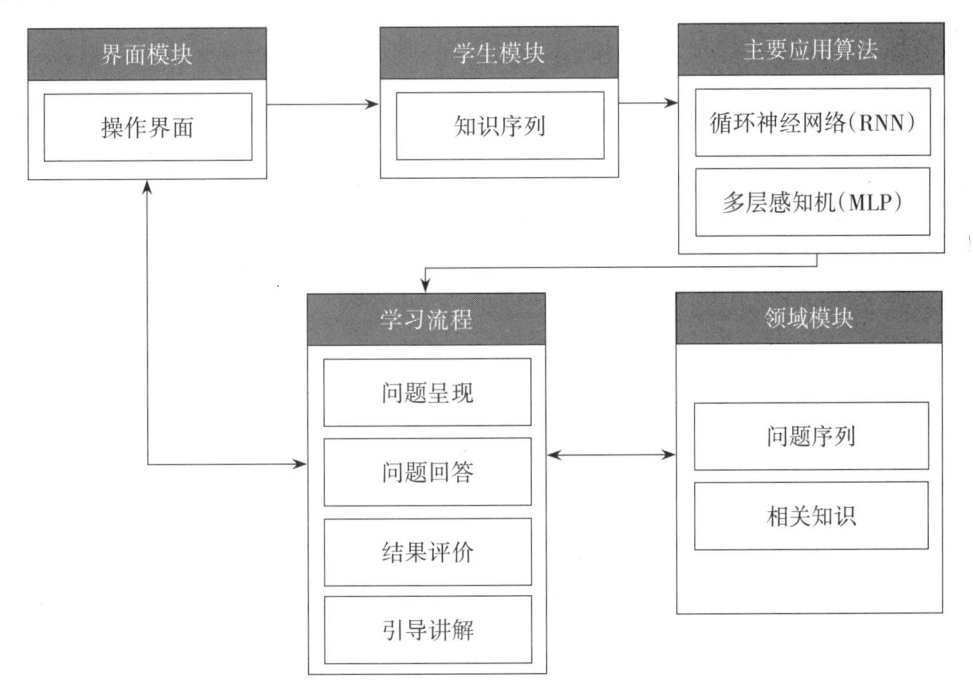

图2　AutoTutor的运行流程

技术支持方面，AutoTutor主要应用了循环神经网络、多层感知机算法。循环神经网络是以序列数据为输入，在序列演进方向进行递归且所有循环单元按链式连接的网络，[10]用于识别学生某个时刻的声音和状态，让系统能够对学生的语音和行为进行识别。多层感知机是由单个感知机发展而来的，其构成包括多个神经元和隐藏层，[11]让系统能够根据学生的面部、语速、语调、点按鼠标等判断学生愤怒、无聊、困惑、轻蔑、好奇、厌恶、高兴和沮丧的情绪变化。循环神经网络和多层感知机算法的应用让AutoTutor拥有了学习导航、语义分析、知识讲解、情绪识别的功能。学习流程方面，AutoTutor以问题呈现、问题回答、结果评价、引导讲解为过程。问题呈现是系统定位学生的学习主题，并从主题的多个问题中提取相应问题反馈给学生；问题回答是学生通过语音形式对问题进行回答，同时系统对学生的回答进行识别；结果评价是系统根据领域模块的内容对学生的回答进行评价，判断学生的回答存在的问题；引导讲解是系统根据评价结果和学生的情绪状态对问题进行引导式讲解，在指导学生解决问题的过程中帮助学生掌握知识。系统主要模拟教师知识讲解者、情绪监督者和学习效果评价者的角色。

Knewton由约瑟·费雷拉(Jose Ferreira)于2008年创办，初期作为标准化在线考试平台，之后随着数字教学资源的不断丰富，其发展为由数字教学资源支持的学生个性化学习平台。[12]Knewton利用结构化概念构建知识图谱，利用学生在学习过程中产生的数据构建学生动态特征，以目标评估为依据并以知识图谱和学生特征为基础，实现教学资源推荐等功能，支持个性化学习和资源推荐。Knewton的运行流程为：系统首先从学生模块提取学生的个性化知识图谱等；其次从领域模块获取知识图谱、教学资源；最后利用数据收集、数据分析、数据推荐等算法，根据学生的学习能力等特征对学生进行聚类，进而推荐相应的教学资源，保障预习、知识学习、评价为过程的学习流程的开展(如图3所示)。

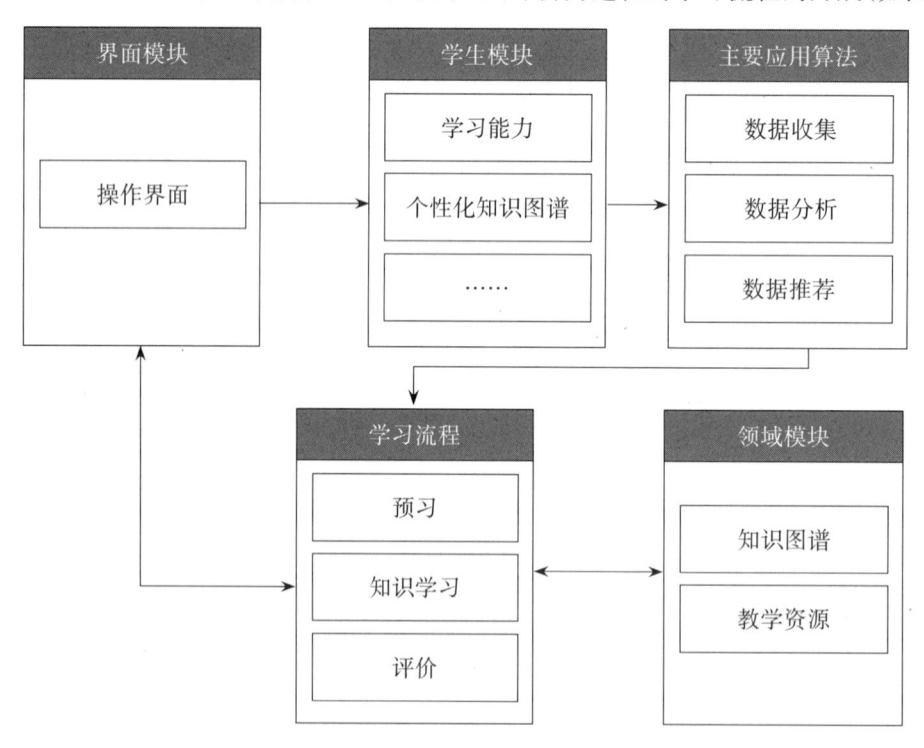

图3 Knewton的运行流程

技术支持方面，Knewton综合应用多种理论和模型支持教学逻辑的实现，利用自适应本体、模拟引擎实现数据收集；利用项目反应理论、概率图形模型、凝聚层次聚类实现学习分析；应用知识图谱实现资源的精准推荐。多种理论和模型的作用让Knewton拥有了学习诊断、资源推荐、知识讲解的功能。学习流程方面,Knewton以预习、知识学习、评价为过程。预习是学生对新知识进行预先学习并进行学情诊断;知识学习是系统首先确定学生适合的试题难度,然后对学生进行聚类,最后利用知识图谱为不同群体学生推荐适合的资源进行学习;评价是系统通过让学生完成试题的形式测试学习结果。系统模拟了教师学习指导者、学习评价者的角色。

(二)我国的实践探索

松鼠AI是于2014年成立并专注中小学个性化教学的平台,能够在尊重学生个性的前提下为学生推荐个性化的专属学习路径,促进因材施教的实现。松鼠AI将教学内容的知识点分为思想型、能力型、方法型三类,以知识点不断细粒化的多层知识图谱为基础实现资源与知识的融合,能够在综合应用学生先前和当前学习数据的基础上指导学生学习,必要时能够通知教师进行介入。松鼠AI的运行流程为:系统首先从学生模块获取学生的个性化知识图谱等;其次从领域模块获取知识图谱等内容;最后利用学习分析等算法,根据学生能力等特征通过界面模块为学生提供相应的反馈,保障基础测验、知识学习等环节构成的学习流程的开展(如图4所示)。

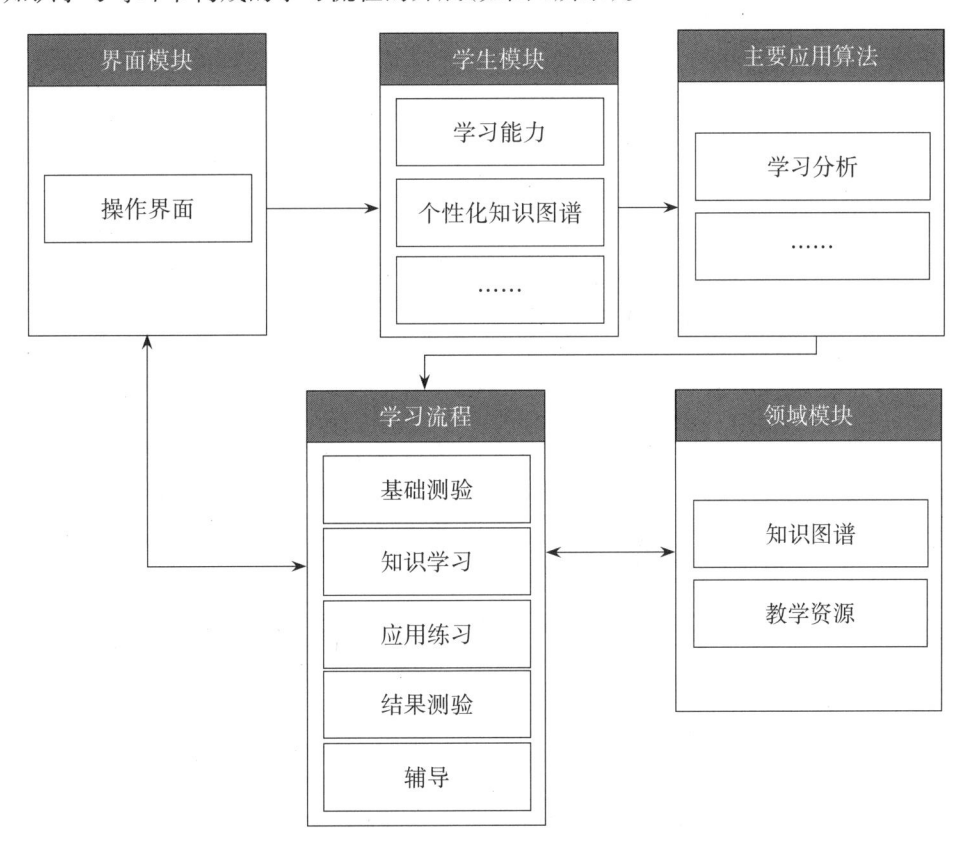

图4 松鼠AI的运行流程

技术支持方面,松鼠AI应用了学习分析等技术实现学习诊断、资源推荐、知识讲解等功能。学习流程方面,松鼠AI以基础测验、知识学习、应用练习、结果测验和辅导为过程。基础测验是对学生进行基础知识测验,诊断学生知识的薄弱点;知识学习是针对学生的知识薄弱点和知识之间的联系设计个性化学习方案,并为学生推荐合适的资源、习题进行学习;应用练习是学生利用推荐且符合自身能力的习题,进行知识应用练习;结果测验是根据学生的学习过程生成学习结果报告;辅导是根据学习结果报告继续为学生提供学习支持。系统主要模拟了教师学习诊断者、学习路径规划者、学习指导者、学习评价者的角色。

雷达数学是由北京师范大学未来教育高精尖创新中心于2020年设计和开发,面向数学学科提供导学服务的平台,它以知识图谱为基础进行数学导学,实现了知识图谱与教学资源、学习路径的联系。[13]雷达数学以选择、填空、简答等类型测试题为基础明确学生对不同知识点的掌握程度,并将不同知识点分成优势知识点、薄弱知识点和未学知识点三种类型,进而将三种类型的知识点进行组合形成每个学生个性化的知识图谱。平台根据每个学生的知识图谱推荐教学资源和规划学习路径。雷达数学的运行流程为:系统首先从学生模块获取学生的个性化知识图谱等;其次从领域模块获取知识图谱和教学资源,并根据个性化知识图谱通过界面模块将教学资源推荐给学生;最后利用贝叶斯网络、卷积神经网络(CNN)和STACK算法对学生的学习结果进行评价,保障知识点定位、学习路径规划等环节构成的学习流程的开展(如图5所示)。

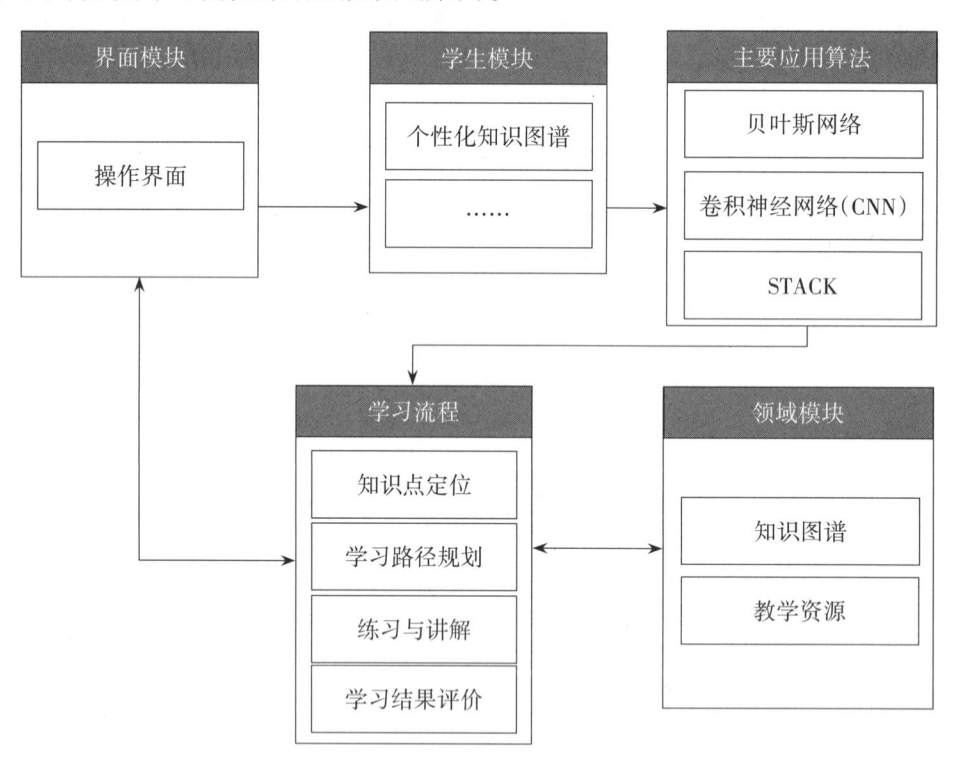

图5 雷达数学的运行流程

技术支持方面,雷达数学主要应用了贝叶斯网络、卷积神经网络和STACK算法。贝叶斯网络是以概率形式表示各知识点学习结果的学生知识网络,既有利于明确各知识点之间的关系,又有利于快速定位薄弱或未学习的知识点;卷积神经网络是指那些至少在网络的一层中使用卷积运算来代替一般矩阵乘法运算的神经网络,[14]它让系统能够识别文字型作答中的文字;STACK是一种用于数学评价的高级计算机辅助评价系统,目标是让系统对学生输入到计算机的代数表达式进行评价。多种算法的作用让雷达数学拥有了学习诊断、资源推荐、知识讲解和打破课程顺序限制的学习路径规划功能。学习流程方面,雷达数学以知识点定位、学习路径规划、练习与讲解、学习结果评价为过程。知识点定位是系统通过学生模块获得学生当前的知识网络,并定位知识薄弱点和未学习知识点;学习路径规划是系统根据知识网络中不同知识点之间的联系,以及学生对相关知识点的掌握程度,规划目标知识点学习的路径;练习与讲解是系统根据学习路径为学生推荐相应的微课和问题,让学生在练习和讲解中进行知识学习;学习结果评价是系统利用问题对学生知识点学习结果进行评价。系统主要模拟了教师学习路径规划者、知识讲解者、资源推荐者、学习效果评价者的角色。

三、ITS的技术进化

(一)数据处理:由小数据向大数据转化

小数据是指ITS能够采集和分析的数据量较小,不能充分挖掘数据价值,导致学习者模型内容不全、对学生学习过程数据关照不足、教师角色模拟受限等问题。学习者模型内容不全,是指当前ITS只关注部分学生数据而忽视其他特征数据的现象,如CTAT学习者模型数据以学生序列知识点的学习结果为主,对学生学习能力等数据的关注度有待提高。对学生学习过程数据关照不足,是指当前ITS更多关注学生学习初始状态即学情数据,以及学生学习结果状态即学习结果数据,对学生学习过程中产生的数据挖掘不足,如雷达数学关注学生初始状态数据并据此进行学习路径规划,关注结果状态数据并据此进行学习结果评价和查漏补缺,对学生学习过程中产生的疑问等数据关注不足。教师角色模拟受限,是指当前ITS对学生特征数据、过程数据收集和分析能力不足,使系统难以掌握学生的学习状态,不能为更复杂的教师角色功能的模拟提供数据支持。

增强系统的数据收集和分析能力,充分发挥大数据的优势,是解决小数据引起问题的关键。发挥ITS大数据应用能力需要特别提高发现数据、分析数据的能力,对学生学习过程中产生的数据进行收集和分析的多模态学习分析,为其大数据应用提供了途径。多模态学习分析是多模态教学与学习、多模态数据、计算机支持的复合体,是综合利用三个概念来描述学生学习的方法,主要通过捕获、融合和分析学生学习过程中产生的多种数据来实现,[15]有利于实现面向学生的智能化认知诊断、行为分析、情绪感知和交互分析。[16]基于多模态学习分析的ITS要以数据发现、数据融合、数据利用为过程,从动作模态、生理模态两个方面进行数据发现,并对数据进行结构化组织以实现数据融合,进而对融合的数据进行分析和决策,实现对学习过程数据的全面收集和分析,增强ITS的大数据分析应用能力。

(二)特征空间:由单维空间向多维空间转化

单维空间是ITS从某个角度进行数据采集构建特征空间,且利用某个具体特征对学生学习等状态进行评判的现象。单维空间应用导致系统存在不能较为精准地反映学生某一特征、不能较为精准地掌握学生状态和难以提供精准反馈等问题。不能较为精准地反映学生某一特征,是指当前ITS依靠某个模态数据构建学生特征,比如,雷达数学仅利用学生对系列问题的作答结果来判断学生是否掌握了某个知识点,忽视了知识学习层级的影响,认为低阶层级掌握和高阶层级掌握不存在差别。不能较为精准地掌握学生状态,是指当前ITS不能较为综合地应用学生多样特征对学生某个状态进行判断,比如,雷达数学的教学资源推荐主要依靠学生的学习路径,为学生推荐学习路径上相关的教学资源,忽视了学生学习能力等特征的影响,使得系统不能较好地掌握学生对教学资源的需求状态。难以提供精准反馈是受特征不精准、状态不精准的影响而产生的,使得系统不能精准地掌握学生样态,导致提供的反馈不精准。

针对上述问题,我们可以增加数据采集维度,并且利用多个特征对学生状态进行判断,即利用多维空间提高系统精准性。增强ITS多维特征空间应用能力,首先,需要加强相关理论研究,以学习过程中产生的行为数据、交互数据和文本数据为依据,明确学生的学习偏好、认知状态[17]、学习状态[18]、情感状态等特征影响学生学习过程的机制,探明影响学生学习结果的过程性因素,为学生学习结果的全方面量化提供理论支持;其次,加强学业分析、行为分析、预测分析应用,以影响学生学习的过程性因素为基础,综合利用学业分析[19]、行为分析、预测分析对过程性因素进行深层次挖掘,发掘学生学习规律、学生潜在特征,进一步完善学生特征分析;最后,将深度学习充分应用到系统中,通过构建多隐藏层、多神经元构成的算法模型,在对不同模态数据融合分析的过程中为学业分析、行为分析和预测分析提供算法基础。

(三)算法模型:由单一模型向复杂模型转化

单一模型是ITS教师角色模拟功能多是以单个算法模型来实现的,如AutoTutor利用循环神经网络算法拥有了解决多个输入和一个输出问题的能力,对学生短时间内的语音和不同行为变化进行量化取值计算,最后将所有计算结果进行汇总作为目标函数,利用反向传播算法进行逐级求导,实现对学生某个时刻语音和行为状态的识别,但缺少对学生语义深度挖掘的算法应用,难以充分挖掘学生回答的深层含义。单一模型的应用导致ITS存在数据集应用不充分、难以对多个特征进行综合应用等问题。数据集应用不充分,是指当前ITS更多应用某一数据集对某一特定的算法模型进行训练,存在精准性较差的潜在弊端。难以对多个特征进行综合应用,是指当前ITS由于缺少特征数据融合算法模型,使其难以发现不同特征之间的关联关系和表征潜在特征,难以实现将某个算法模型输出结果作为下个算法模型输入的算法应用方式,即通过多个算法模型进行嵌套应用实现模拟复杂教师角色的功能,如在充分考虑学生知识图谱、学习能力、学习偏好等特征前提下规划学习路径。

增强ITS对多个算法模型的综合应用能力,实现对复杂模型的有效应用是解决单一模型弊端的关键。模型集成法在ITS中广泛应用是提高复杂模型应用能力的有效途径。作为将多个弱学习模型进行组合应用构成强学习模型,增强结果精准性和鲁棒性的算法模型应用形式,模型集成法主要有

Bagging、Boosting、Stacking三种方法。Bagging和Boosting以同质弱学习器为基础,通过有放回的形式训练出多个基础模型,最后通过投票形式选择票数最多的模型作为输出的方法。[20]Boosting与Bagging最大的区别在于不同模型投票权重不同,其中Boosting较好的模型投票权重更大。两种模型集成方法在ITS中的应用能够在利用较少学生学习过程等数据集的情况下训练算法模型,提升少量数据集的应用能力。Stacking以异质弱学习器为基础,[21]通过训练元模型将基学习器组合应用,其在ITS中应用能够提升系统对学生等主体的多模态数据融合和应用能力,进一步促进系统功能丰富多样。模型集成法应用能够提升ITS对数据集的应用能力和复杂教师角色功能模拟能力。

四、ITS的教育应用

(一)教学资源:由精准性推荐转为适用性推荐

精准性指当前ITS能够在考虑学生学习能力、学习偏好或知识点掌握情况的前提下,为学生推荐符合学习需求和认知特征的教学资源。比如,Knewton能够利用知识图谱规划需要学习的知识点,利用学情诊断确定当前学生的学习能力,最后利用聚类的方法为学生推荐符合自身知识薄弱点、学习能力的精准性教学资源。精准性教学资源推荐存在教育伦理问题、忽略学生发展和忽略学生潜在需求的弊端。教育伦理问题,是指过于精准化的推荐方法,使得学生过于关注学习某个具体知识点的相关资源,导致"信息茧房"等问题。忽略学生发展,是指忽略随着时间发展学生在特征方面的变化,造成推荐系统长期使用后推荐结果不精准的问题。忽略学生潜在需求,是指系统缺乏对学生学习过程数据的收集和分析能力,难以在学生进行人机交互过程中发现或总结其对教学资源的潜在需求。

改变ITS教学资源推荐策略,注重适用性资源推荐,一是要不断深入学科知识图谱的应用以及优化学习路径规划算法,应用以个性化学习路径为基础综合考虑学生、教学资源多样特征的资源推荐模式,这样能够促进推荐结果知识点的多样性,打破"信息茧房";二是要加强多模态学习分析应用,利用学生过程性数据更新和发现学生特征,提升系统长期使用的精准性和及时发现学生潜在需求的能力。深入学科知识图谱应用要能够建立知识点与思维、教学资源之间的映射关系,[22]进而构建个性化学习路径。首先,组合运用卷积神经网络、BiLSTM等算法进行知识抽取,利用K近邻法、决策树等算法进行知识分类,利用TransE、TransH等算法进行知识推理,初步构建学科知识图谱;其次,以问题为中介,将知识点与思维进行关联,并将知识点与教学资源进行绑定,让每个知识点都有相应的教学资源,实现教学资源的高效组织;最后,利用融合思维、教学资源的学科知识图谱进行包含知识点、方法、问题任务的个性化学习路径规划。[23]多模态学习分析应用要能够充分挖掘学生学习过程中产生的人机交互、行为、评价等数据发现新特征内容,及时更新学生特征数据或构建新特征。

(二)学习活动:由低阶思维发展转向高阶思维发展

探究式学习指的是当前ITS多呈现问题,让学生在系统指导下自主运用所学知识在解决问题的过程中实现知识学习的学习活动。比如,松鼠AI利用学情诊断了解学生的知识薄弱点,利用知识图谱规划薄弱知识点的学习路径,并以知识学习和练习为主要学习活动流程,使学生能够利用系统推荐的教学资源进行知识学习和应用练习,实现在应用知识过程中进行知识学习的目的。探究式学习能够发挥系统在学生学习过程和解决问题过程中的指导作用,同时在定制化学习过程的加持下,使系统能够根据学生知识图谱规划个性化探究式知识学习路径,进一步提高学生知识学习效率,但存在注重知识记忆、理解、应用的低阶思维发展,轻视高阶思维发展的弊端。

布鲁姆教育目标分类法将认知领域目标分为知识、领会、应用、分析、综合、评价六个层级,安德森对布鲁姆认知领域六层级进行了修订,将其调整为记忆、理解、应用、分析、评价和创造,[24]其中分析、评价和创造被称为高阶思维。学生高阶思维的培养需要将深度学习引入ITS学习活动中,[25]以概念形成、概念获取、概念发展为过程,[26]让学生在解决复杂问题的过程中实现高阶思维的发展。概念形成是创建真实问题情境,让学生在问题情境中理解知识;概念获取是利用虚拟环境让学生重新体验知识的发现过程,促进知识内化;概念发展是核心环节,是让学生在确立假设、验证假设的过程中,不断对实践过程进行反思直到达成最优解,进入深度学习状态,促进心智和高阶思维发展。

(三)学习评价:由总结性评测转向伴随式评价

总结性评测指当前ITS对学生的评价注重结果性评价,利用试题或问题等形式对学生知识学习结果进行评价。比如,CTAT利用学生解题路径判断学生是否将问题解决以实现总结评价;AutoTutor利用学生对问题解答的语音判断问题是否解决以实现总结评价;雷达数学利用学生对数学问题解答的内容或公式判断数学问题的解决结果以实现总结评价。ITS总结性评测存在只注重结果而忽视过程的弊端。对学生学习过程的评价能够及时发现学生学习存在的潜在问题,进而更好地指导学生学习。

伴随式评价能够增强ITS对学生学习过程的评价能力。伴随式评价是在技术支持下对教学全过程数据进行分析和评价,并利用评价结果改进教学过程,从而实现对学生发展动态追踪的综合性评价方式。[27]它具有三个特点:在评价理念上,从学习结果的评价转向促进学习的评价;在评价策略上,从技术工具取向转向学习分析取向;在评价内容上,从知识技能转向综合能力。[28]ITS应用伴随式评价需要做好评价阶段划分、评价内容设计、评价工具开发三方面工作。伴随式评价融入ITS以探究式学习为基础,将评价阶段分为知识学习、问题分析、方案设计、方案实施、结果反思五个阶段;评价内容包括学习过程中的学生行为、学生心理、作答结果等数据;在评价工具方面,要加强学习过程检测硬件应用,同时要设计相应算法模型对检测数据进行分析和评价,为伴随式评价提供技术支撑。

五、ITS面临的挑战

(一)日益增长的自适应学习需求

当前教育新基建部署的紧迫性日益凸显,为教育信息化发展提供了强大动力,使自适应学习需求不断增长。自适应学习作为学生按照自己的方式,安排学习时间、内容和方法的学习形式,[29]体现了以学生需求为中心、自主安排学习的特点。当前以课堂为主的教学组织形式,难以充分照顾到每个学生的学习需求和特点,使得自适应学习难以开展,而作为信息技术与教育领域融合的产物的自适应学习平台,为自适应学习提供了基础,也为自适应学习提供了解决方案。自适应学习平台是通过分析学生实时交互数据来引导学生学习的系统,[30]主要由知识库、交互数据处理模块、个性化推送模块和学习结果呈现模块构成,并在知识库构建和认知诊断两种核心技术支持下,[31]实现教师介入前提下的教学内容、评估等自适应。自适应学习平台在数据流动上以学生学习数据为基础,利用自适应引擎帮助学生学习,利用干预引擎发挥教师、管理人员对学生学习的介入作用,总之自适应学习平台能够通过人机协同形式支持学生的自适应学习。[32]

现阶段,ITS发展进入深层模拟教师角色阶段,已经能够较好地模拟人类教师功能,但模拟教师难以具备人类教师对学生的人文关怀等能力。ITS是教育新基建的关键构成部分,为了增强教育新基建对高质量教育体系的支撑作用,需要增强ITS自适应学习的能力,以应对自适应学习需求增长的挑战。使ITS具备人机协同自适应育人能力,需要从学习者模型、算法设计两个方面入手深化人工智能技术的融入,同时还要从教学活动方面增强教师在学生个性化学习过程中的参与感。

在学习者模型方面,要建立全面多维的模型。ITS需要全面多维的学习者模型作为支撑,对学生进行多角度特征和学习过程数据记录,实现打破知识为主的评价模式、精准有效的资源推送、行为情感识别等功能。全面多维的学习者模型要求充分发掘和利用学生的静态特征和动态特征,进而构建多维的学生特征画像。全面多维的学习者模型包括静态模型和动态模型,其中静态模型是利用学生自身特征属性构建的模型,而动态模型是学生在学习过程中表现出来的特征属性。静态模型包括学生的基本信息、认知风格和学习特征等。基本信息是辨别学生身份的特征属性,由姓名、性别、班级等数据构成。认知风格是根据学生学习感官偏好对学生进行的分类,包括视觉型、听觉型、言语型等类型。学习特征是学生在学习过程中表现出来的情感偏好、行为偏好、言语偏好等内容。动态模型包括学生的行为特征和情感特征等。行为特征是学生在学习过程中表现出来的行为,包括肢体动作、眼动等行为。情感特征要求通过分析学生说话语气、语调、语速等来辨别学生的情感状态。

在算法设计方面,要能够实现对教师角色的深层模拟。深层模拟教师角色需要ITS能够模拟有感情的教师,同时还要能够识别学生的周围环境,并根据学生所处环境提供个性化的学习服务,由此需要构建由推荐系统、评价系统和识别系统构成的教师角色深度模拟算法模型。推荐系统是实现资源推荐、学习路径推荐两个功能的基础,应用的算法为贝叶斯分类器、K近邻法、决策树、支持向量机、多层感知机等。资源推荐功能的实现需要首先明确学生与教学资源之间的关系,其次构建学生和教学资源的特征空间,最后选择合适的模型进行训练。学习路径推荐需要首先构建学生的知识图谱,其次明确学生对不同知识点的掌握情况,最后利用合适的模型对知识点之间的连接进行分类进而规划合适的学习路径。评价系统是实现测验结果评价、知识追踪两个功能的基础,应用的算法为卷积神经网络、贝叶斯知识追踪器等。测验结果评价的关键在于识别学生的答案,利用卷积神经网络等算法将学生的答案转化为图片形式,进而对图片进行特征提取、运算和链接从而实现对学生答案的识别。知识追踪的关键在于对已学知识与未学知识的区分,利用贝叶斯知识追踪器通过对评价结果的特征提取对不同知识点进行标记,实现已学知识与未学知识的区分。识别系统是实现行为识别、语言识别、情感识别和环境识别功能的基础,应用的算法为循环神经网络、隐马尔科夫模型、长短期记忆网络、强化学习等。识别系统具有时间间隔性的特点,以极短时间内的行为、情感、语言、环境状态为输入空间,利用不同算法将极短时间内的状态汇总为一段时间的状态输出,进而识别一个阶段的行为、情感、语言和环境。

在教学活动上,要开展注重体验的探究式学习。注重体验的探究式学习过程包括问题呈现、体验式学习、探究式应用和结果评价四个环节。在问题呈现环节,ITS向学生呈现需要解决的问题,以解决问题为主线将四个环节联系为一个整体。在体验式学习环节,学生重新体验知识发现的过程,以此促进知识理解,其间,ITS向学生推荐合适的教学资源并根据学生的反应进行知识的讲解;同时教师为学生的学习提供指导。在探究式应用环节,学生利用新学知识解决问题,其间,ITS实时检测学生在解决问题的过程中遇到的难点并定位到相应的知识网络节点,然后推荐合适的教学资源和讲解;同时,ITS感知学生周围环境,指导学生利用环境解决问题,必要时教师也可以介入学习过程。在结果评价环节,ITS利用相关资源对学生学习结果进行评价。

(二)人机协同的教育伦理问题

ITS对人工智能技术的应用会带来过度数字化侵犯学生隐私、算法黑箱阻碍学生全面发展、信息茧房限制学生获取信息、工具价值超越教师价值等由数据、算法导致的教育伦理问题,所以要从数据、算法两个方面总结避免教育伦理问题的对策。数据方面,要以学生发展为导向规范数据化内容,在保护学生隐私的基础上从静态和动态两个角度构建关注学生样态的学习者模型,其中静态角度包括学生的基本信息、认知风格和学习特征等内容,[33]而动态角度包括学生的知识模型、行为特征、情感特征、态度和价值观等内容。算法方面,要加强算法设计,促进算法的透明性,利用加强算法设计的方法构建合理的算法模型,把握精准度与广度之间的平衡,破解信息茧房难题;化解技术价值超越教师价值的危机,促进教师职责转变,利用促进算法透明性的方法破解算法黑箱问题,促进教育公平。数据、算法两方面的协商有利于实现"人—技术—教育"的内在一致性,[34]构建"人机共生"的和谐关系。

参考文献

[1] 朱永新,郝晓东.建设高质量教育体系的条件、特征、关键与底线[J].人民教育,2021(1):13-16.

[2] Somyurek S.The New Trends in Adaptive Educational Hypermedia Systems[J].International Review of Research in Open and Distributed Learning,2015(1):221-241.

[3] Karaci A.Intelligent Tutoring System Model Based on Fuzzy Logic and Constraint-based Student Model[J].Neural Computing and Applications,2019(31):3619-3628.

[4] 龚礼林,刘红霞,赵蔚,等.情感导学系统(ATS)的关键技术及其导学模型研究——论智能导学系统走向情感导学系统之意蕴[J].远程教育杂志,2019(5):45-55.

[5] Castro-Schez J.J.,Glez-Morcillo C.,Albusac J.,et al.An Intelligent Tutoring System for Supporting Active Learning:A Case Study on Predictive Parsing Learning[J].Information Sciences,2021(2):446-468.

[6] Ali Yuce,A Mohammed Abubakar,Mustafa Ilkan.Intelligent Tutoring Systems and Learning Performance:Applying Task-technology Fit and IS Success Model[J].Online Information Review,2019(4):600-616.

[7] 汪维富,毛美娟,闫寒冰.智能导师系统对学业成就的影响研究:量化元分析的视角[J].中国远程教育,2019(10):40-51.

[8] Matsuda N., Cohen W.W., Koedinger K.R.Teaching the Teacher:Tutoring SimStudent Leads to More Effective Cognitive Tutor Authoring[J].International Journal of Artificial Intelligence in Education,2015(1):1-34.

[9] Mark H.Myers.Automatic Detection of a Student's Affective States for Intelligent Teaching Systems[J].Brain Sciences,2021(3):331.

[10] Goodfellow, I., Bengio, Y., Courville, A.Deep Learning (Vol.1)[M].Cambridge:MIT Press,2016:367-415.

[11][14] 伊恩·古德费洛,约书亚·本吉奥,亚伦·库维尔.深度学习[M].赵申剑,黎彧君,符天凡,等译.北京:人民邮电出版社,2019:126-137,201-226.

[12] 李玲静,汪存友.Knewton:学习分析支持下的自适应学习平台[J].成人教育,2019(7):29-34.

[13] Yu Lu, Yang Pian, Penghe Chen, et al.RadarMath:An Intelligent Tutoring System for Math Education[C].Proceedings of the AAAI Conference on Artificial Intelligence, California:AAAI Press,2021:16087-16090.

[15] Worsley M.Multimodal Learning Analytics-Enabling the Future of Learning through Multimodal Data Analysis and Interfaces[C].Proceedings of the 14th ACM International Conference on Multimodal Interaction.New York:ACM,2012:353-356.

[16] 王一岩,王杨春晓,郑永和.多模态学习分析:"多模态"驱动的智能教育研究新趋向[J].中国电化教育,2021(3):88-96.

[17] 胡学钢,刘菲,卜晨阳.教育大数据中认知跟踪模型研究进展[J].计算机研究与发展,2020(12):2523-2546.

[18] 王洋,刘清堂,张文超,等.数据驱动下的在线学习状态分析模型及应用研究[J].远程教育杂志,2019(2):74-80.

[19] 姜强,赵蔚,王朋娇,等.基于大数据的个性化自适应在线学习分析模型及实现[J].中国电化教育,2015(1):85-92.

[20] Galar M., Fernandez A., Barrenechea E., et al.A Review on Ensembles for the Class Imbalance Problem:Bagging-, Boosting-, and Hybrid-Based Approaches[J].IEEE Transactions on Systems, Man, and Cybernetics Part C (Applications and Review),2012(2):463-484.

[21] Ledezma A., Aler R., Sanchis A., et al.GA-stacking:Evolutionary Stacked Generalization[J].Intelligent Data Analysis,2010(1):89-119.

[22] 范佳荣,钟绍春.学科知识图谱研究:由知识学习走向思维发展[J].电化教育研究,2022(1):32-38.

[23] 唐烨伟,茹丽娜,范佳荣,等.基于学习者画像建模的个性化学习路径规划研究[J].电化教育研究,2019(10):53-60.

[24] L.W.安德森,等.学习、教学和评估的分类学——布卢姆教育目标分类学修订版(简缩本)[M].皮连生,译.上海:华东师范大学出版社,2008:58-60.

[25] 段茂君,郑鸿颖.基于深度学习的高阶思维培养模型研究[J].现代教育技术,2021,31(3):5-11.

[26] 胡翰林,沈书生.生成认知促进高阶思维的形成——从概念的发展谈起[J].电化教育研究,2021(6):27-33.

[27] 王小根,单必英.基于动态学习数据流的"伴随式评价"框架设计[J].电化教育研究,2020(2):60-67.

[28] 李锋,王吉庆.旨在促进学习者发展的在线评价:伴随式的视角[J].中国电化教育,2018(5):74-79.

[29] 胡旺,陈瑶.自适应学习:大数据时代个性化学习的新推力[J].中国教育信息化,2018(21):42-47.

[30] 郭朝晖,王楠,刘建设.国内外自适应学习平台的现状分析研究[J].电化教育研究,2016(4):55-61.

[31] 王硕烁,马玉慧.国外典型自适应学习平台的基本框架及其关键技术分析[J].开放学习研究,2018,23(1):48-54.

[32] 万海鹏.自适应学习平台的关键技术与典型案例[J].人工智能,2019(3):96-102.

[33] 刘海鸥,刘旭,姚苏梅,等.基于大数据深度画像的个性化学习精准服务研究[J].图书馆学研究,2019(15):68-74.

[34] 孙田琳子.论技术向善何以可能——人工智能教育伦理的逻辑起点[J].高教探索,2021(5):34-38,102.

Analysis of Intelligent Tutoring System (ITS) Evolutionary Logic and Trends

Luo Jianghua[1,2], Feng Rui[2]

(1. Faculty of Education, Southwest University, Chongqing 400715, China; 2. Center for Studies of Education and Psychology of Ethnic Minorities in Southwest China of Southwest University, Chongqing 400715, China)

Abstract: Analyzing the adaptive attributes of new infrastructure for education and the law of its educational application is an important part of the construction of high-quality education support system. As a personalized education service system, the intelligent tutoring system (ITS) plays a pivotal role in the deployment of new infrastructure for education. From the developmental perspective of the typical cases at home and abroad, ITS presents the value proposition of focusing on learners' patterns and highlights personalized resource recommendation services. Its technical implementation attaches importance to the characteristics of big data, high-dimensional data space, complex algorithm models, etc., and its educational applications show trends such as adaptive resource recommendation, higher-order thinking development, and accompanying evaluation. From the perspective of the urgency of the deployment of new infrastructure for education and the need for the construction of high-quality education support system, ITS faces challenges such as the continuous growth of adaptive learning demand and the emergence of ethical issues in the human-machine collaborative process.

Key words: intelligent tutoring system (ITS); adaptive learning; human-machine collaboration; new infrastructure for education

教育元宇宙演进的动力寻绎、发展逻辑与推进路径

王 星 刘革平

(西南大学 教育学部智慧教育研究院,重庆 400715)

摘要 教育元宇宙代表了人类对于美好教育的发展愿景,将成为新时代创新人才培养的实践场域。尽管已有研究在理论建构和局部实验方面取得了一定进展,但是教育元宇宙早已超越了技术构建范畴,需要汇聚人类文明成果以融合发展,建设过程具有持续性和长期性。因此,本研究围绕资本、技术、人才与文化四个要素,从动力寻绎、发展逻辑与推进路径的综合视角,系统研究教育元宇宙的演进机制:基于原动力、外推力、内驱力和聚合力解锁其发展动力;基于优质导向、人机融合、差异塑人和规约再造寻觅其发展逻辑;基于人机协同治理、解构教育计算、践行以人为本和缔造伦理框架探索其推进路径。本研究将为教育元宇宙的理论探索搭建科学的研究框架,也将为实践层面的创新设计提供规划参考。

关键词 教育元宇宙;动力寻绎;发展逻辑;推进路径

一、从元宇宙到教育元宇宙

"元宇宙"译自"metaverse",词根"meta"内具超越之意,而"verse"则代指宇宙,因而含有植根现实、融合现实和创造新世的寓意。科幻作家尼尔·史蒂文森在小说《雪崩》中最先使用该词来描述构想之境。[1]关于元宇宙的认知,从通信网络视角,扎克伯格认为元宇宙是深度体验的"具身化互联网"[2];从计算科学的视角,元宇宙是人类使能技术聚合表征的意向实现场域;从形态呈现的视角,元宇宙是基于三维虚拟时空在线共享、虚实共在[3]的超现实空间;从技术—社会互构的视角,元宇宙是基于仿真现实塑造形成的新型秩序系统;[4]从人类学的视角,元宇宙则是通过人、化身与智能体间的多元共生,实现人与人创造性联结的新人类体系。可见,元宇宙在带给人类感官维度深度扩展的同时,也勾勒出了让人无限遐想的未来生存图景;同时,也将会更为深度地全景式理解人、塑造人,从而构建更为智能、美好的人类社会。

基金项目:2019年度西南大学教育教学改革研究项目重大专项"基于现代信息技术的交互式课堂教学改革的探索与实践"(项目编号:2019ZDJY004);2020年度重庆市高等教育教学改革研究重大项目"信息技术与高校教学深度融合研究"(项目编号:201004)。
作者简介:王星,西南大学教育学部智慧教育研究院博士研究生,主要从事智慧学习环境研究;刘革平,西南大学教育学部智慧教育研究院教授、博士生导师,主要从事智慧学习环境、在线教育系统和教育信息化战略研究。

元宇宙代表了理想教育形态的发展愿景。[5]2021年,资本市场在开启元宇宙发展新纪元的同时,[6]在教育领域对于元宇宙的探索也随即全面展开。教育元宇宙具有虚实交织、人机协同和全面联结的显著特征,将推动人才培养、环境构建、资源供给、活动设计和教学评价等的系统变革。[7]在学习领域,基于共同在场、心流体验和虚拟化身的作用机理,能够架构起学习元宇宙体系;[8]在教学领域,基于Roblox Studio的教学应用表明,教学元宇宙有助于增强学习效用、提高认知投入;[9]在环境领域,塑造时空共在的元宇宙智能在线学习环境,将深刻影响在线教育的诸多关键领域。[10]教育元宇宙将彻底突破当前视觉沉浸技术的应用局限:元宇宙在线学校将致力于提供全球协作学习空间,[11]师生能够深度参与学校各项事务;元宇宙创意科学教室将成为面向未来的智慧学习中心;元宇宙考试和学习平台将大幅降低学习者的沟通困难;[12]元宇宙虚拟社区、博物馆和科技馆将成为重要的实践场域。[13]人类教育将进阶为"合意镜像"[14]的共享式教育元宇宙新境界。

教育元宇宙的内涵将始终处于动态发展中,在理论探索中不断明晰框架,在技术创新中渐显实现原型,因而教育元宇宙的发展演进并不能一蹴而就。尽管已有研究在核心特征、发展机理、架构形态、应用场景和案例实验等方面展开了卓有成效的探索,但是一方面,理论建构的结果性描述虽具有理想的合理性,却尚欠缺实现的可能性;另一方面,教学实验环境的沉浸性体验虽在局部功能层面有所扩展,但尚不能算作真正意义的教育元宇宙环境。可见,无论是理论层面的过高期待,还是实践层面的过早定型,都将会使教育元宇宙的研究掺杂商业炒作的风险,成为无源之水、无根之木。科学分析教育元宇宙发展演进的内在逻辑显得尤为关键,将有助于在理论层面开拓创新,在实践层面重点发力。因此,本文从动力寻绎、发展逻辑和推进路径层面对教育元宇宙的演进机制进行系统研究,以期为教育元宇宙深入的可持续发展奠定基础。

二、动力寻绎

动力是促进事物发展和维持事物稳定的推动力量,任何事物的发展都需要持续的动力作用。[15]聚焦事物的发展动力有助于在纷繁复杂的因素中,准确识别关键因素以科学定位发展着力点,汇集主体力量推动事物高效发展。关于动力的来源,邵景峰等[16]将产学研协同创新、徐刘杰等[17]将泛在学习资源进化的发展动力,归结为内部驱动力与外部驱动力;徐晶晶等[18]将教育信息化协同发展、王星等[19]将智慧课堂赋能学生智慧发展的动力,归结为原动力、外推力和内驱力。教育元宇宙的发展并不是所有要素的简单相加,而是多元子系统分位发展、融合赋能,即通过自身内在驱动与彼此相互作用汇聚发展动能。根据教育元宇宙整体发展的系统特征,可将其发展动力划分为原动力、外推力、内驱力和聚合力。

(一)原动力:资本驱动

原动力来自参与主体深层次的现实需求与发展渴望。不同于以往技术在其他领域应用成熟后再迁移至教育领域应用的滞后发展逻辑,元宇宙在教育这一重要的应用场景中,在资本短时期大规模注入后,已越过教育主体发展需求的理论探索,直接以框架建构的视角摆在教育面前。根据布迪厄的社会实践理论,人的行为受惯习引导而利用资本展开竞技表现,[20]资本作为原始推动力量正驱动教育元宇宙快速发展布局。

在资本市场,Roblox作为元宇宙第一股已经上市,其首席执行官Baszucki指出,"元宇宙"具有沉浸、随地、身份、多元、朋友、低延迟、价值和文明等显著特征;[21]Facebook更名为Meta,提出"元宇宙、元伙伴和我"的新口号,发布了沉浸式社交平台Horizon Worlds;Beamable公司创始人Radoff[22]提出涵盖基础设施、经济创造、人机界面、空间计算、去中心化、体验和发展的元宇宙架构。此外,GREE、英伟达、微软和中国电信等公司巨头也在全面布局。美国彭博社预计,"元宇宙"产能在2024年将达到8 000亿美元市场规模,而在2030年将增至2.5万亿美元。[23]

教育元宇宙厂商以虚实融合、自由创造、去中心化交易和社交协作形成四套叙事,在拓展应用场景、研发前端设施和整合底层技术等方面持续发力。教育元宇宙既不是对现实教育的简单复制,也不是创造出的"虚拟教育",而是在现实教育基础上的再开发。现实教育的所有资产,都可能在元宇宙的加持下形成新的虚拟教育资产,现实叠加虚拟为教育资本找到了新的出口,呈现出广阔的商业前景,例如,虚拟游戏平台Sandbox已经售出一块430万美元的元宇宙虚拟土地。教育元宇宙规模投资、系统发展和前景广阔的特性,决定了未来相当长的时期其持续发展将以市场资本注入为主。

资本作为原动力驱动教育元宇宙发展主要体现为:锚定发展规模,即资本在元宇宙体系中配置的教育占比,将决定教育元宇宙未来的发展前景;设定规则体系,即市场主体将基于投资比例、技术专利数量等方面,内在影响教育元宇宙运行逻辑的设计;规划应用场景,即资本为利润的行动逻辑将参与争夺教育应用领域,拓展教育实践场景;塑造人才结构,即打破学校教育的资源垄断局面,将"学校"的概念在时空层面无限扩展。

(二)外推力:技术融合

外推力来自外部环境以及参与主体关系变化所引起的内部状态改变。教育元宇宙以视觉沉浸技术为核心,形成了单技术、复合技术到富技术[24]的发展轨迹:在发展阶段上,经历了从桌面式、沉浸式、扩展式至元宇宙的时期;在表现形态上,将从虚实融合、虚实共生、虚实莫辨走向真元宇宙。可见,教育元宇宙的技术发展表现为多元融合,技术发展的"结构刚性"[25]将塑造教育新形态,一方面,在感知维度,深入整合沉浸性、交互性、视听性和持久性等表现特征,[26]追求"人境合一"的理想"真实";另一方面,基于元宇宙"一切皆数据、一切可场景、一切能计算"的构造特性,形成基于计算特征的运行规则。因此,教育元宇宙的技术融合生成逻辑,构成了其发展演进的主要外推力。

以人工智能为基础的主流技术将悉数聚集,共同推动教育元宇宙的创新构建:一是信息传输技术。教育元宇宙借助5G/6G网络,将彻底打通智能技术的联通壁垒,基于沉浸多感知智能网络,实现

"万物智联、数字孪生"[27]的理想教育场景呈现。二是多元交互技术。教育元宇宙基于感知技术实现师生全感官交互,基于脑机接口技术通过镜像化身实现师生意识交互,基于物联网技术实现师生全场域交互。三是监督认证技术。教育元宇宙基于区块链不可篡改、可追溯和去中心化等特征,建立认证生态系统,实现学习、教学、管理于一体的安全、共认、高效和智能的监督认证。四是计算分析技术。教育元宇宙基于大数据与云计算,实现数据联通转换的无缝衔接、全程支持服务的精准高效。

基于技术融合的外推力促进教育元宇宙发展主要体现为:智能造物创境,即教育元宇宙将"学习""理解"教与学的规律,动态适配各种教育应用场景;虚实互联互通,即人、虚拟与现实基于数据共享互换,实现相互映射、控制与改变;再造秩序规则,即根据视觉沉浸教育的特征,将基于技术设计的运行规范内化于场景运转过程,实现人与教育的再适配;联结学校与社会,即打破学校与社会现实的时空隔阂,塑造学校与社会"天然"的联结逻辑,实现"学校即社会"的教育理念。

(三)内驱力:泛智成才

内驱力是以参与主体发展为核心的根本性推动力量。泛智教育思想为指引教育元宇宙实现五育并举、人人成才提供思想之基。"泛智"(pansophism)可释为"包罗万象之体系""广泛之知识""让所有人皆可学"[28]等。泛智以"把一切事物教给一切人"[29]的泛教思想为基础,主张人人都要接受教育,提供"一切事物"的知识,人人都能参与所有知识的学习,促进学生感知、思维与能力的全面发展。教育元宇宙能够将想象的理想虚拟教育,转变为"真实"泛智的育人"虚拟"教育:在主体层面,追求全景刻画、深层理解人的发展需求;在场景层面,追求科学计算、动态建模应用情境;在服务层面,追求深度挖掘、实时适配人的成长路径。因此,泛智成才的育人发展逻辑,构成了教育元宇宙演进的主要内部驱动力。

泛智成才的思想将在教育元宇宙中孕育新的内涵:泛在便捷的学习,学习者可以随时、随地、随需地进行场景构造式学习;因材施教的理念,在智能化的加持下,教师将能规模化地引导学生实现最优化发展;多模态知识的获取,通过身体感官、脑机接口,师生可依据既定规则多途径学习知识;理想平等的教育,对现实身体与身份进行二次塑造,构建无差异的理想化生活教育场域。基于泛智成才的内驱力促进教育元宇宙发展主要体现为:技术与教育的再融合,即基于人的身心发展逻辑科学探索技术"无所不能"的最大化效用;全纳教育的再拓展,即供给感知平等、自由、契合发展的教育机会,实现人类才智的深度挖掘;多元时空的再整合,即将虚拟与现实、过去与未来、教育与生活等全时空场景进行再造呈现,实现人类探索未知的真正解放。

(四)聚合力:文化生态

聚合力是通过塑造新文化引领人类文明进步的推动力量。文化与心灵、教育紧密联结,从文化生态学的视角看,文化特征取决于人、环境以及人与环境的相互作用,人们常通过塑造文化环境,影响人的内在价值和外在行为。文化环境的变化将会促进文化—基因的进化、认知—行为的改变和遗传—神经的生成。[30]技术与文化的发展同源同根,技术都将被嵌入文化之中。人机关系的发展经历了个人计算、合作计算、社会计算和文化计算阶段,[31]元宇宙将深入发展文化计算新内涵,呈现出拟象的创造性表征、超真实的现实刻画、感觉与心灵的共振联动,以及具身与审美介入的生命意向的虚拟文化空间特征。教育元宇宙创生形成新的文化生态,孕育深刻而丰富的技术文化,将形成新的"器物"、制度和观念组成的技术文化内容结构,从根本上改变人们认知世界和改变世界的方式。

技术文化创新发展融入教育元宇宙将表现出新的特征:丰富文化内涵,使文化内涵植根于现实文化又超越于现实发展,从物质、行为、精神和制度等方面全方位拓展延伸;创新文化符号,场景化视觉符号将成为主要的文化表现符号,并能发展出更加多元混合的文化表现形式;深化文化认知,通过多感官感知、富形式交互和智能化反馈等形式,将深化对观念、方法和规律的内在认知;重构文化传承,即对教育内容、模式、结构和组织方式等进行系统变革。基于文化生态的聚合力促进教育元宇宙发展主要体现为:具身文化感知,即将身体、大脑和环境融为一体以深度把握事物发展演变的全貌;融合文化时空,即将现实和虚拟两个文化空间进行融合创新以培育新的社会价值;拓展文化生存,即人机共生形成多元社会关系网络,激发教育主体创新的活力;全景文化赓续,即富媒体化文化的保存、发展、传播与迭代,促进教育更加深刻地参与社会系统发展。

三、发展逻辑

元宇宙正在成为人类文明成果汇集对教育产生革命性影响的始发之地。从教育元宇宙发展的动力来看,基于资本驱动的逻辑,能够解决规模化投资短缺的问题,但教育容易染上资本逐利的底色;基于技术融合的逻辑,可以迅速研发各种原型系统,但技术至上的理念将凌驾于教育规律之上;基于泛智成才的逻辑,有助于规划美好教育发展愿景,但技术在教育领域的应用有再次滞后的风险;基于文化生态的逻辑,能够孕育文化新内涵,助力教育高质量发展,但文化生态的形成需要长时期累积发展才能质变飞跃。可见,谋求发展的单向度将过犹不及,这就需要找准各要素发展的着力点,从整体的观念出发,实现相互驱动、协同共进的最优化发展。

(一)优质导向:资本再投入的高质量发展演进

资本聚集具有"滚雪球"的利润追逐效应,[32]资本投入的目的在本质上就是要获取收益。[33]因此,引导资本进行合理流动,避免由于资本炒作带来短期的发展泡沫,从而实现教育元宇宙可持续的高质量发展尤为关键。例如:日本通过深入调研虚拟空间发展现状,将重点攻克亟须解决的关键问题;韩国政府组织成立了"元宇宙联盟",挖掘虚拟服务作为公共产品的应用潜力。[34]元宇宙建构具有现实资本投入与资本虚拟再投入相结合的显著特征,将为挖掘教育元宇宙建构新模式奠定基础。

首先,合理布局新基建,保障资本初次投入的现实成效。教育新基建是元宇宙在教育领域落地的现实基础,具有泛联、绿色、韧性、生态和智能等显著特征。在建设主体上,以政府为主导系统规划新基建的布局方案,广泛吸引社会资本有序参与整体建设,鼓励教育研究人员以技术专利、产品成果等形式参与创新研发,创新"产教融合"的合作理念,形成建设合力以共同受益;在建设内容上,研发布局以6G为基础的沉浸多感知智能网络设施,以人工智能为主体的技术适配设施,以算力中心为代表的计算设施,通过协同发展实现教育元宇宙的持续迭代升级;在建设服务上,发展以"元宇宙+教育"为核心的教育大平台,以"智能+教育"为导向的教育服务体系,以"泛智+教育"为目标的教育实践机制,使社会教育与学校教育相互贯通,践行开放、人本、平等和个性的服务理念,实现时时可学、处处能学和人人皆学的理想愿景。

其次,创新研发新场域,促进资本再次投入的高效均衡。教育元宇宙将实现虚拟与现实的全面融合,再造完整的教育新场域,为合理消解现实差异与差距提供了可能。一是对于主体身份体系的研发,即以现实为基础,设计合理的身份赋予系统,教育主体通过获得不同身份获得适配的最优化资源,并且同现实身份双向赋能、合理切换;二是对于场景系统的研发,即打破学校教育的标准化场景,将社会化场景、游戏化场景等纳入场景体系,并将场景预设、动态编辑、实时推送、智能构造有机结合;三是对于交易系统的研发,即以学校教育为中心,将适配的各种教育类型合理引入,教育主体可以自由选择,从而将学校教育的专门化与社会教育的普及化有机结合,促进教育主体的自由充分发展。

最后,着力打造新业态,实现资本循环流动的生态发展。教育新基建的发展与虚拟教育场域的发展相互交织,新基建的发展水平将决定虚拟场域的应用水平,而虚拟场域的应用成效将反作用于新基建的发展。因此,在投入方式上,基建层面的投入需要注重前瞻性,以迭代发展的思维进行可持续发展的总体投入布局,为深入研究与创新应用提供实验环境,而场域层面的投入需要注重科学性,以符合教育实际需求和规律为基础;在投入运行上,需要引导基建层面和场域层面资本收益产出的双向流动,形成共同发展的生态循环,以实现资本在效益和教育上的双赢;在投入转换上,需要设计现实教育资产与虚拟教育资产的换算机制,实现真实的"虚拟"与虚拟的"真实"。

(二)人机融合:技术泛计算的精准化支持服务

技术的价值在于服务于人的自由,技术融合的目标在于实现人机融合。元宇宙服务于教育主体的深度扩展:在感官维度,穿戴设备将契合人体工学原理,化作人的新"感官",塑造形成新的"人体";在思想维度,元宇宙将能更为深入地理解人,形成隐藏于人背后的数字孪生体,引导教与学的高效开展;在生存维度,元宇宙将打破虚拟与真实的边界,生成无限广阔又高度自治的教育存在图景。教育元宇宙技术场景的富媒体化以及个体需求的差异化,决定了以人为中心的智能、精准化的支持服务将构成教育元宇宙的核心诉求。

其一,面向认知计算探析认知状态以适配认知结构。认知计算基于认知建模提供智能化的学习支持服务,以精准刻画学习者知识、技能和能力的学习过程。在教育元宇宙中,对于学习者的认知状态描述,需要突破简单的判定性数据分析局限,将心理、行为和环境数据动态融合:在心理层面,综合学习兴趣、动机、投入和注意力等数据;在行为层面,包括肢体与感官的具身行为和反应数据,以及操作轨迹等数据;在环境层面,涵盖学习者相对位置数据、情境变化数据以及任务状态变化数据等。运用大数据、人工智能等技术对多模态数据进行深度挖掘,既要关注共性的认知模板,又要探索个性的学习状态,实现规模化干预与个性化干预相结合。

其二,面向行为计算解构学习活动以优化教学过程。行为计算基于多模态学习分析,[35]通过采集、分析和融合多种类型的学习过程数据,可加深对学习活动的理解,有助于教师对学习活动进行有效干预。根据学习活动要素及相互关系,教育元宇宙中的行为计算需要研究的行为类型主要包括:一是学习者与参与者的交互,参与者既可以是其他学习者的化身,也可以是智能代理的虚拟人,因而包括学习者的化身之间、虚拟人之间以及学习者的化身与虚拟人之间的交互行为;二是学习者与环境的交互,既包括学习轨迹、场景选择和环境感知等,也包括学习者与穿戴设备的交互行为;三是参与者对学习绩效的影响,即参与者通过教学干预、学习干预或社会干预影响学习者的学习活动,继而影响学习绩效的行为;四是环境对学习绩效的影响,包括推送适应性的资源、工具、活动以及参与者的行为等。

其三,面向环境计算融合学习情境以实现智能服务。环境计算以深刻理解和动态掌控学习情境为目标。教育主体处于具身沉浸的教育元宇宙中,创新环境计算方法实现三维情境的动态掌控,对于智适应学习支持服务的顺利实现尤为关键。教育元宇宙中的环境计算需要关注:一是建构可信的安全环境,科学规避具身穿戴设备中各类传感器在数据采集、传输和处理中的风险,形成基于区块链的数据流动生态系统;二是联通复杂动态情境,实现泛场景的有效识别与科学关联,提供面向学习、教学、学术和管理等的多应用智能支持服务;三是创新环境计算机制,即利用边缘设备完成涉及隐私信息的视觉计算和情感计算等,[36]利用云端设备完成资源、策略、活动等推荐活动计算,实现边缘计算与云计算的有效协同。

(三)差异塑人:因材适供给的个性化全面发展

从人类学关于人类本体、社会人和后人类进化的阐释来看,元宇宙将使技术成为推动人类进化的主要因素。元宇宙时期,人类将由生物进化、文明进化、智能进化发展至精神进化,同时促进社会由自然社会、文明社会、信息社会转向精神社会。[37]教育元宇宙将为人本真的生命成长而演进和发展,从主体向度和社会力量向度出发,显现出教育的元价值。教育元宇宙使现实的人和化身的人合二为一,通过两种"人"的双向建构,塑造形成自由而全面发展的教育新人。教育元宇宙充分观照学习者生理、心理、知识和能力等各个方面,实现全人、全程和全方位的差异化、个性化及适应性教学。

第一,优先探索发展全纳教育元宇宙,真正实现教育赋予过程的平等化。国家统计局的数据显示,2021年我国特殊教育在校生为92万人。[38]除此以外,仍有相当数量的学生以"随班就读"的形式分布于普通教育学校。教育元宇宙将有效解决特殊学生发展困难的实际,使"教育全纳性"由理想照进现实。这需要着重发展以下方面:一是基于隐私保护的身份认同,学习者对于自身虚拟化身的定位具有高度的自主权,通过虚拟实践塑造第二身份,能够无差异地融入虚拟学习与社会生活中;二是供给丰富多样的感知设备,根据特殊学生的差异化需求,需要联合多学科力量研发无障碍进入元宇宙的穿戴设备,确保覆盖所有类型的特殊学生;三是提供多模态的虚拟交互方式,包括语音、文本、眼动、手势、手柄、脑机接口等多种形式,并提供交互方式的相互转换功能。

第二,重点加快发展职业教育元宇宙,推动由制造大国向制造强国转变。我国各类产业和劳动力市场正在进入快速发展转型期,职业教育亟须升级发展新的人才培养环境,以满足社会日益增长的高质量人才需求。教育元宇宙可以模仿"真实"的工作场域,为实现教学与实践的无缝衔接提供契机。这需要着重发展以下方面:一是研发同教学内容配套的实践场景资源库,师生可以在不同实践场景中自由穿梭,有效解决高成本、高代价和高风险等问题;二是创新建设校企虚拟合作中心,形成学校教学、元宇宙体验和企业检验的一体化培养新模式;三是将元宇宙中操作与实际操作智能关联,培养未来在元宇宙中工作的新型劳动者。

第三,全面整合发展社会教育元宇宙,构建无缝衔接的终身教育新体系。社会教育将与学校教育全面联结,打破年龄、性别、职业等的外在差异,实现终身层面的教育起点、过程和结果的公平,推动形成教育泛在共享的学习型社会。这需要着重发展以下方面:一是打造元宇宙社会化课程体系,以旁观者体验为主的"他者"课程与以自我体验为主的"主体"课程相结合,实现课程架构灵活组合、课程内容融合展现、课程学习高效便捷;二是构建终身化、在线化和灵活化的体验教学新结构,社会性体验教学使人们可以进行非正式的资源共享、分工协作和能力提升等活动,课堂融合性体验教学则使人们可以有条件地参与学校课堂进行体验学习;三是形成社会教育认证新生态,研发社会教育元宇宙学习认证平台,完整统一地记录人们的终身教育过程,建构以能力与学历为基础的系统化认证体系,实现认证结果全社会共同认同。

(四)规约再造:人化泛迁移的教育共同体遵循

费孝通先生曾指出,人们对于所处文化的"自知之明",是适应新的发展环境、取得发展主动的基础。[39]文化代表了共同的意义体系,既是教育发生的背景,也是解释教育活动的新维度,还是教育成效的内在标准。[40]元宇宙对教育产生革命性的影响将始于元宇宙教育文化的发展成熟,教育元宇宙的发展成效将取决于文化生长力的发展水平。教育元宇宙需要发展成为具有文化内涵、文化深度和文化广度的教育新场域,用生命存在永恒价值的"好"特质[41]融入技术"创世造物"的全过程,产生元宇宙教育阶段的教育新文化。

其一,开放共生的教育观念。教育元宇宙基于人类文明成果,呈现美好生命成长的理念愿景,体现在资源无限丰富、学习无所不在、教学个性智能,以及管理集中高效等方面。技术的"铺路、搭桥、通车"使命将趋于极致,需要创新教育观念深度服务于建构理想教育:在教育元宇宙构造系统层面,需要打破不同子系统的功能界限,使数据、资源、情境等安全无缝衔接,实现周期性的智能重构升级;在教育元宇宙育人结构层面,需要打通不同教育阶段、不同教育类型的天然壁垒,通过重新建构适配的教育制度体系,保障因材受育、人尽其才;在教育元宇宙外部关系层面,则需要祛魅教育天然的独特属性,发挥教育服务于所有人的最大功效。

其二,回归本我的发展目标。在元宇宙学习环境中,学习者的具身动态被实时记录、存储和处理,以建构生成自我的虚拟数字孪生体。技术的智能化支持将变得悄无声息,学习过程将始终处于最佳的认知匹配状态。在强智能加持下的教育元宇宙,需要基于技术与教育的关系,科学审视"教书"与"育人"的关系,准确把握以人为本的教育本质:在教育目的上,应当识别知识性教育的阶段性边界,围绕人的发展,以实现人的全面、健康发展为目标;在人的自我学习与技术的智能辅助上,需要辩证地设计智能辅助方案,避免人被技术同质化后陷入机械发展的围栏;在人的现实发展与虚拟发展上,则需要以现实场景为基础,科学发展体验场景的"无所不能",避免因沉浸虚拟而脱离本我。

其三,人机共构的设计原则。教育元宇宙时期,教育主体完全沉浸于技术构造的场域。无论是主体形象、资源或工具,还是教学概念、原理或规律,都将由技术搭建的场域进行塑造和阐释。从本质上看,教育元宇宙中的主体仍然是化身参与的生命人,这就决定了教育元宇宙设计构造除去科学的实用主义,还需要以人为本的文化理念:在场景设计方面,注重融入美学、心理学和认知科学等原理,使主体享受到舒适、高投入的学习体验;在实践设计层面,科学构建不同类型教学场域的呈现空间与运行逻辑,合理规划不同身份泛在参与教学的实现方式,充分考虑不同参与主体的心理预期;在交互设计层面,提供丰富的交互形式,满足不同主体的适应性交互需求,同时还需考虑虚、实世界,以及真实主体、化身主体的合理性呈现与融合问题。

四、推进路径

(一)人机协同治理:引导资本基于数据赋能的科学流动

治理整合了系列管理机制,能够聚合多元主体优势,达到共同的发展目标。[42]教育元宇宙涉及实体投入与虚拟投入,表现出投资主体、投资领域和投资方式等多元丰富,运营过程、投资收益和投资管控等复杂多样的特征。传统依赖人的主观管理的方式已不能应对新的现实状态,而转向数据赋能的人机协同治理,将能够创新体制机制,实现资本在教育元宇宙发展中的良性运转。

1.建立资本运转的动态引导机制

市场导向的资本投入通常具有相对随机性,风险主要依靠投资主体本身进行评估和承担。面向教育元宇宙的资本投入的特殊教育属性,决定了资本投入需要主动管控风险,避免因资本投入出现问题导致教育运转发生异常。因此,在教育元宇宙的建设过程中,需要成立专门的综合监管机构,基于大数据动态监控,维持教育元宇宙的平稳健康发展:在资本流转方面,从教育元宇宙系统出发,及时引导子系统过剩资本流向资本缺口子系统;在企业监管方面,阶段性评估企业投资发展状况,及时预警、替换出现问题的企业;在资本培育方面,鼓励以科研院所牵头的教育资本发展,促进资本与教育发展的深度融合。

2.探索多主体协同共赢的发展机制

教育元宇宙作为一个庞大的系统工程,仅靠单一建设主体很难发挥最大的应用成效。从参与主体来看,政府是教育主要的举办和管理主体,也是教育元宇宙的系统发展调控主体;企业是教育元宇宙的资本投入和建设运维主体,通过持续创新技术,不断提高教育元宇宙的发展水平;学校是教育元宇宙的应用主体,基于创新应用形式,也会更为深入地将智力资源输入社会。因此,我们可以构建政府主管—企业主建—学校主用的发展机制:政府与企业方面,政府根据学校的应用数据及应用效益,动态调整企业的服务付费;企业与学校方面,企业根据学校的应用反映问题数据,及时进行建设优化;政府与学校方面,政府根据学校的应用情况数据,合理调控资源配置比例和功能权限。

3.形成系统分析的科学决策机制

基于教育元宇宙的事件分析与决策面向教育主体,不同于企业进行市场投资必然考虑承担一定风险,教育领域的投资直接关乎主体发展,具有较低的容错率。因此,在资本的运转过程中,需要充分利用人工智能、云计算和大数据技术等,面向不同对象全面准确地收集数据,智能动态地分析、处理数据,并且及时反馈给不同的参与主体,以便及时做出科学的决策。在数据呈现阶段,将收集的各类资本相关数据进行科学的转化分类,利用可视化分析技术,根据不同主体的需求进行动态形象展示;在数据分析阶段,从系统科学出发,设计整体性的资本运行分析算法体系,针对不同事件进行智能分析;在数据参与决策阶段,运用预测性分析算法,结合参与主体的决策信息,输出综合的决策参考报告。

(二)解构教育计算:实现物理、生理与事理的动态适配

教育元宇宙发展时期,教育运行将全面进入计算教育发展的新时代。在宏观层面,以机器认识论为基础,基于数据、算法和算力,机器的"知"将有效弥补人类的未知,推动基础规律、环境设备和创新应用等[43]领域深度关联,实现从基于人工智能的计算需求端到基于视觉沉浸技术的场景供给端的无缝衔接。在微观层面,教育元宇宙具身沉浸的教育特性,将原本以日志为主的数据扩展到教育过程的全数据,在促进学习、完善身心、发展人格等层面系统发力,实现对教育主体的深度解读。因此,教育元宇宙基于物理、生理和事理的系统融合计算研究,能够为实现"有教无类、因材施教、全人发展"的教育理念提供精准、智能的深度支持服务。

1.理论层面:准确提出教育计算的科学问题

教育元宇宙技术聚合的构造属性,使人们很容易陷入技术至上的窠臼。但是,技术的先进程度并不必然决定教育的发展程度,教育元宇宙的智能化、视觉沉浸性的发展水平仍然属于技术问题,能

否更深层次地揭示教育规律、优化教育过程、实现人的自由全面发展,才是检验教育是否跨越式发展的关键。因此,我们应当以教育问题的"育人之眼"引领技术创新的"计算之路":在理论方面,借鉴二维世界的理论成果,探索三维世界的教育理论,找到科学问题的参考基础;在机理方面,研究科学问题的产生原委,找到解决科学问题的逻辑模型;在验证方面,通过调查研究和实践检验等,确认科学问题的真伪。

2.算法层面:设计解决教育事理的算法体系

从本质上看,教育元宇宙是由庞大的算法体系生成的数字世界。算法的实现既要满足人外在的感官沉浸需求,还需要动态适应教育主体的个性化需求,更要实现包含教育内容逻辑关联的教育事理。因此,算法体系的建构不仅是解决科学问题,更为重要的是符合教育主体身心发展规律,以理解教育主体、感知教育情境和适配教育服务。[44]科学建构算法体系需要关联以下领域:一是融合教育伦理,在数据流转的整个环节秉持道德信念和行动规范;二是解读教育主体,即精准追踪学习者的学习状态,探索元宇宙中的学习机理与认知规律的表征方法;三是赋能教育情境,即人机协同交互的动态适配、情境内容变化的动态分析、情境预设与动态生成的智能融合等。

3.应用层面:验证基于原型系统的构造成效

基于算法系统的教育问题实践验证,是一个复杂关联的系统问题,具体来看,主要包括三个方面:一是面向穿戴设备的物理维度,如设备的具身度、解决问题的契合度、舒适感等;二是面向自我感知的生理维度,体现为在医学、神经科学和心理学等方面的综合反映;三是虚拟场域的效能维度,涵盖任务完成、活动开展和绩效评测等方面。因此,算法体系的验证:一是包含算法本身的验证,算法设计要综合考虑物理、生理和事理场域,设计科学的评测实施方案,对算法本身的运算过程进行验证;二是包含教学效果的验证,研究基于设计的研究范式,经过多轮次的改进以获得解决问题的最佳方案。

(三)践行以人为本:促进认识自我与塑造自我交织共进

人类的遗传因素塑造了人与生俱来的感知生理条件,并且在后天的社会实践中共同实现人的发展。可见,个体的发展受遗传因素和后天环境的共同影响。教育元宇宙尽管从环境层面来看,仍然属于视觉沉浸技术发展的高级阶段,未参与到遗传构造的进程中。但是,一方面,智能化的穿戴设备将达到技术具身,通过"再造感官"使人更深刻地认识自我从而认知世界;另一方面,虚拟共生的场域也在塑造形成"超我"。教育主体正是在认识自我与塑造自我的双向建构中交织共进,在教育元宇宙中探索"新我"的教育发展逻辑。

1.跨学科研究塑造新人的教育新理论

教育理论的发展既受到主体发展的内在影响,也受到教育展开环境的制约。教育本体理论在技术深度赋能的元宇宙时代将面临严峻挑战,原因在于人的本质已经扩展了发展的外延。马克思指出,人的本质在现实性上是一切社会关系的总和。[45]人的社会关系演变为以化身为中介,各种智能化身虚拟人参与的复杂网络关系。因此,我们需要采用跨学科研究视角,融合跨学科研究理论,深化、塑造教育新发展理论:一是神经科学,即教育主体在教育过程中的生物学机制,注重系统神经科学和计算神经科学的应用;二是生理学、医学等,即深度刻画教育主体在教育过程中身体发展及变化状况反映的教育机理;三是认知科学,即探索教育主体的深度认知机制等。

2.融技术研发五育融合的教育新情境

五育融合是新时代全人发展的内在要求,教育元宇宙为五育融合提供了实践场域。五育指德育、智育、体育、美育和劳动教育,教育元宇宙将打破"并举"的现实之困,提供融合的创新之路:一是融入学习活动,经历发现、构想、抉择、归纳、创造、评价和反思等完整的活动过程,将五育内容汇入活动要素,在知识内化、外化、组合化和社会化的循环流转中实现整合学习;二是融入教学设计,通过设置丰富的教学体验场景,将五育内容渗入其中,以"随风入夜,润物无声"的方式,实现五育融合教学;三是融入课程建设,将预设内容与师生动态编辑内容相结合综合构造,基于五育融合的课程建设目标,从课程体验与内涵丰富两个层面共同变革课程建设模式。

3.促创新探索人类需求的教育新愿景

诚如技术的先进程度并不必然带来教学效果的提升一样,教育元宇宙也不会直接实现人类的理想教育。教育元宇宙在追求自由、平等的全人教育的同时,将人的发展置于更为广阔的人类发展空间。人的教育应当超越教育的领域局限、阶段局限和地域局限,以终身教育、美好社会和人类发展为新的发展追求。教育元宇宙将创新发展《德洛尔报告》中提出的"学会求知、学会生存、学会做事、学会共处"四种发展目标,[46]服务于人类命运共同体的美好愿景,即将四种发展目标创新发展为:一是学会"转识成智",从学习知识到发展智慧;二是学会可持续发展,从为了生存到成长取向的个性化发展;三是学会创造机遇,从为了做事到主动探索;四是学会共同合作,从身边的共同生活扩展到人类的共同发展。

(四)缔造伦理框架:架构新主体发展与文化赓续的脉络

伦理既具有鲜明的时代特征,又具有发展的永恒性。伦理形成于一定的社会文明,又对社会文明的发展起到一定的制约作用。伦理在教育元宇宙中起到厘清事物发展边界、塑造与形成共同价值规约的作用。教育伦理可以被认为是教育领域的社会契约,教育元宇宙中需要坚守团结、互惠和关怀[47]的观念,以公共事业和共同利益为发展依据。聚集人类科技成果塑造超前发展的"教育社会",缔造同该教育系统相匹配的伦理框架,是教育元宇宙可持续优化与发展的关键。总体来看,这需要处理好以下关系。

1.现实与虚拟的关系

教育元宇宙是对现实课堂教学和平面网络教学的形态性跨越,使教育获得了前所未有的塑造智能。但是,现实与虚拟在本质上是既对立又统一的关系,任由虚拟对现实"补偿效应"的习惯化,以及遮蔽教育过程原貌的捷径化,将会有"成瘾性"而回避现实的潜在风险,也将会对教育主体的世界观、人生观和价值观产生影响。因此,如何处理现实教育与虚拟教育的关系,将是相伴发展的过程性问题。为此,我们应该做到:首先,在教育过程中进行科学关联,对不同教育主体进行适配性干预;其次,在场景塑造中还原真实在场,既要完整呈现事件发生的详细过程,又要使教育主体的"真实"具身感受发生结果;最后,重新制定教育元宇宙中的规则体系,使其同现实教育无缝衔接。

2. 本我与"他者"的关系

教育元宇宙中教育主体具有现实人和虚拟人两种身份,是真实自我与塑造自我的综合体。教育主体基于相互关系建立人际关联,进而演化出交往的秩序和规则,经过持续积淀发展出共同遵循的内在观念。因此,教育元宇宙中伦理框架的建构应当以人际关系为中心,形成正确的人际交往观。教育元宇宙中交往主体在表现上具有选择性,比如师生既可以是化身,也可以以真实影像出现;在主体类型上具有多元性,比如智能化身主体,或者智能物品作为相对主体。在复杂的教育交互网络中,我们需要促进多元主体自组织地建立交互关系,使本我能够开放悦纳、有效驾驭和正确看待"多元之我"。

3. 技术与伦理的关系

教育元宇宙作为技术聚合再造的教育新形态,决定了谁拥有技术的主导权,在一定程度上将决定教育内在的运行逻辑。因此,技术伦理问题成为需要关注的基础性问题。从技术的视角来看,技术追求迭代升级,以实现运行效果的最优化,而伦理体现人文情怀,反映人发展的本质需求。从技术与伦理的关系出发,我们需要关注以下方面:一是在数据伦理方面,以有效保护教育主体隐私为前提,做到数据处理全过程的可控和安全,数据应用要科学和确权;二是在算法伦理方面,以人的能动性、创造性为主,在场景构造和智能化供给方面符合人的认知和发展规律,实现以人为本的最优化发展。

五、结语

视觉沉浸技术已经成为人类认识世界的基本方法,元宇宙将助力实现人们对于美好生活的向往。教育元宇宙则为人们描画未来理想教育图景提供了实践场域:在育人方面,将实现五育融合、人人成才,成为新时代人才培养的主战场;在科研方面,将加快科研成果转化进程,使教育成为重要的科研高地;在社会服务方面,将与社会深度融合,通过持续赋能人类知识的迭代更新,助力社会的高阶发展;在文化传承方面,将形成适合新主体发展与文化赓续的文化生态;在国际合作方面,将实现人类教育共同体的深度建构,为人类命运共同体的创新发展奠定基础。

教育元宇宙作为一个宏大的发展系统,早已超越了空间构建的技术范畴,本质上是人类文明成果的聚集之地。尽管已有研究在理论建构和局部实验方面取得了一定的进展,但在基建设施、运行逻辑、技术标准、体系结构、教学形态等方面仍处在摸索阶段。可以预见的是,在未来相当长的时期,教育元宇宙的观念认知和探索构建将处在动态发展之中,明晰其演进的内在逻辑已经成为其科学发展的关键所在。因此,我们从资本、技术、人才和文化四个方面出发,通过动力寻绎、发展逻辑与推进路径的系统层面,综合研究其演进机制。未来我们将进一步研究资本、技术、人才和文化的深层次相互关系,追踪四要素演进的动态发展过程,在此基础上,对教育元宇宙的构建框架、实现机制和育人机理等方面进行深层次的研究。

参考文献

[1] Stephenson N.Snow Crash[M].New York:Bantam Books,1992:63.

[2] 钟柏昌,刘晓凡.论具身学习环境:本质、构成与交互设计[J].开放教育研究,2022,28(5):56-67.

[3] 李海峰,王炜.元宇宙+教育:未来虚实融生的教育发展新样态[J].现代远距离教育,2022(1):47-56.

[4] 易凯资本.2021元宇宙报告[EB/OL].(2021-09-09)[2022-10-21].http://www.199it.com/archives/1309180.html.

[5][14] 翟雪松,楚肖燕,王敏娟,等.教育元宇宙:新一代互联网教育形态的创新与挑战[J].开放教育研究,2022,28(1):34-42.

[6] 杨阳,陈丽.元宇宙的社会热议与"互联网+教育"的理性思考[J].中国电化教育,2022(8):24-31,74.

[7] 刘革平,高楠,胡翰林,等.教育元宇宙:特征、机理及应用场景[J].开放教育研究,2022,28(1):24-33.

[8] 华子荀,付道明.学习元宇宙之内涵、机理、架构与应用研究——兼及虚拟化身的学习促进效果[J].远程教育杂志,2022,40(1):26-36.

[9] 华子荀,黄慕雄.教育元宇宙的教学场域架构、关键技术与实验研究[J].现代远程教育研究,2021,33(6):23-31.

[10] 刘革平,王星,高楠,等.从虚拟现实到元宇宙:在线教育的新方向[J].现代远程教育研究,2021,33(6):12-22.

[11] 杨磊,朱德全.教育元宇宙:未来教育的乌托邦想象与技术伦理反思[J].云南师范大学学报(哲学社会科学版),2022,54(4):73-83.

[12] 李鸣,张亮,宋文鹏,等.区块链:元宇宙的核心基础设施[J].计算机工程,2022,48(6):

24-32,41.

[13]蔡苏,焦新月,宋伯钧.打开教育的另一扇门——教育元宇宙的应用、挑战与展望[J].现代教育技术,2022,32(1):16-26.

[15][18]徐晶晶,胡卫平,赵姝,等.区域基础教育信息化协同发展的关键条件要素与动力寻绎[J].现代教育技术,2020,30(7):35-41.

[16]邵景峰,王进富,马晓红,等.基于数据的产学研协同创新关键动力优化[J].中国管理科学,2013(S2):731-737.

[17]徐刘杰,余胜泉,郭瑞.泛在学习资源进化的动力模型构建[J].电化教育研究,2018,39(4):52-58.

[19]王星,李怀龙.智慧课堂赋能学生智慧发展的动力机制与运行逻辑[J].现代教育技术,2021,31(11):5-11.

[20]宫留记.布迪厄的社会实践理论[M].开封:河南大学出版社,2009:8.

[21]王晨光.从元宇宙看未来生态之变[N].中国石化报,2021-09-26(004).

[22]伍树,张鸣,方正梁,等.5G催生元宇宙[N].人民邮电,2021-11-12(005).

[23]刘霞.巨头竞相涌入"元宇宙"会是虚拟现实新马甲吗[N].科技日报,2021-09-27(004).

[24]沈书生.学习空间的变迁与学习范式的转型[J].电化教育研究,2018,39(8):59-63,84.

[25]钱大军,苏杭."互构"中的教育与技术:高等教育应当如何回应人工智能[J].教育发展研究,2021,41(7):68-76.

[26]Dionisio J.D.N.,Burns Ⅲ W.G.,Richard G.3D Virtual Worlds and the Metaverse:Current Status and Future Possibilities[J].ACM Computing Surveys,2013,45(3):1-38.

[27]IMT-2030(6G)推进组.6G网络架构愿景与关键技术展望白皮书[EB/OL].(2021-10-29)[2022-10-21].https://mp.weixin.qq.com/s/NibbtOaN83iky7H4SDYvvQ.

[28]刘革平,农李巧.从"泛智"论到泛在学习进阶智慧学习:论"泛"教育思想的内在关联和价值意蕴[J].电化教育研究,2020(6):27-32,67.

[29]夸美纽斯.大教学论[M].傅任敢,译.北京:教育科学出版社,2014:36.

[30]韩布新,朱莉琪.人类心理毕生发展理论[J].中国科学院院刊,2012,27(S1):78-87.

[31]Rauterberg M.From Personal to Cultural Computing:How to Assess a Cultural Experience[C].Kemper G.,von Hellberg P.uDayIV-Information Nutzbar Machen[A].Lengerich,Germany:Pabst Science Publisher,2006:13-21.

[32]阳旸,刘姝雯.资本逻辑的现代审视与道德批判[J].伦理学研究,2021(6):122-126.

[33]亚当·斯密.国富论[M].张兴,田要武,龚双红,编译.北京:北京出版社,2007:30.

[34]常湘萍.元宇宙带来下一代互联网增长极[N].中国新闻出版广电报,2021-10-19(008).

[35]黄荣怀,周伟,杜静,等.面向智能教育的三个基本计算问题[J].开放教育研究,2019,25(5):11-22.

[36]施巍松,孙辉,曹杰,等.边缘计算:万物互联时代新型计算模型[J].计算机研究与发展,

2017,54(5):907-924.

[37] 郝宁湘,郭贵春.人工智能与智能进化[J].科学技术与辩证法,2005,22(3):26-30.

[38] 国家统计局.中华人民共和国2021年国民经济和社会发展统计公报[EB/OL].(2022-02-28)[2022-10-22].http://www.stats.gov.cn/tjsj/zxfb/202202/t20220227_1827960.html.

[39] 费孝通.文化自觉的思想来源与现实意义[J].文史哲,2003(3):15-16,23.

[40] 曾文婕,宁欢,谈丰铭.我国学习文化研究二十年:成就与展望[J].现代远程教育研究,2016(5):50-60.

[41] 孙美堂.从价值到文化价值——文化价值的学科意义与现实意义[J].学术研究,2005(7):44-49,147.

[42] 詹姆斯·N.罗西瑙.没有政府的治理[M].张胜军,刘小林,译.南昌:江西人民出版社,2001:5.

[43] 李政涛,文娟.计算教育学:是否可能,如何可能?[J].远程教育杂志,2019,37(6):12-18.

[44] 刘三女牙,杨宗凯,李卿.计算教育学:内涵与进路[J].教育研究,2020,41(3):152-159.

[45] 中共中央马克思恩格斯列宁斯大林著作编译局.马克思恩格斯选集(第一卷)[M].北京:人民出版社,1995:60.

[46] 联合国教科文组织总部.教育——财富蕴藏其中:国际21世纪教育委员会报告[M].联合国教科文组织总部中文科,译.北京:教育科学出版社,1996:75.

[47] 林可,王默,杨亚雯.教育何以建构一种新的社会契约?——联合国教科文组织《一起重新构想我们的未来》报告述评[J].开放教育研究,2022,28(1):4-16.

The Dynamic Track, Developmental Logic and Promotional Path of the Edu-Metaverse's Evolution

Wang Xing, Liu Geping

(Smart Education Institution of Faculty of Education, Southwest University, Chongqing 400715, China)

Abstract: The edu-metaverse represents the development vision of mankind for better education, and will become a practical field for the cultivation of innovative talents in the new era. Although some progress has been made in conceptual construction and local experiments, the edu-metaverse has long gone beyond the scope of technological construction. It needs to gather the achievements of human civilization for integrated development, which has the sustainability and long-term nature of construction. Therefore, this study focuses on the four elements of capital, technology, talent and culture, and systematically researches the evolution mechanism of the edu-metaverse from the comprehensive perspective of dynamic track, developmental logic and promotional path: it will unlock its development power based on motive power, external thrust, internal drive and cohesion, seek its developmental logic based on high-quality orientation, man-machine integration, difference shaping and protocol reengineering, and explore its promotional path based on man-machine collaborative governance, deconstructing educational computing, practicing people-oriented and creating an ethical framework. This study will provide a scientific research framework for the conceptual discourse of edu-metaverse, and also provide planning reference for innovative design at the practical level.

Key words: edu-metaverse; dynamics track; development logic; promotion path

"5G+AI"支持的教研形态及发展趋势

余 亮 王 镜 沈 超 赵笃庆

(西南大学 教育学部,重庆 400715)

摘要 近年来,以5G和AI为代表的新兴技术迅速发展,助推新一代信息技术体系构建,"5G+AI"应时而生。从技术架构来看,教育场域中的"5G+AI"由终端层、网络层、技术层和应用层组成,融合5G、AI、互联网、物联网、大数据、云计算、区块链和数字孪生等技术,支撑个性化学习、精准化教学、科学化管理和智能化评价等应用场景。对教研而言,"5G+AI"将深刻影响教研系统各要素,具体表现为转变教研主体、重构教研环境、丰富教研内容、变革教研过程和拓展教研方式,进而构筑人机共生、个性精准和开放共享的教研新生态。在"5G+AI"的充分支持下,教研将演变为直播式教研、众筹式教研、协同式教研和全景式教研四种基本形态,呈现出开放化、混合化、精准化、协同化和场景化五大发展趋势。

关键词 "5G+AI";教研;形态;发展趋势

一、引言

教研也称教学研究,是指教师个体或群体自发地、有组织地探究与教学相关的问题,以促进教学效果和教学质量提升的研究活动。[1]作为中国特有的教师专业发展形式,教研的职能和定位深受社会生产力和教育制度影响,在农业时代、工业时代和信息时代呈现出不同形态与特征。[2][3]进入智能时代,随着人工智能、大数据、VR/AR、物联网等技术迅速发展,国家高度重视新兴技术在教育教学中的应用,教研迎来新的发展动力和发展机遇,形成新的发展势态。中共中央、国务院于2019年2月印发《中国教育现代化2035》,提出要充分利用现代技术推进教育变革。[4]同年11月,教育部发布《关于加强和改进新时代基础教育教研工作的意见》,明确指出要创新教研工作方式,积极探索信息技术背景下的教研模式变革。[5]可以看出,信息技术与教研过程深度融合将成为教研发展的主要方向,新兴技术将在未来教研活动中扮演重要角色,发挥重要作用。

基金项目:2019年度教育部人文社会科学研究规划基金项目"基于情境融合的泛在学习资源个性化推荐方法研究"(编号:19XJA880011);2020年度西南大学继续教育研究课题"智能时代的远程教育特征研究"(编号:SWU2008022)。

作者简介:余亮,西南大学教育学部教授、博士生导师,主要从事学习科学与技术、网络与远程教育和STEM+C教育研究;王镜,西南大学教育学部硕士研究生,主要从事STEAM教育研究;沈超,西南大学教育学部硕士研究生,主要从事学习科学与技术研究;赵笃庆,西南大学教育学部硕士研究生,主要从事教师技术采纳和元分析研究。

当前，人工智能、大数据、数字孪生等技术已经逐渐应用到教育教学过程，衍生出智能导师系统、自适应学习、全息教学、教育机器人等应用形态。[6][7]然而，由于4G的数据传输速率、网络覆盖范围、可靠性等难以与技术运行需求相匹配，导致技术使用过程备受诟病，实际应用效果并不理想。[8]相比于4G，5G所具备的高速率、低延迟、低功耗、移动性和广覆盖特性，能够更好地满足技术应用所需具备的数据传输要求，为解决上述问题提供了可能。[9]随着时间的推移，5G将逐渐迭代替换4G成为主体性通信技术，并与其他新兴技术共同构成新一代信息技术生态体系，即"5G+AI"技术体系。[10]

梳理相关文献发现，教育领域中的"5G+AI"研究尚处于起步阶段，研究方向主要集中在三个方面：一是"5G+AI"技术体系研究。兰国帅等[11]探讨了5G赋能智能技术对教育生态系统的影响，在此基础上提出基于5G的物联网技术、虚拟/增强/混合现实技术、人工智能技术和云计算技术四大技术形态及应用场景。张坤颖等[12]分析了"5G+AI"技术体系的构成要素，提出5G和AI构成"5G+AI"技术体系的"两极"，云计算、大数据、互联网、物联网等技术是联结"两极"的纽带和中介。杨现民和赵瑞斌[13]阐释了由5G、智能技术、区块链等技术共同构成的智能技术生态体系，提出智能技术生态以5G为基础，通过激活物联网、远程控制和扩展现实技术，结合人工智能、云计算、区块链等技术，实现"人—机—物—环境"的跨时空重组与融合。二是"5G+AI"支持的学习场所研究。卢文辉[14]基于对现有学习平台的分析，从"5G+AI"视域出发，构建并实现了智适应学习平台。胡国良和黄美初[15]基于"5G+AI"等新一代信息技术，构建了智慧学习空间。李军和杨滨[16]提出5G赋能"人工智能+教育"，实现多模态指数型智慧学习环境构建。三是"5G+AI"支持的教学形态研究。赵瑞斌等[17]提出"5G+AI"推动教学要素创新，形成全息投影直播教学、虚拟仿真实验教学、情景化远程临场教学和智能化泛在自主学习四种教学实践形态。杨俊锋等[18]基于对5G智能技术架构的分析，提出个性化学习、弹性教学、协同知识建构、基于设计的学习、差异化教学和翻转课堂是未来教与学的主要形态。钟绍春等[19]通过分析5G智能技术支持下新型课堂教学模式的构建思路与构建途径，提出智能技术支持下的教学形态包括智能工具支持下的深度学习、微课云课支持下的个性化学习、大数据支持下的精准化教学和"互联网+"支持下的无边界混合式学习。

综合来看，已有研究多从教师教与学生学的视角切入，探究"5G+AI"技术体系构成及其教育应用，研究关注点集中于"5G+AI"支持下的教育理念、教育场所、教育形态和教育模式，其中学习空间构建和教学形态探索是关注重点。值得注意的是，虽然当前对"5G+AI"支持下的教育形态做出了诸多探索，但很少有研究关注"5G+AI"支持下的教研形态。作为教育系统的重要组成部分，教研同样受到技术发展的深刻影响，并在技术作用下呈现出新的主体、环境、内容、过程和方式。鉴于教研与教师教学和学生培养之间的密切联系，以及教研对教师专业发展的重要意义，我们认为有必要进一步探究"5G+AI"支持下的教研形态及发展趋势。基于此，本文首先阐释教育场域中的"5G+AI"技术架构，明确各类技术所扮演的角色及发挥的作用；随后，从教研系统结构视角出发，探究"5G+AI"对教研系统各要素的影响；在此基础上，根据技术可行性和教研发展需求，提出"5G+AI"支持下的教研形态；最后，结合"5G+AI"技术特性和教研形态特征，归纳"5G+AI"支持下的教研发展趋势。

二、教育场域中的"5G+AI"融合技术

理解"5G+AI"的基本内涵,首先需要认识5G和AI两个基本概念。5G,全称为第五代移动通信技术,是对4G的延伸,其应用场景包括增强型移动宽带(eMBB)、高可靠低延时通信(uRLLC)和大规模机器通信(mMtc),可以满足多模态数据传输、交互与沉浸式学习的现实需要,支持智慧教室和智慧校园建设。[20][21]AI,也称人工智能,是指智能机器执行的与人类智能有关的功能,包括判断、推理、计算、应答、学习等思维活动。[22]作为一种变革性的技术力量,AI能够提高教学效率和效能,转变教师角色,重构教育模式与教育形态。[23]"5G+AI",从字面意思上说,就是充分发挥5G、AI所具备的优势,实现"1+1>2"的应用效果。需要注意的是,"5G+AI"并非只包含5G及AI两种技术,而是有机融合5G、AI、大数据、云计算、物联网、互联网、数字孪生、区块链等多种技术的综合体系,5G和AI在整个技术体系运行过程中发挥关键作用。通过技术融合,"5G+AI"生成全息教学、AI导师、自适应学习、游戏化学习等多种服务业态,为学生学习、教师教学、教师教研、学校管理、家校协同等教育活动提供充分支持与保障。根据各类技术所具备的属性及功效,结合教育场域中典型的技术应用场景,我们构建了"5G+AI"技术体系,具体架构如图1所示。

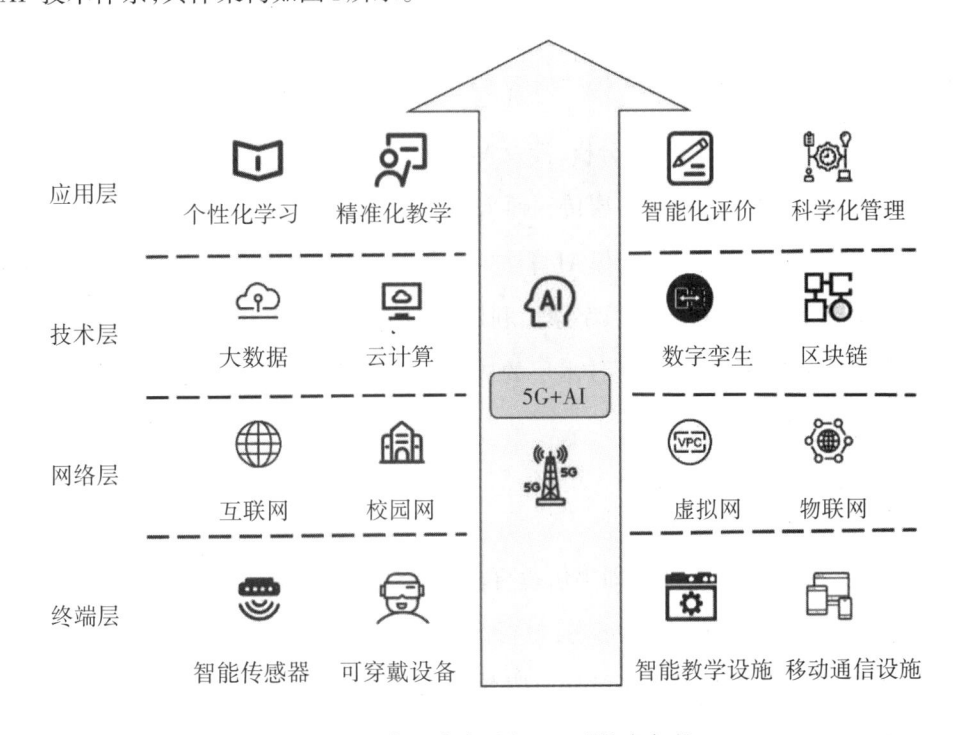

图1 教育场域中的"5G+AI"技术架构

(一)终端层

终端层,定位于多模态数据采集,涉及智能传感器、可穿戴设备、智能教学设施和移动通信设施等。一方面,借助移动通信设施和智能教学设施,终端层能够详细记录用户(包括学生、教师、家长和管理者等)在学习平台和管理平台上出现的行为(如上传、下载、访问、留言等)、形成的表现(如学习

成绩、作业情况等),生成关于用户个体或群体的海量数据;另一方面,借助智能传感器和可穿戴设备,终端层可以获取关于环境(如位置、温度、湿度、能见度等)、个体(如脉搏、表情、言语、行为等)和物体(如大小、颜色、形状、内容等)的多维数据。[24]这些通过智能终端采集到的多模态数据,构成"5G+AI"技术体系的运行基础,保障用户画像、资源推送、精准教学、智慧管理和个性评价等服务的应用效果。

(二)网络层

网络层,定位于多模态数据传输,涉及5G、互联网、校园网、虚拟网和物联网技术。鉴于网络层定位的特殊性,数据传输速率、质量和安全性是网络层的关键所在。也就是说,网络层对移动通信技术提出了较高要求。相较于2G、3G和4G,5G所具备的高速率、低延时、高可靠性和大规模连接等技术特点,较好地满足了网络层的数据传输需要,能够实现海量多模态数据高速安全流通,从而为终端层与技术层的相互连接提供可靠支持。[25]从技术之间的关系来看,5G是网络层的基础,互联网、校园网、虚拟网和物联网是数据传输的主要通道,5G为数据传输提供充分支持,保障"5G+AI"技术体系有序运行。

(三)技术层

技术层,定位于多模态数据挖掘和分析,涉及AI、大数据、云计算、区块链和数字孪生技术。各项技术之间的关系为:云计算存储由网络层传输而来的多模态数据,并为AI提供强大算力;大数据组织通过云计算存储的多模态数据,并支撑AI算法不断优化;AI处理大数据组织后的多模态数据,并赋能区块链和数字孪生运行;区块链、数字孪生利用AI处理数据后形成的信息,并实现数据安全流通和应用场景构建。从整体上看,AI是技术层的核心,在数据挖掘和分析中发挥关键作用,AI的成熟度在很大程度上决定"5G+AI"的功效。

(四)应用层

应用层,定位于多模态数据应用,即提供教育教学支持服务。应用层是教育场域中"5G+AI"技术架构的最高层,涉及技术的具体应用形态,包括自适应学习、AI导师、数字孪生、全息教学、智慧校园、教育机器人等。根据所提供的服务类型及服务对象的不同,可以将应用层分为"5G+AI"支持的个性化学习、"5G+AI"支持的精准化教学、"5G+AI"支持的智能化评价、"5G+AI"支持的科学化管理四类典型应用场景。各类场景所涉及的技术类型可能并不相同,如智能化评价主要涉及大数据、学习分析、AI等技术,而个性化学习主要涉及5G、数字孪生等技术,但都体现出技术融合化、运行智能化、反馈即时化等特征。

三、"5G+AI"对教研的影响

作为融合多种新兴技术的新一代信息技术体系,"5G+AI"对教育系统的影响将是全方位且持续深刻的。而作为教育系统的重要组成部分,教研系统亦将在"5G+AI"作用下发生结构性变革。具体来说,教研系统包含教研主体、教研环境、教研内容、教研过程和教研方式五个方面。

(一)转变教研主体

随着移动通信技术的发展,互联网的优势在教研中逐渐体现,网络教研逐渐兴起。特别是受新冠疫情的影响,网络教研已经成为教师教研的重要形式。与过去的教研相比,网络教研突破时空条件限制,实现多方主体共同参与,体现开放性、协同性的教研理念。而在"5G+AI"的支持下,这种开放性和协同性将进一步深化,且教研主体将发生系列变化。一方面,5G、互联网等技术的发展和学校软硬件设施条件的改善助推教研开放程度提升,不同地区、不同学校的教师均可以通过观看直播或录播视频等方式参与教研活动,汲取教研经验。教研的边界将被打破,对外开放教研过程成为常态,实现更大范围、更多数量的教研员、教师、家长等主体参与其中。另一方面,随着深度学习、机器学习等技术迅速发展,AI教师将逐渐应用到学校教育之中。AI教师所具备的学情分析、语音识别、表情识别等功能,能够充分支持精准教研开展,推动教研由教师之间、教研员与教师之间的交流研讨转向教师与AI教师之间、教研员与教师/AI教师之间的交流研讨,实现教研决策由经验驱动向"数据+智慧"驱动转变,教研形式由"人—人"协同教研向"人—机"协同教研转变。[26]

(二)重构教研环境

教研环境是教研活动发生的场所,是开展教研活动所需具备的各种客观条件及力量之和。互联网兴起前,教研往往发生在学校教研室或教室当中,教师能够使用的资源有限,技术支持服务相对不足;互联网兴起后,教研既可以发生在面对面的物理空间之中,也可以发生在虚拟化的信息空间之中,教师借助互联网获取丰富多样的数字教育资源,享受相对充分的技术支持服务。然而,仅是互联网支持的教研环境,能为教师提供的帮助有限,且存在诸多问题,如交互方式单一、信号不稳定、画面清晰度较低等,一定程度上影响了教师的教研体验,制约了教研效果。"5G+AI"为解决上述问题提供了可能,能够实现虚实融合、智能互联的泛在教研环境构建。一方面,借助5G等技术,远程同步教研的流畅性和稳定性得到保障;同时,在AR、数字孪生等技术支持下,虚拟教研环境与现实教研环境深度融合,支撑高质量泛在教研的实现。另一方面,借助人工智能、物联网等技术,教研环境中的人、设备、终端实现智能互联;同时,在大数据、学习分析等技术支持下,教师在物理空间、信息空间中产生的行为和表现数据能得到充分挖掘与利用,助推个性化、精准化教研的实施。

(三)丰富教研内容

"5G+AI"为教师教研提供了丰富的内容和主题。一方面,新兴技术学习和应用成为重要的教研内容。"5G+AI"对教师素养提出了新要求,教师需要具备理解与掌握新兴技术的能力,能够充分运用新兴技术开展课堂教学。教研作为教师学习新知的重要渠道,在教师接受技术的过程中发挥重要作用。对此,教研内容将根据教师技术应用需求灵活调整,以帮助教师更快适应技术使用过程,促进教师积极探索课堂教学中的新兴技术的应用模式。另一方面,如何借助新兴技术提升人才培养效果成为重要教研主题。教研的重要目的在于提升教学质量和教学效果,因此,新兴技术学习和应用的落脚点应聚焦在应用效果上,即借助新兴技术实现教学创新,提高人才培养质量。对此,富有智慧教育属性的新方法和新模式,如创客教育、探客教育、STEAM教育、翻转课堂、混合式教学等,将成为"5G+AI"支持下的重要教研主题。此外,受益于"5G+AI"打造的智慧教研环境,教师教学过程实现完整记录与呈现,学情分析更加个性、精准,很多过去难以注意到的教学现象或规律得到充分挖掘,使得教研主题和内容更加丰富、直观和细化,推动教研关注点由教学问题向育人过程转变。

(四)变革教研过程

教育作为一种培养人的社会实践活动,以过程的形式存在与开展,[27]教研作为教育的重要形式亦是如此。从教育实践领域来看,当前教研主要围绕教材教法研究开展,即通过集体备课、课例研讨、同课异构等活动提升课堂教学效果,促进教师专业发展。[28]然而,由于软硬件资源条件薄弱、教师观念滞后等因素的影响,上述教研过程往往存在着发生时空相对固定、准备和实施周期漫长、实施过程灵活性不强等问题,难以满足教师动态教学需要和个性化专业发展需求。在"5G+AI"支持下,信息技术与教研全过程深度融合,实现智能规划、科学管理、即时反馈与精准服务,能为突破以上困境提供帮助。一方面,依托AI、物联网、互联网等技术,人类教师与AI教师合作探究教学问题,深度挖掘教学规律,充分保障教研质量。同时,AI为教研组织与管理提供决策支持服务,帮助教研管理者根据教师需求灵活调整教研运行机制,全方位提升教研工作效率。另一方面,借助AI、大数据、云计算等技术,教师在教研过程中的行为表现、能力情况和知识水平等得到详细记录,这能为教师精准画像提供充分依据,实现精准高效的教研评价。[29]同时,教师在教研过程中生成的观点、形成的作品等得到完整存储,这能促进生成性教研资源的有效转化,实现教研成果的可持续利用。

(五)拓展教研方式

当前,教师教研主要包括课例教研、优课教研、远程协同教研、在线视频支持的教研等形式。[30]根据传播方式和载体的不同,可以将这些教研形式分为线下教研、线上教研和混合式教研。在"5G+AI"的赋能、增能和使能作用下,上述三类教研方式将得到不同程度的拓展。一是线下教研,借助AI、大数据、学习分析等技术,许多重复性教研劳动(如课堂表现记录、师生观点记录等)将不再由人类教师完成,教研参与者可以根据学生画像、教师画像、学情分析结果等途径掌握教师教学的基本情况,充分发挥自身智慧与AI教师共同探究教学问题,实现数据驱动和个人智慧相结合的智慧教研。二是线上教研,凭借5G所具备的低延迟、高速率、高带宽等技术特点,直播教研、远程协同教研的实施效果将得到进一步优化。同时,在物联网、5G、MR等技术支持下,全息教研作为一种全新的教研方式将可能从预想状态走进现实。三是混合式教研,当前混合式教研的做法较多集中为线下教研与线上教研相结合,如校本教研与校际网络协同教研相结合、借助网络学习空间开展教研活动、混合式课例研修等,体现虚实结合的基本形态。[31]而随着数字孪生等技术的进一步发展,教研将逐渐由虚实结合向虚实融合深化。在5G、数字孪生、AI等技术共同构成的智慧教研场所支持下,教研员、专家等可以通过数字孪生体的形式(即虚拟化身)参与教研,并能够围绕由物联网与大数据结合模拟出的大型课堂教学仿真模型展开研讨,实现在优化教研过程的同时提升教研效果。[32]

四、"5G+AI"支持下的教研形态

"5G+AI"能打造智慧教研环境,丰富教研内容和教研形式,提供海量教研资源和个性教研支持服务,构建人机共生、开放共享的教研新生态。在"5G+AI"的支持下,教研形态将进一步演变,表现为直播式教研、众筹式教研、协同式教研和全景式教研四种基本形态。

(一)直播式教研

直播式教研是指5G技术支持下的远程实时同步教研,具备实时性、多时空性、交互性、临场性和参与性等特征。[33]相比于线下教研,直播式教研能突破时空条件限制,提供更加丰富的教研资源和教研服务;相比于先前的网络教研,直播式教研能克服交互性不足、临场性较弱、参与性较差等弊端,实现高质量情感互动和多模态交互。直播式教研的典型形态包括三种:一是基于5G技术的远程校本教研,即当前常见的借助腾讯会议、钉钉等在线平台开展的"内部"教研活动。其参与者是校内教师、教研员、专家学者等,参与主体的覆盖范围相对较小,着重解决一所学校存在的具体教学问题,基本形式是教研员、专家学者围绕某一教研主题或课堂教学实况远程同步指导和帮助校内教师研讨。二是基于5G、互联网技术的大规模开放教研,即通过教研云平台、中小学网络云平台等开展的对外实时开放教研活动。其参与者是不同学校的教师、不同区域的教研员,参与主体的覆盖范围较大,着重解决诸多教师共同关心的教学问题或教学难题,基本形式是由一所或多所学校联合举办的教研活动对外实时开放(教研资源和教研过程均对外开放),非主办方教师、教研员可通过直播平台远程实时参与研讨。三是基于5G、数字孪生技术的全息直播教研,即借助全息舞台和直播幕布开展的面向特定主题、特定内容的教研活动。其对技术的要求相对较高,参与主体并不固定,覆盖范围可小可大,作用在于支持抽象教学内容研讨(如物体仿真模型、艺术作品三维呈现等)和特定教学情境搭建(如理化实验模拟、历史事件可视化呈现等)。

(二)众筹式教研

众筹式教研是指通过项目驱动和智慧共享等方式,集校内外教师、教研员、专家等众人的力量,

来共同建设高效教研过程和优质教研资源。[34]与先前的教研形式相比,众筹式教研可以完全由"草根"教师发起,其运行机制是教师利用互联网或社交媒体表达自身教研需求或展示自身教育创意,以尽可能争取校内外教师、企业、学者等教研主体的关注与支持,进而获得所需要的教育资源、技术支持和观念支持。[35]"5G+AI"助推众筹式教研落地生根,一方面,在互联网、AI等技术推动下,教师教研边界被打破,全球教师可通过网络平台、知识社区、社交媒体等渠道无障碍沟通交流、共享资源,共同构建广覆盖、深层次、多学科的教研知识网络,教研组织与管理责任将由多方主体共同承担,教研主题及内容更加丰富多样,教研活动开展形式更加灵活多变;另一方面,在区块链、5G等技术支持下,数字教育资源流通的安全性得到有效保障,资源传输速率极大提升,多类型数字教育资源实时传输成为可能,助推优质教研资源共建共享。借助"5G+AI",众筹式教研将演化出两种典型形态:一是组织型众筹式教研,即某一组织、联盟或片区(包括学校、教研部门、企业等)内部成员之间的教研众筹。该形态的特点在于组织性和协同性较强,参与主体相对固定,目的在于整合与协调组织内部力量,研讨教师提出的创新方案。二是社区型众筹式教研,即基于知识社区或网络平台的教研众筹。该形态的特点在于开放性和灵活性较强,参与主体并不固定,目的在于汇聚全球智慧与力量,满足教师个性专业发展需求。

(三)协同式教研

协同式教研是指区域教育部门或学校管理者统筹整合教育教学资源,发挥技术力量,通过多方教研主体的对话与协作,实现教研效应整体倍增的过程。[36]相较于校本教研,协同式教研具有拓展教学问题研讨空间和优秀教学经验分享空间的优势,通常包括学校结对教研、连片教研和跨区域教研等形式。[37]在"5G+AI"的支持下,协同式教研迎来系列转变,衍生出新的基本形态:一是校际协同教研,即学校与学校之间的协同教研。就定位和属性来看,校际协同教研与结对教研和连片教研类似,教研活动主要由校方组织实施,是一种由下到上的教研形式,参与主体主要是一所或几所学校的教师,作用在于教研帮扶或结对,目的在于充分发挥各自优势,实现共同发展。二是区域协同教研,即区域内或区域间多所学校、企业之间的协同教研。与校际协同教研相比,区域协同教研由区域教育部门组织实施,是一种由上到下的教研形式,其覆盖的学校、教师范围更广,并准许企业、高校等外部力量参与到教研过程中,目的在于提升整体效益,实现优质发展。三是人机协同教研,即人类教师与AI教师(机器智能)之间的协同教研。AI教师为教研过程注入新的活力,许多重复性劳动以及过程记录、数据分析等工作将由AI教师完成,人类教师将从事更具智慧性的教学设计、方法研讨、成因分析等工作。同时,AI教师通过挖掘与分析学情数据能够为教学提供充分"证据"支持与改进建议,辅助人类教师科学决策。人机协同的教研方式,一方面减轻了人类教师的工作负担,使其能够更加专注于教研过程本身;另一方面充分保障了教研的科学性与合理性,有助于教研质量和教研效果的提升。

(四)全景式教研

全景式教研是指5G、数字孪生、虚拟现实等技术共同支撑下多视角、具身化、场景化的虚实融合教研形态。全景式教研基于"现场"或"景况"进行教研,这些场景既可以是通过5G、互联网等技术传输到教研参与者眼前的真实教研情境,也可以是利用数字孪生、虚拟现实等技术创设或仿真的虚拟教研情境。[38]相比于线下教研和网络教研,全景式教研较好地克服了参与者视角固定、资源呈现方式单一、具身性和沉浸性不强等问题。需要注意的是,全景式教研并不只是简单地获取信息、提升体验的过程,而是借助"5G+AI"不断解决教学问题、满足教师需求的迭代循环过程。[39]根据虚实融合的程度,可将全景式教研划分为三种典型形态:一是基于"5G+物联网"的移动型教研,其运行机制为教师根据自身需求灵活调整课堂教学、问题研讨的观察视角;技术原理为通过物联网技术自动调整镜头方向、焦距,借助5G技术保障现场视频的稳定性、流畅度和清晰度;作用在于帮助教师发现教学问题和获取教研信息。二是基于"5G+虚拟现实"的沉浸式教研,其运行机制为教师通过VR头显、手柄等进入虚拟教研空间,通过与虚拟环境中的用户、资源、内容交互,获得高沉浸性、高参与度的教研体验;技术原理为借助虚拟现实技术创设教研场景、提供支持服务,借助5G技术实现多模态数据传输;作用在于支持教师研讨特定主题和深化学科认知。三是基于"5G+数字孪生"的融通化教研,其运行机制为教师借助数字孪生体(即现实教学场景的镜像)开展教研,全方位剖析教学过程,同时,教师可通过虚拟化身的方式观察与模拟教学过程,在仿真场景中习得现实生活中所需具备的教学技能,获得独特、灵活、真实和沉浸的教研体验;技术原理为基于数字孪生技术构建数字孪生体和智慧教研空间,通过物联网技术连通现实世界与数字孪生体,借助5G技术保障海量多模态数据传输和数字孪生体运行;作用在于帮助教师模拟教学情境和促进教师专业能力发展。

五、"5G+AI"支持下的教研发展趋势

"5G+AI"支持下的教研是"互联网+"教研的进一步深化,是5G、AI、大数据、数字孪生等新兴技术与教研过程深度融合的结果。它更加注重培养教师的数字素养和教学设计能力,重视新兴技术与教研全过程深度融合,实现更加精准、更具智慧的教研决策,促进教师个性化专业发展。结合"5G+AI"的技术特性和"5G+AI"支持下的教研形态特征,我们归纳了"5G+AI"支持下的教研发展趋势,主要表现在以下五个方面。

(一)开放化

"5G+AI"开放教研时空,重构教研环境,变革教研过程,形成大规模、大范围、深层次开放共享的教研新生态。一是教研资源开放化。借助5G、互联网、区块链等技术,教研资源安全性得到有效保障,全球优质教研资源实现无缝衔接和无障碍流通。教师可根据自身需求从海量教研资源中选择适切资源,促进自身专业能力提升。偏远地区教师或软硬件资源条件相对薄弱的教师同样能够获得充

分学习和参与教研的机会,实现随时随地、无处不在的泛在教研。二是教研过程开放化。借助5G、互联网、物联网等技术,教师教研过程得到充分记录,多视角、全方位、高清晰度的教师教研过程将通过视频、直播、虚拟场景等方式完整呈现在所有教师面前,教研过程中使用的工具、形成的成果均将提供获取渠道。教师可根据自身需求弹性调整参与方式和观察视角,汲取教研组织、管理与实施经验。三是教研数据开放化。伴随教研过程开放化和物联网、大数据等技术应用常态化,教研过程中产生的教师行为表现数据得到充分记录,多模态教研数据开放流通成为常态,保障教师画像、个性指导等服务的实施效果。教研过程的开放和技术的常态化应用,能够进一步汇集多方、多维、海量的教研数据,有助于深度挖掘数据背后蕴藏的教育价值,揭示教师教研的深层次规律,指导与支持教研实践。然而,数据开放在为教师教研赋能的同时,也可能带来隐私泄漏等伦理风险。数据获取与共享若要以隐私披露为代价,则不可避免地使本应得益于数据所创价值的主体受到损害。[40]因此,重视对教研数据的保护也将成为未来教研常态化关注的话题。

(二)混合化

随着互联网快速兴起和移动通信技术迅速发展,混合化逐渐成为教研发展的重要趋势,混合式教研成为常态。当前,对混合式教研的认识侧重将线上教研与线下教研相结合,以达到优势互补、教研效果提升的目标。[41]然而,仅从与网络教研、面对面教研的关系上看待混合式教研,认识视角相对单一,难以真正理解混合式教研的真正内涵。"5G+AI"的发展,为重新认识混合式教研提供了广阔空间。借助5G、AI、数字孪生、大数据等技术,教师教研打破时空限制,教研形式更加丰富,教研方法更加多样,教研主体更加多元,教研过程更具个性,教研评价更加多维,教师可根据自身需求灵活选择最佳组合。混合式教研不再只是简单的教研形式混合,而是多维度、多层次的教研混合,是理念、技术和过程的全方位混合。"5G+AI"支持的混合式教研,将呈现出以下三方面核心特征:一是教研时空混合化,即教研发生的场所并不固定,既可以发生在教研室、家、办公室等物理空间中,也可以发生在虚拟教研室、教研云平台等信息空间中;教研发生的时间灵活多变,既可以是同步教研,也可以是异步教研,教研准备、教研实施和教研反思三阶段的工作安排实现重组,先前集中于教研实施阶段的活动任务分散到各个阶段。二是教研形式混合化,即综合考虑教研主题、教师需求、软硬件设施条件等因素混合不同教研形式,以尽可能达到理想的教研效果,如直播教研与线下教研相结合、借助虚拟教研室开展远程协同课例教研、基于教研云平台开展同课异构活动等。三是教研评价混合化,即诊断性教研评价、过程性教研评价与总结性教研评价相结合,具体表现为使用教师画像与知识地图等可视化工具呈现教师能力的诊断性评价、运用大数据技术深度挖掘教师多模态数据的过程性评价与使用AI深层次分析教师教研反思记录的总结性评价有机结合。

(三)精准化

人工智能、5G、大数据等新兴技术的发展,推动了教育系统全方位变革,个性化和精准化成为未来教育发展的重要趋势。作为教育系统的重要组成部分,教研同样呈现出个性化、精准化发展趋势,精准教研应时而生。从概念上看,精准教研是以促进教师专业发展为目的,通过挖掘与分析教师教研过程中产生的多模态数据,来支持课堂教学改进、教学行为优化和精准教研决策的一种教研形式。[42]它以多模态课堂教学数据和教师教研数据为基础,践行数据驱动决策的基本理念,因此数据采集与分析情况决定精准教研质量。[43]在"5G+AI"打造的智慧教研环境支持下,教研全过程数据得到充分、完整、动态的记录,数据分析更加高效、迅速、准确,有效保障了精准教研的实施效果。从功能和内容上看,精准教研包括三个部分:一是问题分析精准化,即通过大数据、学习分析等技术深度挖掘教学过程中教师、学生的多模态数据,帮助教师精准诊断课堂教学中存在的问题,深入分析其成因及内在规律;二是教研决策精准化,即借助AI教师等技术力量辅助教师教学决策,根据教学中存在的问题提出精准改进方案,实现基于经验的决策理念向基于证据的决策理念转变;三是教研评价精准化,即借助教师画像、知识地图等技术,可视化呈现教师知识水平及发展轨迹,准确表征教师教研特征、需求和偏好,动态预测教师教研行为变化趋势,进而实现有针对性地促进教师专业发展的目标。[44]

(四)协同化

协同是指"各方互相配合或甲方协助乙方做某件事"[45]。教研作为一种有目的、有组织的教育活动,从根本上说是参与主体协同合作的过程。在"5G+AI"的支持下,人与人之间的沟通更加便捷,"人—机—物—环境"之间的联系更加密切,教研的协同化程度进一步提升。一方面,远程协同教研实现广泛应用。随着移动通信、移动终端等技术不断发展,教研共同体的构成更加多元,企业、高校、专家学者等主体可通过线上方式参与教研,贡献知识、智慧与力量;教研组织形式更加灵活,借助网络教研平台,越来越多的学校将成为协同教研的发起者和组织者,实现按需组织教研、按需调整教研;网络结对帮扶和网络连片教研更加频繁,不同学校的优质教研资源得到有效整合,帮助薄弱学校的教师获得更多发展机会。另一方面,人机协同教研逐渐成为常态。人机协同是指人与人工智能、大数据等智能技术在实践、决策层面的协作关系。[46]随着机器学习、深度学习等算法不断优化,AI教师愈发强大,其具备的优势日益显现,将逐步承担更多教研工作,深度融入教研全过程。AI教师将通过多样化方式参与到教研活动当中,全面支持和辅助人类教师完成教研工作,助力教师寻找更多育人智慧,实现高效教研和聪明教研。[47]在此背景下,探索人类教师与AI教师在教研过程中如何分工合作,探索如何最大化发挥AI教师的教研价值将成为未来教研的重要主题。

(五)场景化

场景指人与周围事物的关系总和。场景化则是以人为中心,通过还原或创设特定场景,实现交互式体验和情感流动,以满足个体需求的一种方式。[48]场景化通常包含三层含义:一是基于用户个性化需求,连通物理场景和虚拟场景,实现自适应场景构建;二是基于场景实现个性化服务,即通过智能感知和智能分析来匹配场景要素和用户习惯,提供用户需要的服务信息;三是基于场景实现社会化服务,即通过智能感知和智能分析连接与用户场景具有关联要素的社会化场景。[49]教研作为一种建立在教学场景之上的研究性活动,需要多样化的教学场景和智慧化的场景服务以充分保障其质量与效果。当前教研存在的问题,如线下教研虽然能实现教研参与者亲临教学现场,但现实场景提供的支持服务相对欠缺,且容易带来"观察者效应";线上教研虽然能实现对现实教学场景的复刻和技术支持服务的提供,但参与视角和参与过程相对受限,沉浸度、参与度和交互性不足等,一定程度上是由于教研场景化程度不足所致。对此,"5G+AI"重构教研环境,连通现实教研场景与虚拟教研场景,联结场景服务和教研需求,较好地解决了上述问题,实现了教研过程高度场景化。一方面,借助数字孪生、物联网等技术,虚拟教研空间将根据现实教研情境生成海量教研场景,实现不同场景相互连通,支持教师根据自身需求灵活选择教研场景;同时,教师可通过虚拟教研空间实现与环境、资源和其他用户的多模态交互(包括语言、体感和触感等),极大程度地提升了教师的教研体验。另一方面,借助AI、大数据、5G等技术,虚拟教研空间产生的多模态数据实现即时采集、分析与应用,教师的需求、观念和想法得到可视化、个性化呈现,教师的教研行为得到智能化反馈,助推资源高效整合和场景动态变化,极大程度地提升了教研场景服务的精准程度。

参考文献

[1] 刘月霞.追根溯源:"教研"源于中国本土实践[J].华东师范大学学报(教育科学版),2021(5):85-98.

[2] 程介明.教研:中国教育的宝藏[J].华东师范大学学报(教育科学版),2021(5):1-11.

[3] 胡惠闵,马洁,张翔昕.从"教研机构合并"看教学研究职能的定位——基于"教学研究"概念的视角[J].华东师范大学学报(教育科学版),2021(5):99-107.

[4] 中共中央、国务院印发《中国教育现代化2035》[EB/OL].(2019-02-23)[2022-05-30].http://www.gov.cn/zhengce/2019-02/23/content_5367987.htm.

[5] 教育部关于加强和改进新时代基础教育教研工作的意见[EB/OL].(2019-11-30)[2022-05-30].http://www.gov.cn/xinwen/2019-11/30/content_5457117.htm.

[6][32] 褚乐阳,陈卫东,谭悦,等.虚实共生:数字孪生(DT)技术及其教育应用前瞻——兼论泛在智慧学习空间的重构[J].远程教育杂志,2019(5):3-12.

[7] 高婷婷,郭炯.人工智能教育应用研究综述[J].现代教育技术,2019(1):11-17.

[8] Kizilkaya B., GuoDong ZHAO, Sambo Y.A., et al. 5G-Enabled Education 4.0: Enabling Technologies, Challenges, and Solutions[J]. IEEE Access, 2021(9): 166962-166969.

[9] Ivanova E.P., Ilev T.B., Mihaylov, G.Y., et al. Working Together: Education, Research and Development for 5G Networks[J]. Автоматизація технологічних і бізнес-процесів, 2015(4): 4-8.

[10][12] 张坤颖,薛赵红,程婷,等.来路与进路:5G+AI技术场域中的教与学新审视[J].远程教育杂志,2019(3):17-26.

[11] 兰国帅,郭倩,魏家财,等.5G+智能技术:构筑"智能+"时代的智能教育新生态系统[J].远程教育杂志,2019(3):3-16.

[13] 杨现民,赵瑞斌.智能技术生态驱动未来教育发展[J].现代远程教育研究,2021(2):13-21.

[14] 卢文辉.AI+5G视域下智适应学习平台的内涵、功能与实现路径——基于智能化无缝式学习环境理念的构建[J].远程教育杂志,2019(3):38-46.

[15] 胡国良,黄美初."5G+AI"视域下智慧学习空间的构建研究——基于开放大学的实践探索[J].远程教育杂志,2020(3):95-104.

[16] 李军,杨滨.指数型(ET)智慧学习环境多模态构建路向探究[J].电化教育研究,2021(7):68-74,105.

[17] 赵瑞斌,杨现民,张燕玲,等."5G+AI"技术场域中的教学形态创新及关键问题分析[J].远程教育杂志,2021(2):44-52.

[18] 杨俊锋,施高俊,庄榕霞,等.5G+智慧教育:基于智能技术的教育变革[J].中国电化教育,2021(4):1-7.

[19] 钟绍春,钟卓,范佳荣,等.智能技术如何支持新型课堂教学模式构建[J].中国电化教育,2022(2):21-29,46.

[20] ITU-R.IMT Vision - Framework and Overall Objectives of the Future Development of IMT for 2020 and Beyond[EB/OL].(2015-09-29)[2022-05-30].https://www.itu.int/dms_pubrec/itu-r/rec/m/R-REC-M.2083-0-201509-I!!PDF-E.pdf.

[21] 庄榕霞,杨俊锋,黄荣怀.5G时代教育面临的新机遇新挑战[J].中国电化教育,2020(12):1-8.

[22] 张坤颖,张家年.人工智能教育应用与研究中的新区、误区、盲区与禁区[J].远程教育杂志,2017(5):54-63.

[23] 吴永和,刘博文,马晓玲.构筑"人工智能+教育"的生态系统[J].远程教育杂志,2017(5):27-39.

[24] 陈金华,陈奕彬,彭倩,等.面向智慧教育的物联网模型及其功能实现路径研究[J].电化教育研究,2019(12):51-56,79.

[25] Andrews J.G., Buzzi S., Choi W., et al.What Will 5G Be?[J].IEEE Journal on Selected Areas in Communications,2014(6):1065-1082.

[26] 余胜泉.人工智能教师的未来角色[J].开放教育研究,2018(1):16-28.

[27] 郭元祥.论教育的过程属性和过程价值——生成性思维视域中的教育过程观[J].教育研究,2005(9):3-8.

[28] 马维林,王嘉毅.校本教研20年:主题演进、功能转型与组织优化[J].中国教育科学,2020(5):111-126.

[29][30]胡小勇,徐欢云."互联网+教研"形态研究:内涵、特征与趋势[J].电化教育研究,2020(2):10-16,31.

[31]曾本友,张妙龄,刘汶汶,等.技术赋能教研及其实践研究[J].中国电化教育,2021(4):109-124.

[33]王运武,王宇茹,洪俐,等.5G时代直播教育:创新在线教育形态[J].现代远程教育研究,2021(1):105-112.

[34]曹宇星.互联网+教研:面向新时代的发展——访华南师范大学胡小勇教授[J].数字教育,2019(1):10-14.

[35]胡小勇,曹宇星.面向"互联网+"的教研模式与发展路径研究[J].中国电化教育,2019(6):80-85.

[36]魏同玉.区域协同教研:乡村"微型学校"校本教研的新发展[J].教育理论与实践,2017(5):32-34.

[37]王艳玲,胡惠闵.基础教育教研工作转型:理念倡导与实践创新[J].全球教育展望,2019(12):31-41.

[38]陈耀华,陈琳,姜蓉.发展场景式学习促进教育改革研究[J].中国电化教育,2022(3):75-80.

[39]刘成新,罗灵燕.生活、职业与学业:移动时代的场景化学习活动研究[J].中国电化教育,2020(6):37-44.

[40]张燕南,赵中建.大数据教育应用的伦理思考[J].全球教育展望,2016(1):48-55,104.

[41]陈刚,曾玲.混合式研修使教研更高效[J].中国教育学刊,2020(10):107.

[42]林梓柔,胡小勇.精准教研:数据驱动提升教师教研效能[J].数字教育,2019(6):42-46.

[43]王超,顾小清,郑隆威.多模态数据赋能精准教研:情境、路径与解释[J].电化教育研究,2021(11):114-120.

[44]胡小勇,林梓柔.精准教研视域下的教师画像研究[J].电化教育研究,2019(7):84-91.

[45]中国社会科学院语言研究所词典编辑室.现代汉语词典(第7版)[M].北京:商务印书馆,2016:1449.

[46]毛刚,王良辉.人机协同:理解并建构未来教育世界的方式[J].教育发展研究,2021(1):16-24.

[47]杨欣.人工智能助力教研变革的价值与逻辑[J].电化教育研究,2020(11):27-32,86.

[48]袁凡,陈卫东,徐铷忆,等.场景赋能:场景化设计及其教育应用展望——兼论元宇宙时代全场景学习的实现机制[J].远程教育杂志,2022(1):15-25.

[49]刘铭,武法提.场景化学习服务模式构建研究[J].电化教育研究,2021(1):87-92,114.

The form and development trend of teaching and research supported by "5G+AI"

Yu Liang, Wang Jing, Shen Chao, Zhao Duqing

(Faculty of Education, Southwest University, Chongqing 400715, China)

Abstract: In recent years, emerging technologies represented by 5G and AI have developed rapidly, boosting the construction of a new generation of information technology system. "5G+AI" came into being at the right time. From the perspective of technical architecture, the "5G+AI" in the educational field consists of terminal layer, network layer, technology layer and application layer, which integrates technologies such as 5G, AI, Internet, Internet of Things, big data, cloud computing, blockchain and digital twinning to support application scenarios such as personalized learning, precise teaching, scientific management and intelligent evaluation. For teaching and research, "5G+AI" will profoundly affect all elements of the teaching and research system, which is embodied in transforming the main body of teaching and research, restructuring the teaching and research environment, enriching the teaching and research content, reforming the teaching and research process and expanding the teaching and research methods, so as to build a new teaching and research ecology of human-computer symbiosis, precise personality and open sharing. With the full support of "5G+AI", teaching and research will evolve into four basic forms: live broadcast teaching and research, crowdfunding teaching and research, collaborative teaching and research and panoramic teaching and research, showing five development trends of openness, mixing, accuracy, collaboration and scenario.

Key words: "5G+AI"; teaching and research; form; development trends